위기의 대한민국 누가 구할 것인가?

정권교체의 걸림돌,
이준석 대표와 김종인 전 위원장의
리스크와 부정선거

위기의 대한민국 누가 구할 것인가?

발행일 2022년 1월 22일 초판 1쇄
지은이 윤석남 yunsn0629@naver.com
펴낸곳 한스하우스
디자인 다리출판사

등 록 2000년 3월 3일(제2-3033호)
주 소 서울시 중구 마른내로 12길 6
전 화 02-2275-1600
팩 스 02-2275-1601
이메일 horttec@naver.com

ISBN 978-89-92440-58-5 03340

위기의
대한민국
누가
구할 것인가?

윤석남

정권교체의 걸림돌,
이준석 대표와 김종인 전 위원장의
리스크와 부정선거

한성하우스

2022년 3월 9일,
다시 살기 좋은 나라를 만들
대통령을 뽑을
여러분께

문재인 정권의 탄생과 무능·부패정권

박근혜 전 대통령은 JTBC 등 언론들이 많은 어린 학생 등이 사망한 세월호사건과 조작된 태블릿PC(최근 검찰은 탄핵의 도화선이 되었던 태블릿PC가 최서원 것이 아니라고 공식 확인해 주었다), 비선실세라는 최순실(최서원의 개명 전 이름이다)을 결부시켜 날조된 허위 보도로 국민을 선동하고, 문재인 김종인 더불어민주당 의원들은 김무성 유승민 등 일부 새누리당 의원들의 배신과 국민의당, 정의당 의원들이 야합함으로써 민노총, 전교조, 좌파 시민단체, 중국유학생들이 총동원된 선동촛불집회와 거짓탄핵으로 물러나고 문재인 정권이 들어섰다.

그것도 모자라 탄핵세력이 추천한 박영수(현재 대장동 특혜사건, 가짜수산업자 사기사건 등 여러 부패사건에 연루되어 있다) 특검과 문재인 정부 하의 검찰과 법원은 법률에도 없는 묵시적 청탁, 경제적 공동체를 만들어 감옥까지 보냈다.

보수야당의 분열

보수우파가 더 이상 집권하지 못하도록 박근혜 전 대통령의 인사들과 이명박 전 대통령을 비롯한 수많은 우파인사들을 적폐로 몰았다. 그 결과 국민과 야권은 국민의힘당 국민의당 우리공화당 국민혁명당 자유민주당 등으로 사분오열되어 있다.

지금의 제1야당 국민의힘당은 지난 2018년 4월 13일 지방선거, 2020년 4월 15일 총선에서 김형오 공천위원장 등의 잘못된 공천과 전략부재, 여당과 중앙선관위의 부정선거로 참패 후 정체성이 모호한 김종인 전 비대위원장, 이준석 대표를 위시하여 고발사주 의혹과 관련된 김웅 의원, 조성은 전 선관위원과 다른 선관위원, 곽상도 전 의원 등은 여당, 정보기관, 선관위, 심지어 여당 이재명 후보와 내통하는 정치인들이 포진되어 있는 것이 현실이다.

정권교체가 이뤄져야 하는 간절함

필자는 이런 이유로 곧 있을 2022년 3월 9일 대통령선거와 제22대 국회의원 총선에서 야당으로의 정권교체를 이루지 못한다면 우리나라는 공산주의, 전체주의가 될 것을 우려하고 있다.

현재 문재인 정부와 180석의 여당은 586운동권 출신들을 중용하고, 북핵 폐기 없는 종전선언과 한미동맹을 파괴하여 안보는 붕괴되고 근거 없는 탈원전, 소득주도성장정책으로 민생은 파탄 났으며 코로나19를 빙자한 불합리한 방역지침으로 자영업자는 폭망해 그 어느 정권 때보다도 대한민국을 망치고 있는 것이 현실이다.

더 나아가 코로나19 팬데믹을 이용한 사전투표 확대 등과 「평등법」, 「부동산 3법」, 「종부세법」, 「언론중재법」을 야당을 무시한 채 개정하는 등 사실상 1당 독재를 하고 있다.

특히 이재명 후보는 "미군은 점령군, 중공군은 해방군이다"는 역사인식과 함께 대장동 특혜·부패사건에서, 토지를 원주민으로부터 헐값에 빼앗아 막대한 특혜개발 이익으로 법조인들을 사실상 고용하여 자신들을 보호하고, 여당과 권순일 전 대법관겸 중앙선관위원장, 조해주 선관위 상임위원 등과 협력하여 재판거래, 부정선거 재판 뭉개기로 정권을 유지하려고 거짓과 위선, 선동에 온 힘을 쏟고 있음을 알아야 한다.

이준석 대표의 분탕과 대장동 특혜·부패사건으로 드러난 이재명 후보의 정체

그럼에도 불구하고 국민의힘 이준석 대표 등은 2021년 4월 7일 서울시장·부산시장 보궐선거에서 승리했다고 자만한 가운데 "중앙선관위에 의한 부정선거는 없었다"라며 국민을 속이면서 지위를 이용하여 4·15부정선거 소송을 제기한 자당 출마자들의 소송행위를 방해하고 심지어 후보경선을 중앙선관위에게 일괄 위탁하거나 부정선거(경선)를 주장하는 국민과 후보들을 비하하고[01], 더불어민주당 이재명 후보의 위법행위는 지적하지 않으면서 사익과 자기정치를 위해 명분 없는 일로 2차례나 당무를 거부하는 등 당과 국민을 분열하는 언행을 지속하는바, 우리는 정권을 찾기 어려운 위기상황임을 깊이 인식하여야 한다.

---

01 126건의 선거소송에 대해 대법원은 공직선거법이 정한 180일 이내에 선고해야 하나 모두 법을 위반하여 재판을 뭉개고 있다.

그나마 대장동 특혜·부패사건이 밝혀져 이재명 후보의 정체가 드러났고(이재명 지지자였던 장영하 변호사가 최근 저술한 「굿바이, 이재명」이라는 책에서 자세히 언급되어 있다), 민경욱 전 의원, 박주현 도태우 김소연 강용석 변호사, 황교안 전 대표(후보)가 선관위에 4·15부정선거와 당내 부정경선 문제를 제기해 여간 다행한 일이 아닐 수 없다.

국민의힘당 윤석열 후보의 등장

특히, 검찰총장을 지냈던 윤석열은 치열한 경선결과 제1야당 국민의힘당의 최종 후보가 되었다. 윤석열 후보는 범죄수사에 밝아 문재인 정부에서는 부정·부패가 만연하고 주사파 등 좌파세력들이 곳곳에 뿌리내려 자유민주주의와 시장경제를 훼손하는 등 헌법질서와 가치가 마비된 사실과 국민의힘당 대통령후보 경선과정에서 논란이 된 부정선거(경선 포함) 문제에 관하여 누구보다도 잘 알고 있을 것이다.

선거에서 이기고 개표에서 진 美공화당에서 배워야 할 점

지난 2020년 11월 3일 미국 대선에서 도널드 트럼프 전 대통령은 미국 민주당의 부정선거와 측근인 마이크 펜스 전 부통령, 윌리엄 바 전 법무부장관(검찰총장 겸임), 백악관 전 비서실장, FBI CIA 전 정보수장들과 마크 밀리 합참의장, 자당 의회지도자들이 배신하거나 민주당 혹은 중국공산당과 거래했으며 페이스북 아마존 등 빅테크 기업과 언론조차 중국의 금권 광고 미인계로 연계되어 부패되었기 때문에 재선에 실패하였다.

이 점은 우리나라의 탄핵사건과 4·15부정선거와 같이 새누리당 일부 의원들의 배신과 이준석 대표의 분탕 정치적 이익, 중국공산당이 개입된 점에서 거의 유사하다.

트럼프는 대통령직에서 물러났지만 제일 먼저 부패하고 배신한 공화당 소속 의원과 주지사, 주 국무장관 등을 솎아내기 위한 정화작업을 함으로써 현직의원이 아님에도 그는 공화당을 장악했다.[02] 민주당은 자신들이 유리하게 코로나19 팬데믹을 이용한 (연방)선거법을 제정하려 하였으나 이번에는 공화당 상원의원들이 똘똘 뭉쳐 1명의 이탈 없이 반대하여 부결(50 : 50)시켰고 오히려 트럼프의 공화당은 다음 선거를 공정히 치를 주 선거법 개정의 발판을 마련하였다.

더 나아가 공화당 의원과 그 지지자들은 부정선거에 대한 확신과 트럼프의 판단이나 주장, 증거를 믿고 재검표감사를 요구했으며 민주당의 극심한 방해에도 이를 관철했다. 이로써 미국 민주당과 선관위

---

02 트럼프 전 대통령은 자신을 배신한 공화당 소속 10명의 의원에 대해, 서열 3위인 공화당 원내총무 리즈 체니를 투표로 직위를 박탈시켰고 트럼프 지지자인 스테파니를 선출하였다. 또한 배신자들에게 차기선거에 공화당으로 출마할 수 없도록 공천을 배제하고 공화당 자금줄을 트럼프 전 대통령 자신이 관리하는 단체(Save America 등)로 통합시켰다. 재임 시보다 퇴임 후에 더 많은 국민이 트럼프와 공화당을 지지하게 되었다.

가 공화당의 일부 의회지도자들과 주지사, 국무장관 등이 결탁하여 전국적인 부정선거를 자행한 사실을 밝혀냈다.

이후 민주당 지지자들도 민주당 지지를 철회함으로써 공화당 지지율이 올라 심지어 민주당 텃밭인 버지니아 주지사, 주 하원의원 3선거구(조지아 2곳, 위스콘신 1곳)와 시장 보궐선거에서 엄청난 차로 공화당이 승리하는 상황을 윤석열 후보, 안철수 등 야권후보는 참고해야 할 것이다.

미 민주당의 연방선거법 제정 노력과 이준석 대표 등의
부정선거의혹 잠재우기

이에 여당인 미국 민주당은 지지도 추락으로 인한 2022년 11월 2일 중간선거 위기상황을 모면하기 위하여 2020년 11월 3일 대선 과정에서 공화당 트럼프 지지자들이 의사당 광장에 모여 바이든의 부정선거(민주당은 아니라 한다)에 항의하기 위하여 일어났던 2021년 1월 6일 국회의사당 난입사태의 대대적인 추모행사를 벌였다.

미국 바이든 대통령은 이 행사에서 "(트럼프 전 대통령에게는) 우리의 민주주의나 헌법보다 상처받은 자존심이 더 중요했다"라며 "그는 자신이 졌다는 사실을 받아들일 수가 없었다"라고 공격했다. 또 "그는 폭력적인 폭도들이 의사당에 도달하자 평화적인 권력이양을 막으려 했다. 그러나 그들은 실패했다"라고 맹공을 펼쳤다. 과연 공화당 트럼프 전 대통령 지지자들이 바이든으로의 권력이양을 막으려고 의사당에 난입했을까? 뒤집어씌우기 작전이다.[03]

문제는 여기서 그치지 않았다. 공화당 텍사스주 상원의원 테드 크루즈(Ted Cruz)는 1년이 지난 지금 갑자기 나서서 부정선거에 항거한 공화당 트럼프 지지자들을 테러리스트로 몰아 '내란'이라고 주장하고 있다.

일련의 이러한 정치행사에 대해, 여러 정치전문가는 공화당 의원 테드 크루즈가 바이든 행정부와 민주당이 연합하여 부정선거를 저질렀다고 주장하는 도널드 트럼프와 그 측근들을 내란죄로 몰아 피선거권을 박탈하기 위한 여론선동과 내부분열을 노려 수십 년간 시행된 주선거법을 연방선거법으로 바꿔 선거의 중립성·무결성을 훼손하려는 의도가 감지되고 있다는 것이다.[04]

이는 대한민국의 국민의힘당 이준석 대표와 김종인 전 위원장이

---

03 이에 대해 도널드 트럼프 전 대통령은 "지금의 언론검열을 볼 때, 우리가 깨닫지 못하는 사이 미국은 이미 공산화가 많이 진행되었다. 2020년 11월 3일 대선은 부정선거로 우리의 평화적 정권 이양을 막았다. …부정선거로 바이든이 미국 역사상 가장 큰 득표를 했으나 국민의 지지는 얻지 못했다. 나의 재임 4년 동안 나와 러시아 관계에 대해 거짓의심을 퍼뜨렸고 페이스북 등 빅테크가 불법적으로 이용되었다. 현재 미국은 뻥 뚫린 국경, 기록적 물가상승, 굴욕적인 아프가니스탄 항복, 1개론 당 5달러 유류가격, 텅 빈 상가의 진열대, 통제 불능 범죄율로 국민은 고통받고 있고 세계의 웃음거리로 전락하고 말았다. 이 모든 것은 11월 3일 실시 된 진짜 내란(민주당의 부정선거) 때문이었다. 2022년 중간선거에서는 공화당이 승리하여 민주당의 공포상황을 고치는 일을 해야 할 것이다. 우리는 2020년 11월 3일 부정선거를 잊지 말아야 한다. 결단코 포기해서는 안 된다"라고 반박성명을 냈다.

04 [출처: 2022년 1월 7일 자 〈Scott 인간과 자유이야기 방송〉]

마치 "4·15 부정선거는 없었다. 박근혜 탄핵은 옳았다. 두 전 대통령의 죄를 사과한다"라고 하면서 여론을 분열시키고 여당을 옹호하는 분위기를 띄우며 부정선거의혹을 잠재우는 한편 여당은 그 틈을 타 코로나19 팬데믹을 이용한 사전투표 확대와 전자투표를 시도하여 부정선거로 무능·부패정권을 연장하려는 고도의 술수와 거의 같다는 것이다.

선진국으로의 재도약을 꿈꾸며 정권교체를 꼭 이뤄야

지금 우리나라는 선진국으로 재도약을 할 수 있느냐 아니면 기울어져 북한 베네수엘라, 아르헨티나처럼 빈국으로 될 것인가 하는 절체절명의 위기에 처해 있으므로 정권교체와 정치교체는 필수불가결한 일이다. 이를 위해서 이승만 건국대통령의 애국심, 미래비전과 통찰력, 박정희 전 대통령과 같은 구국의 혁명 정신과 지도력이 필요하다.

국민의힘당 윤석열 후보는 곧 있을 2022년 3월 9일 제20대 대통령 선거와 2022년 6월 1일 지방선거, 제22대 총선에서 승리할 인재를 적재적소에 등용하시기를 당부 드린다. 또한 나라가 이처럼 어지러울수록 사익을 탐하는 인물들이 주위에 많다는 점을 잊어서는 안 될 것이다.

필자가 이 글을 쓴 목적은 문재인 정부와 여당이 중앙선관위와 국민의힘당 이준석 대표, 김종인 전 위원장, 하태경 의원 등 회색정치인들과 연합하여 공작정치, 부정선거, 부정경선을 정당화함으로써 민주주의 기본질서인 정당정치와 선거의 공정성·정직성을 훼손하여 야당에의 정권교체가 불가능할 수 있다는 점을 알리고 이에 대한 대책과 국민을 속이는 정권은 망한다는 역사적 교훈을 남기기 위함이다.

끝으로 이 책을 내는데 부정선거의 많은 증거와 사실관계를 유튜브 방송을 통해 제시해 주신 공병우 박사님, 이봉규 박사님, 민경욱 전 의원님, 황교안 전 대통령 권한대행님, 박주현 도태우 김소연 변호사님들과 원고의 편집과 교정 그림을 포함해 전문적이고 복잡한 일들을 도맡아준 다리출판사 김주형 편집인, 한스하우스 한홍수 대표님, 많은 격려와 지도를 해주신 최원호 박사님, 박규신 회장님, 김상수 부회장님, 정종구 선배님께 감사드리며 친구 종서, 연수, 연태, 형태, 현옥에 대한 고마움을 여기에 적어둔다.

2021년 12월
윤 석 남

제 1 장

문제의 제기

윤석열 후보는 지난 2020년 11월 3일 미국 대선에서 도널드 트럼프 전 대통령이 미국 민주당의 부정선거와 측근인 마이크 펜스 전 부통령, 윌리엄 바 전 법무부장관(검찰총장 겸직), FBI, CIA 전 정보수장들과 마크 밀리 합참의장, 공화당 의회지도자들이 배신하거나 민주당 혹은 중국공산당과 거래하였기 때문에 투표에서는 이겼으나 개표에서 패배한 사실을 상기해야 한다.

트럼프는 재선에 실패했지만 우선 경합주(州)의 부정선거 재검표감사 등을 통하여 먼저 부패하고 배신한 공화당 소속 의원과 주지사, 주 국무장관 등을 솎아내기 위한 정화작업을 함으로써 현직 의원이 아님에도 그는 공화당을 장악했다.

가. 지도자 이승만의 자유대한민국 정부수립

우리나라는 민족자결주의와 주권회복을 위해 민족이 대동단결한 1919년 3·1운동[01]과 국내·외의 애국국민, 이승만 등 독립운동가들의 헌신과 투쟁의 영향으로 1943년 11월 22일부터 12월 1일까지 연합국 미국 루스벨트 대통령(Franklin Delano Roosevelt, 제32대 등 4선 대통령), 영국 처칠 수상, 중국 장개석 총통이 카이로에서 제2차 세계대전에 관한 일들에 대해 논의하게 됐다.

그 결과 1943년 11월 27일 식민지 국가가 당시 100여 국이 있었으나 유독 대한민국에 대해서만 "연합국은 한국국민이 노예상태에 놓여 있음을 유의하여 일본패망 후 적절한 시기(in due course)에 한국이 자유롭고 독립되게 할 것을 결의한다."라고 선언했다.[02]

---

01 1919년 3·1 운동이 일어나자 자극받은 중국 내의 독립운동가들이 임시정부를 수립하기 위하여 상해에서 회합을 가졌다. 1919년 4월 초부터 회합을 가진 손정도와 이동녕, 이시영, 신익희. 이광수, 현순 등이 모여 정부조직에 관해 논의한 결과 동년 4월 9일 각 도 대표로 구성된 의원 29명으로 임시의정원을 설립하고, 이동녕을 초대 임시의정원 의장, 손정도를 부의장으로 선출했다. 이어 임시의정원은 국호를 대한민국으로 정하고 이승만 국무총리를 비롯한 각료를 선임하고, 1919년 4월 13일 임시정부가 수립되었음을 대내외에 선포하였다(김선덕, 「실록 대한민국 국군70년 본기」 아사달, 2015, 36쪽, 75쪽), 그 후 상해 임시정부는 이승만 박사의 요구대로 국무총리중심제 대신 1919년 9월 6일 대통령중심제 헌법을 채택하여 1919년 9월 11일 그를 임시대통령으로 선출하였다. 임시대통령에 선출된 후 5년 6개월 만에 면직되었다(유영익, 「이승만의 생애와 건국비전」, 청미디어, 2019, 117쪽~120쪽).

02 유영익, 위의 책, 184쪽~186쪽, 카이로선언문은 대한민국 제2독립선언서라고도 일컬어진다. 이승만 박사가 미국 루스벨트 대통령과 보좌관 홉킨스에게 대한민국의 독립에 관하여 1943년 5월 15일 자 장문의 서한을 보낸 것 등이 큰 영향을 끼친 것으로 보고 있다.

그 후 1945년 7월 26일 미국 영국 중국 소련(나중에 제외) 지도자들이 포츠담에서 한국독립 문제와 일본에 대한 조건 없는 항복을 요구하는 포츠담 선언을 하였다. 그러나 일본 군부가 이를 즉각 거부하고 계속 항쟁을 선언하자 미국 트루먼(Harry S. Truman, 제33대) 대통령은 전쟁을 빨리 끝내려고 원폭투하 명령을 내렸고 8월 6일과 8월 9일 히로시마와 나가사키에 전격 투하함으로써 암울했던 일제 치하로부터 1945년 8월 15일 독립하였다.

이날 일본 국왕 히로히토(裕仁)가 미국 연합군 측에 무조건 항복을 선언함으로써 35년 동안 이어졌던 일제강점기의 사슬을 끊고 우리 민족은 다시 자유를 찾은 것이다.
일제 강점과 탄압으로 중국, 만주와 미국 등지에 뿔뿔이 흩어졌던 애국 동포인사들이 속속 귀국하기 시작했다.

제2차 세계대전을 승리로 이끈 미군은 일본 오키나와에 주둔하고 있는 미 24군단 선발대가 1945년 9월 8일 인천에 먼저 상륙했고 다음 날인 9월 9일 오전 8시경 시민들의 열렬한 환영을 받으며 서울에 들어왔다.

미군이 남한(한반도)에 주둔한 목적은 일본군 무장해제가 첫 번째이고, 두 번째가 치안유지이며, 세 번째가 민주적 절차를 거쳐 한반

도에서 대한민국 정부를 수립하는 것이었다.[03]

이날 오후에는 조선총독부 회의실에서 미군과 일본군 간에 항복문서 조인식이 거행되었고 이어 한반도 주둔 미 육군사령부가 발족되었다. 미 육군사령부는 미 육군 제24군단과 그 예하 부대로 구성되었는데 사령관은 미 육군 제24군단장 하지(John R. Hodge) 중장이었다. 그리고 미 7사단장 아널드(Archibald V. Arnold) 소장이 군정장관에, 쉬크(Lawrence E. Schick) 준장이 경무국장에 임명되었다.

한편 소련 지도자 스탈린(Joseph Stalin)은 소련 제25군 이반 치스차코프 사령관으로 하여금 미군이 인천항에 들어오기 보름 전인 1945년 8월 22일 한반도 북쪽의 중심인 평양에 이미 진입하게 했으며 정치적으로는 33세의 젊은 청년 김성주(金成柱) 대위를 김일성 장군이라고 가짜로 내세워 소련공산당 북한 대리인으로 임명하였다.[04] 김일성 대위와 소련군은 9월 19일 원산에 상륙하였고 마침내 10월 14일 평양에서 가짜 김일성 장군 환영대회가 열렸다. 가짜 김일성인 사실을 모르는 평양시민들은 전설의 독립운동가 김일성 장군을 보기 위해 구름처럼 몰려들었다.

---

03 김선덕, 앞의 책, 42쪽, 남정목 박사(국방부 군사편찬연구소 책임연구원)와의 인터뷰 내용이다.

04 김일성의 본명은 김성주로 1912년 평안남도 대동군(현재의 평양시 만경대)에서 출생했으며, 아버지 김형직을 따라 만주로 이주한 후 19세 때에 중국공산당에 입당했다. 그는 중국공산당이 지도하던 동북항일연군에 가담하여 지휘관이 된다(김선덕, 앞의 책, 31쪽). 그 후 소련과의 협력으로 스탈린에 의해 발탁되었다.

원래 김일성 장군은 백두산줄기를 무대 삼아 종횡무진 일본군을 괴롭힌 무장독립군으로 전설처럼 추앙받고 있는 인물이었다. 하지만 워낙 신출귀몰하여 김일성 장군은 끝내 자신의 정체를 드러내지 않았다.[05] 김일성 장군은 최소 50세는 넘었어야 했다. 그러나 이날 나타난 33세의 김성주 대위는 나이로나 계급 등 어느 누가 봐도 가짜 김일성 장군이 분명했다.

한반도 북쪽에 김일성이 있었다면 남쪽엔 이승만(1875. 3. 26.~1965. 7. 19.)이 있었다. 민족의 지도자 이승만 박사는 10월 16일 귀국하였다. 상해 임시정부의 초대임시대통령을 지냈고, 평생을 조국독립에 헌신하다가 70세의 노인이 되어서야 고국에 돌아온 이승만 박사에게 국민은 감격과 환호를 아끼지 않았다. 그는 다음날 10월 17일 기자회견과 라디오방송 연설을 통해 민족의 대동단결과 자주독립, 그리고 총선거를 통한 새로운 국가건설을 역설했다.

이승만 박사는 독립운동가로서 5년 만에 미국 최고의 명문대학 조지워싱턴대학교와 하버드대학교, 프린스턴대학교에서 학사와 석사

---

05 일본군 측에서는 김일성을 일본 육사 제23기 중 유일한 조선인이었던 김광서(金光瑞)로 보고 있다. 본명이 김현충(金顯忠)인 김광서는 순종황제 시절인 1909년 12월 일본육사에 입교하여 1911년 5월 소위로 임관한다. 김광서는 중위 때인 1919년 일본군을 탈출하여 김경천(金擊天)이란 이름으로 장장독립운동을 전개했는데, 이청천(李靑天), 신동천(申東天)과 더불어 독립군 3천으로 불렸다. 일본 측도 그렇지만 우리 학계에서도 김광서를 전설의 김일성 장군으로 보는 학자들이 많다(김선덕, 앞의 책, 31쪽).

그리고 박사학위를 취득한 한국역사상 최초, 최고의 국제정치학자이기도 하였으며 우리 국민의 자랑이요 희망이었다.

10월 20일, 미 군정청 광장 앞에서 연합군과 이승만 박사를 환영하는 시민대회가 열렸는데 이 자리에는 이승만 박사를 비롯한 시민들이 운집해 대성황을 이루었다.

당시 한반도의 정부수립 방법과 통일방안을 놓고도 미국과 소련은 생각이 달랐으며, 민족진영과 공산 진영의 극심한 이념대립과 혼란이 있었다. 미 군정장관은 1945년 11월 13일 「군정법령 제28호」를 공포하고 대한민국 국방부 전신인 국방사령부를 설치하였다.

1945년 12월 28일, '모스크바 3상회의'에서 미국과 소련 영국, 중국(대만)의 4개국이 카이로 선언에 위배 되는 5년간 한반도를 신탁통치한다는 결정을 내렸다. 당연히 독립국가를 꿈꾸던 우리 국민은 좌우할 것 없이 모두 반대하였다.

그러나 소련 스탈린의 사주를 받은 북한 김일성의 조선공산당과 남한공산당 박헌영은 소련의 지시에 따라 찬탁으로 돌아섰고 미국 지원을 받는 지도자 이승만의 기독자유주의 세력은 반탁을 주장하면서 이념대립이 커졌다.

1946년 2월 1일 좌익과 우익의 갈등을 종식시키기 위하여 이승만 박사와 김구 선생이 주축이 되어 '비상국민회의'를 개최했다. 이에 각 정당을 비롯하여 90여 사회·문화단체가 참석했으나 조선공산당

을 포함한 좌익계열은 불참하였다. 이어서 1946년 2월 8일 소련군
정은 북한에 '임시인민위원회'를 설치하였다.

미국은 자신들이 설치한 미 군정청만이 유일한 정부임을 분명히 했
다. 모든 정당과 군사단체는 인정되지 않았으며 좌익과 우익의 대립
은 정부설립을 놓고 더욱 격화되었다. 이에 미국 소련은 '미소공동
위원회'를 구성했다. 미군정청 하지(John R. Hodge) 사령관은 좌우
합작 정부를 원했다.

그러나 좌우합작 정부는 폴란드처럼 소련의 위성국이 되거나 남한
마저 북한처럼 공산화 될 수 있는 위험이 있다는 점을 간파한 지도
자 이승만은 1946년 6월 3일 정읍에서 "남한만이라도 임시정부를
수립해야 한다"라는 연설을 하였다. 그는 북한에 이미 공산정권이
들어섰음을 알고 있었던 것이다.

우여곡절 끝에 미군정 당국과 미국 트루먼 대통령은 1947년 9월
8일 워싱턴 D.C.에서 4개국 외무장관회의를 열어 남·북 각 점령지
역에서 유엔감시 아래 총선거를 통해 인구비례에 따라 임시국회의
원을 선출하고 임시정부를 수립할 것을 논의했으나 소련이 북한지
역을 점령하려고 이를 거부하였다.

이에 따라 미국정부는 한국독립 문제를 차기 유엔총회의 의제로 회

부하기로 결정하였다. 그 후 9월 17일 조지 마셜 장관이 유엔에 직접 출석하여 그동안의 미·소 공동위원회에서 어떠한 합의도 이뤄지지 않았기 때문에 부득이 한국문제를 유엔총회에 상정하지 않을 수 없었다는 취지의 연설을 했다.[06]

이 연설은 지도자 이승만과 맥아더 장군이 꾸준히 제안한 한국문제 해결방안을 수용한 획기적인 조치였는데 미국이 4대 강국에 의한 5년간의 신탁통치를 포기함과 동시에 미군정 하지 사령관이 남한에서 추진하고 있었던 좌우합작 추진운동을 중단하고 미군과 소련군이 철수한다는 의미를 지니고 있었다.[07]

결국 1947년 11월 14일, 유엔총회에 상정된 '한국독립정부 수립안'의 골자는 '남·북한에서 유엔한국임시위원단의 감시 아래 총선거를 실시하여 인구비례로 국회의원을 선출한 다음 국회에서 헌법을 제정하여 전(全) 한국 중앙정부를 수립한다.'는 내용인바 유엔총회에서 무난히 통과 채택되었다.
이러한 우여곡절 과정을 통해 총선거는 미군정이 1948년 3월 17일 공포한 「국회의원선거법(군정법령 제175호)」에 따라 실시 되었다.

---

06 유영익, 앞의 책, 237쪽

07 마셜 장관은 1947년 9월 29일 국무부 임시 간부회의를 소집하고 주한미군 철수문제를 본격적으로 논의했다. 회의결과는 '소련 측 대표의 미·소 양군 동시 철수안을 수용하고 주한미군을 철수하기로 결정했다. 이유는 미군이 한국에 아무리 많은 투자를 하고 노력을 하더라도 한국에서의 미국 입장을 수호할 수 없다'는 것이었다.

미군정과 이승만 등 남한의 우익진영은 역사상 처음 실시되는 남한 지역의 총선거에 되도록 많은 유권자가 참여하게끔 다방면으로 선거계몽 운동을 하였다.

그 결과 박헌영의 남로당이 격렬하게 총선거를 방해하고 김구나 김규식 등 남·북 협상파 인사들이 총선거를 보이콧 했음에도 1948년 5월 10일 총선거는 유권자등록률 79.7%, 투표율 95.2%라는 압도적 수치로 남한국민이 참여한 성공적 행사로 끝났다. 이승만은 동대문갑구에 출마하여 무투표 당선되었고 제주도 두 선거구를 제외한 남한에서 198명의 국회의원이 선출되었다.

총선거에서 198명의 제1대 국회의원을 선출하고 국회는 5월 31일 개원하였다. 개원식 벽두에 임시국회의장으로 추대된 이승만은 느닷없이 "대한민국 독립 민주국회 제1차 회의를 여기서 열게 된 것을 우리가 하나님께 감사해야 할 것입니다."라고 선언하고, 감리교 목사 출신 이윤영 의원에게 기도인사를 부탁하였다.[08]

이승만은 임시국회의장으로서 헌법제정 작업을 총괄하여 한민당이 주장한 의원내각제를 거부하고 대통령중심제 헌법을 7월 17일 제정하였다.

---

08   유영익, 앞의 책 245쪽

이승만은 제정헌법 제53조[09]에 따라 동년 7월 20일 실시 된 정·부통령선거에서 180표의 압도적 지지를 얻어 대통령에 당선되었다. 부통령으로는 이시영이 당선되었다. 이승만은 7월 24일 대통령에 취임하고 국회동의를 거쳐 8월 2일 국무총리 이범석을 위시한 내각을 발족시켰다. 그리고 해방 3주년이 되는 1948년 8월 15일 '대한민국정부수립 기념식'을 거행함으로써 자유대한민국 정부의 탄생을 국내·외에 선포하였다.[10]

나. 지도자 이승만의 미래비전과 통찰력

이승만이 미국에서 활동하면서 상해 임시정부의 초대 국무총리(후에 임시대통령)와 대한민국의 건국대통령이 되고 위기의 대한민국을 구할 수 있었던 미래비전과 통찰력은 어디에서 나왔을까?

---

09 헌법(제1호, 1948. 7. 17. 제정) 제53조 '대통령과 부통령은 국회에서 무기명투표로써 각각 선거한다. 전항의 선거는 재적의원 3분지 2 이상의 출석과 출석의원 3분지 2 이상의 찬성투표로써 당선을 결정한다. 단, 3분지 2 이상의 득표자가 없는 때에는 2차투표를 행한다. 2차투표에도 3분지 2이상의 득표자가 없는 때에는 최고득표자 2인에 대하여 결선투표를 행하여 다수득표자를 당선자로 한다. 대통령과 부통령은 국무총리 또는 국회의원을 겸하지 못한다.'

10 문재인 정부가 1948년 8월 15일 건국일을 부정하는 이유는 지도자 이승만 대통령의 자유민주주의를 기초로 한 대한민국을 부정하고 북한 김일성이 주창하는 공산주의 대한민국을 완성하려는 의도이다.

1) 한학, 영어와 신문학, 민주주의 정치를 배움

이승만은 탁월한 지적능력과 비상한 기억력을 갖고 태어난 천재였
는데 6세 때 천자문을 완전히 외웠고, 만 10세 때부터 19세 때까지
서당을 다니면서 유교를 배워 한학 동양학과 중국의 역사를 잘 알고
있었다. 게다가 1895년 4월 만 20세 때 미국인 선교사 아펜젤러가
설립한 선교학교인 배재학당에 들어가 영어와 신문학 민주주의 정
치사상을 배웠으며, 5년 7개월의 감옥생활(1899.1.9.~ 1904. 8월)
에서 생존술과 위기극복 능력을 터득했으며 영어 신학을 공부했다.

2) 인생을 바꾸게 한 한성감옥 생활

이승만이 생존술, 위기극복 능력을 언제 어떻게 터득했는지 자세
히 알아본다. 그는 입헌군주제 정부를 수립하기 위하여 고종황제
를 퇴위시키고 의화군(義和君) 이강(李堈)을 새 임금으로 옹립하
려는 급진개화파 박영효를 혁신정권의 수장으로 영입하려는 정변
에 가담했다는 직접적 이유와 〈매일신문〉이나 〈제국신문〉 등을 통
해 고종황제의 보수정권을 신랄히 비판하고 과격한 반정부 데모를
여러 번 조직하고 선동했다는 간접적 이유로 고종의 노여움을 사
1899년 1월 9일 경무청 구치소에 구금되었다.[11]

---

11   유영익, 앞의 책 24, 25쪽 참조

젊은 이승만은 1899년 7월 11일자 평리원 재판에서 정변의 주 혐의는 혐의불충분 이유로 사형을 면하였으나 구치소를 탈출하려다 붙잡혀 탈옥미수범 죄목으로 종신형을 선고받고 한성감옥으로 이감되었다.

그는 복역 중 "오 하나님, 내 영혼과 내 나라를 구하여 주십시오!"라며 간절히 기도했다. 이 짧막하고 간절한 기도를 계기로 유가에서 태어나 불교도인 이승만은 독실한 기독교 신자로 거듭났다. 종교적 경험을 체험한 이승만은 옥중에서 자신에게 가해진 모진 고문 등을 거뜬히 이겨낼 수 있었다. 그뿐만 아니라 비좁고 누추한 감옥 안에서 형언할 수 없는 마음의 평안과 희열을 경험하였다.[12]

그는 옥중에서 정치범 동료들과 함께 신학공부와 선교도 열심히 했다. 그 결과 한국개신교 역사상 40여 명을 기독교로 개종시키는 데 성공했다. 이승만은 감옥서장 김영선의 특별한 허락하에 옥중학교를 개설하여 고등교육을 받은 동료정치범과 함께 어린이 13명과 어른 40명에게 한글과 한문, 영어, 산학, 국사, 지리를 가르쳤다. 선교사들이 차입해준 523권의 책과 잡지 신문 등으로 옥중 도서실도 만들었다.

---

12 유영익, 앞의 책 27쪽 참조, 그의 영문자서전(출간되지는 않았다)에서 "나는 6년여 동안의 감옥살이에서 얻은 축복에 대해 영원히 감사한다."라고 고백하였다.

감옥에서 그는 자신의 역할을 생각하고 일본의 속국인 대한민국독립에는 강대국 미국의 도움과 국민의식이 절대 필요하다는 것을 깨닫고 영어와 국민계몽에 힘썼다. 이때 한국최초 영한사전편찬 작업을 시도(A~F까지)했다가 중지했으며 "자유를 위해 투쟁하라" 라는 말을 강조했고, 400쪽에 달하는 「독립정신」이라는 국민계몽 서를 6개월 만에 저술했다.[13] 이외에도 120편의 한시를 지었다.

한마디로 이승만은 옥중에서 바깥 일반 사람들이 할 수 없는 일의 몇 배의 일을 해냈다. 그와 옥중 동지들은 처음에는 지옥으로 여겼던 한성감옥을 '복당(福堂)'이라 불렀다. 복역 기간 중 그의 마음이 국민에게 전해져 고종황제로부터 세 차례의 감형 특사를 받았다.[14]

3) 미래를 향한 미국유학

출감후 1904년 11월 4일 세계정치의 중심인 미국으로 건너가 조지 워싱턴대학교(1905. 2.~1907. 6. 5.)과 하버드대학교(1907년 가을 ~1908년 봄), 프린스턴대학교 대학원(1908. 9.~1910. 6. 14.)에 입학하여 영어, 경제학, 역사학, 철학, 정치학, 외교학, 국제법, 미국사 등을 전공하여 5년 만에 학사(BA), 석사(MA), 박사(ph.D.)를 모두

---

13 이승만의 처녀작 「독립정신」은 1910년 미국 로스앤젤레스에서 출간되었다.

14 유영익, 앞의 책 25쪽, 27쪽 참조, 주로 북미 개신교 선교사들의 석방 노력에 힘입은 바가 크다.

취득하는 세계교육사상 초유의 성과를 올렸다.[15]

철학박사로서, 국제정치 외교학자로서 그는 미국의 최고 정치지도자들에게 뒤지지 않는 영어구사 능력을 갖추었고, 미국정치사와 헌법을 이해하여 미국의 고위정치가나 행정가 군사지도자들에게 뒤지지 않는 실력과 외교사와 국제법을 통달하여 여느 외교관에 비해 손색없는 능력이 있었고 국제정세의 흐름을 간파하고 있었다.

4) 미래비전과 통찰력을 지닌 유능한 지도자로 성장

1931년 만주사변이 일어났고, 1937년에는 중일전쟁이 일어났으며, 1939년에는 제2차 세계대전의 조짐이 보이기 시작했는데 그 무렵 1941년 6월경 이승만 박사는 일본 군국주의의 실체를 역사적으로 밝히면서 일본이 곧 미국을 공격할 것이라는 내용의 책(JAPAN INSIDE OUT, 일본의 가면을 벗긴다)을 출간했다.[16]

---

15 이승만의 개인적 욕구도 있었겠지만, 고종황제의 측근인 친미 개화파인 민영환과 이규설은 영어를 잘하는 이승만을 미국에 파견하여 1882년 체결된 「조미수호통상조약」 제1조에 따라 대한제국의 독립을 보장해 줄 것을 미국정부나 의회에 청원하기 위한 목적이 있었다 한다. (유영익, 앞의 책 32쪽 참조

16 인권운동가이며 '대지'라는 소설로 유명한 펄벅 여사는 "이 책은 무서운 책이다. 나는 이것이 진실이 아니라고 말할 수 있기를 바라지만 너무나 진실인 것이 두렵다"라고 평가했다. 일본이 미국영토인 하와이진주만을 기습 공격하여 태평양전쟁으로 이어져 이승만 박사의 예언은 맞아떨어져 이 책은 베스트셀러가 되었고 미국은 이승만을 재평가하는 계기가 되었으며, 대한민국독립과 지금까지 많은 도움을 주게 되었다. [출처 정현채, 「엄마가 들려주는 이승만 건국대통령 이야기」 도서출판 보담, 2020. 95, 96쪽 참조]

이승만 박사의 외교업적은 이처럼 하나둘씩 열매를 맺어갔는데 당시 미국은 자국내에 있는 일본인을 적국민으로 취급하고 있었다. 한국이 일본의 식민지라는 이유로 한국인도 부당한 대우를 받고 있어서 이승만 박사는 그 부당한 대우에 대하여 청원을 하였고 그 청원이 미국 법무부로부터 용인되었다.

나아가 미국의 독립운동사와 영국의 혁명사를 깊이 연구함으로써 그는 자주적이고 근대적인 민주공화국가를 건설하는 독립운동가로서의 실력을 갖추고 있었다.[17] 특히 대한민국을 독립시켜야 하겠다는 독립정신, 애민·애국정신, 국민을 설득하는 호소력과 미국에서 공부한 서재필 박사를 만나 서구와 미국의 자유민주주의 개혁가로서 언론인, 연설가의 강한 카리스마가 있었고 정치자금 모금도 남달랐다.

그는 정치지도자로서의 처세를, 모범적인 미국 기독교인으로서 품격을 유지하되 공적인 목적달성을 위해선 허세와 과장, 공갈과 협박, 첩자를 이용한 정적(政敵)들의 행동파악, 미인계 등을 적극 활용했으며 자신을 도와준 사람에게는 반드시 보상하고 배신한 사람은 기어코 응징하는 신상필벌(信賞必罰)의 원칙을 구사하였다.[18]

한마디로 이승만은 미래비전과 통찰력을 가지고 있었고 아울러 마

---

17 유영익, 앞의 책, 253쪽 참조
18 유영익, 앞의 책, 254쪽 참조

키아벨리적 수단을 능란하게 구사할 줄 아는 유능한 정치가이자 지도자였다. 그는 미국과 서구의 기독교적 자유민주공화국 기반하의 대한민국 국가건설을 꾀하였다.

다. 애국심과 통찰력으로 공산화 위기의 대한민국을 구하다

1) 6·25 전쟁의 발발

그러나 미국은 대한민국 정부가 수립되자 한반도의 가치를 낮게 보고 우리 국민의 반대에도 불구하고 1949년 6월에 주한미군을 철수하였고 설상가상으로 국무부장관 애치슨(Dean Gooderham Acheson)은 1950년 1월 12일 미국의 극동방위선에서 한반도를 제외시킨다는 『애치슨 라인』을 발표하였다.[19]

원래 한반도 대한민국을 공산화하려는 소련공산당 스탈린은 그 틈을 타 대리인 김일성에게 전쟁개시를 승인함과 동시에 대규모의 전쟁물자를 지원하기로 하였고, 중국공산당 마오쩌둥(毛澤東)까지 설득하여 참전케 함으로써 김일성 괴뢰집단은 자유민주주의를 지키려는 이승만 남한정부를 1950년 6월 25일 새벽 4시를 기해 소련제 T34 탱크 242대, 전투기 132대와 신형 곡사포 등으로 무장한

---

19 미국의 극동방위선에서 한반도와 타이완을 제외한 한국전쟁의 발발원인을 제공한 이 선언은 미국 공화당으로부터 강한 비판을 받고 폐지되었다.

20만 명의 북한군은 기습적으로 남침하여 6·25 전쟁을 일으켰다. 탱크와 전투기 1대도 없는 남한의 전황은 매우 불리하여 3일 만에 서울이 함락되고 4일 만에 국군의 절반인 4만4000여 명(전체 국군 병력 103,827명[20])이 사망했으며 전황은 계속 불리하여 1달 만에 거의 전 국토를 내주고 낙동강까지 밀렸다.

전쟁이 발발하자 이승만 대통령의 긴급 지원요청[21]으로 미국 트루먼 대통령(Harry S. Truman, 제33대)은 신속하게 미군참전을 결정했고 UN은 1950년 6월 26일 소련대표가 불참한 가운데 안전보장이사회(1차)에서 북한 정권에게 즉시 전투행위를 중단하고 38선 이북으로 철수할 것을 요구하였다.

그러나 북한은 UN결의안을 무시하고 무서운 속도로 남진했다. 이에 6월 27일 안전보장이사회(2차)에서 UN군 파병안과 한국에 원조를 제공할 것을 7 대 1로 결의하였다.[22]

---

20 [출처 : 국방부군사편찬연구소, 「6·25 전쟁사 제2권」. 461쪽

21 미국 무초 주한미대사가 전쟁당일 오전 11시 35분 경무대를 방문했을 때, 이승만 대통령은 "국군이 보유한 탄약은 10일분이 안 된다"며 즉시 탄약과 무기의 지원을 요청했고, 이어 오후 1시경 주미 한국대사 장면에게 전화를 걸어 "미국정부에게 직접 원조지원을 요청하라"라는 지시를 내렸다. 그리고 "이것은 절호의 기회다. 통일을 할 수 있는, 어차피 북한이 먼저 밀고 내려왔으니, 이제 38선은 의미가 없다"라며 이 기회에 북진통일을 해야겠다는 생각을 무초대사에게 말했다 한다. [출처 : 김선덕, 앞의 책, 175~178쪽]

22 미국의 결의안에 대해 이사국인 미국, 중화민국(대만), 영국, 프랑스, 쿠바, 에콰도르, 노르웨이는 찬성했고 유고슬라비아만이 반대하였다. 이 결의에 따라 쿠바, 미국, 영국, 캐나다, 터키, 호주 등 16개국이 군인을 파병하였고 덴마크, 스웨덴, 이탈리아, 인도, 독일 5개국은 의료진을,

이승만 대통령은 1950년 7월 1일 채병덕 소장을 육군참모총장에서 해임하고 미국에 파견 나가 있던 정일권 준장(당시 작전참모부장)을 6월 중순 경 전문으로 귀국시켜 제5대 육군참모총장에 임명했다. 당시 정일권 장군은 미국으로 파견 나가 미 국방성 간부를 만나 38선의 위기상황을 설명하고 군사원조를 받는 임무를 맡고 있었다. 그는 깔끔한 용모에 화려한 언변, 영어까지 잘해 미군에서도 인정하고 있는 만주육군대학을 졸업한 수재였으며 대한민국에 곧 도착할 미군과 UN군의 긴밀한 연합작전을 펼 수 있는 최고 적임자라고 판단했기 때문이다.

전략가 맥아더(Douglas MacArthur) 사령관도 "지쳐있는 채병덕 육군총장을 정일권 장군으로 교체해야 한다."라는 의견이었다. 참모총장으로 임명된 정일권은 선발대 미 제24단장 딘 소장과 전선배치 등에 관한 합의를 했다. 그러나 미군과 북한군의 첫 전투는 미군의 완패로 끝나고 말았다.

1950년 7월 5일 국군 최초로 제1군단이 창설되었다. 초대 군단장에는 시흥지구 전투사령관 김홍일 소장이 임명되었다. UN 안전보장이사회는 7월 7일 UN군 창설을 결의하였다. UN군은 미군이 책임지고 통합운영하기로 하고 트루먼 대통령은 미 합참의 추천을 받아 일본

오스트리아, 중화민국(대만), 아르헨티나, 파키스탄, 멕시코 등 39개국은 물자지원을 하였다.

점령군 최고사령관 맥아더 원수를 UN군 총사령관으로 임명하였다. 맥아더 총사령관은 일본에 주둔하는 미 8군을 한반도로 이동시켰다. 북한군의 기습과 전쟁물자 부족으로 전황은 매우 불리하여 7월 말 낙동강까지 밀려 낙동강은 피로 물들었다. 워커(Walton H. Walker) 미 8군사령관, 미 극동공군 스트레이트마이어(George E. Stratemeyer) 중장, 정일권 총참모장은 긴밀 군사협력을 하여 기동방어(역습)와 공중 폭격, 보급선 차단작전을 수행했고 제1사단장 백선엽 장군은 다부동, 포항지구전투 등 북한군의 3개 사단을 격파하여 낙동강 전선을 방어했다.

전쟁 초기의 큰 피해로 국군의 병력은 1/2로 줄었다. 이때 고등학생 중학생의 학도병들이 자진해서 군번도 없이 전선에 뛰어들었다.

2) 북한군(공산당) 치하 90일

이렇게 국군과 UN군이 낙동강까지 밀리는 동안 남한영토 대부분은 북한군 손에 들어갔다. 90여 일 동안 북한공산당과 북한군이 점령한 한반도 전 지역에서 국민이 겪어야 할 고난과 피해는 이루 말할 수 없이 컸다.

북한군(공산당)은 해방전쟁의 명분으로 선량한 국민을 강제노역으로 내몰고, 지도층 인사와 반공주의자를 색출해 인민재판을 한 후 즉결처형을 했으며 남아있는 청년들과 어린 학생을 강제징집하여

'의용군'이란 이름으로 전쟁터에 끌고 갔다. 거리마다 무고한 시민들의 시체가 넘쳐났고 가족을 잃은 비통함만 가득했다. 주권을 잃은 설움과 공산주의가 무엇인지 뼈저리게 느껴야만 했던 암흑의 90일이었다.

3) 대반격의 인천상륙작전과 북진통일 추진

맥아더 UN군 총사령관이 미 국방부에 인천상륙작전에 대해 품신을 한 것은 1950년 7월 28일 이었다. 하지만 미국방부는 이 작전이 인천의 지리와 해상조건 등으로 실패할 가능성이 높은 것으로 결론 내렸으며 이에 따라 트루먼 대통령과 브래드리 합참의장, 콜린스 육군참모총장, 셔먼 해군참모총장 등 군 수뇌부는 인천상륙작전에 반대하였다.[23] 그러나 맥아더 사령관의 해박한 군사지식, 명쾌한 분석과 논리로 이들을 설득하여 승인을 받았다.

맥아더 사령관의 이 작전의 첫 번째 목표는 월미도 점령, 두 번째는 인천항 확보, 세 번째는 서울 탈환이었다.[24] 인천상륙작전은 6·25 전쟁의 판도를 바꾼 역사적인 사건이었다.

---

23 김선덕, 앞의 책, 225, 226쪽
24 김선덕, 위의 책, 224쪽

1950년 9월 15일 맥아더(Douglas MacArthur) 총사령관이 지휘하는 함정 261척, 7만5000여 명의 한미연합군은 연막작전과 적의 뒤통수를 치는 인천상륙작전으로 9월 16일 북한군을 인천에서 모두 내몰았고 적의 보급로를 끊어 9월 18일 낙동강전선의 북한군이 붕괴되기 시작했다.

인천상륙작전에서 한국군은 지휘권이 없었으나 해군참모총장 손원일 제독은 미국에서 갓 구입한 군함 PC-702, 703, 704 3대를 이끌고 자신이 창설한 용맹한 해군과 해병대 장병들과 함께 많은 역할을 수행하였다.[25]

한미연합군은 9월 25일 한강을 도하, 9월 28월 서울을 탈환하는 데 성공하였다. 이승만 대통령은 비밀리 정일권 총장에게 북진명령을 내려 10월 1일에는 김백일 제1군단장이 동부전선에서 최초 38선을 넘었다.[26]

이승만 대통령과 같은 뜻을 가진 맥아더 UN군 총사령관은 10월 2일 "10월 3일 0시를 기해 38도선 이북으로 작전을 연장한다."라는 명령을 발표하고, 10월 7일 UN총회에서도 UN군의 북진을 정식으로 승인하게 되었다. 한미연합군은 10월 10일 원산을 점령한 데 이

---

25 김선덕, 앞의 책, 194쪽, 230쪽
26 1956년 정부는 10월 1일을 국군의 날로 제정해 기념하게 되었다.

어 10월 19일 평양을 점령하면서 북진통일을 하려고 계속 북으로
진격하였다.

그러나 압록강, 두만강까지 진격하다가 10월 19일 중공이 개입하
여 중공인민군의 인해전술로 다시 38선까지 내려와야만 했다. 그
후 중공군은 수차례나 걸려 한국군과 UN군에 대해 대대적인 공격
을 반복하여 다시 서울이 함락되고 흥남철수와 1951년 1월 4일 후
퇴를 하였다. 이후 중공군은 7차례의 야간 기습공격을 감행하였다.

설상가상으로 6·25 전쟁 내내 맥아더 총사령관과 의견대립이 많았
던 트루먼 대통령은 3차 세계대전을 우려하고 있었고 급기야 한국
전쟁을 한반도 내에서 제한해야 한다며 1951년 4월 11일 맥아더
총사령관을 해임하고 리지웨이를 제2대 UN군 총사령관으로 임명
하였다. 맥아더 UN군 총사령관이 해임되면서 이승만 대통령은 북
진통일에 관한 유일한 동지를 잃게 되었다.[27]

그 무렵 서로 엄청난 희생을 입은 미국과 중공은 휴전을 모색하
고 있었다. 또 새로 당선된 아이젠하워 대통령(Dwight David
Eisenhower, 제34대)도 38선까지만 되찾고 전쟁이 확대되는 것을
원하지 않았다.

---

27 UN군 총사령관에서 해임된 맥아더 원수는 16년 만에 고국으로 돌아갔다. 미 상하원 합동연
    설에서 "노병은 죽지 않는다. 다만 사라질 뿐이다"라는 유명한 말을 남겼다.

6·25 전쟁 중에 임기 4년의 초대대통령 이승만은 임기가 얼마 남지 않았다. 국회는 1952년 7월 4일 대통령을 국회의원이 뽑는 간선제 방식을 국민이 직접 뽑는 직선제의 1차 개헌(발췌개헌)을 하였다. 그 이유는 정당정치가 뿌리내리지 못하고 당시 야당(무소속 등)이 총선거에서 승리하였는데, 자신이 간선제하에서 재선되지 못하고 대통령에서 물러난다면 미국은 휴전을 선포하고 한반도를 떠날 것이고, 결국 북한과 소련, 중공은 또다시 대대적인 공격을 하여 대한민국이 공산화될 것을 걱정하였기 때문이었다.

이승만은 1952년 8월 5일 제2대 대통령 선거에 자유당 후보로 출마하여 유권자 투표율 88.10% 득표율 74.6%로 야당인 조봉암, 이시영, 신흥우 후보를 압도적 표차로 누르고 대통령에 당선되었다.

4) 굳건한 「한미상호방위조약」과 군사력 증강 등 국가기반 마련

한편 전쟁이 장기화되면서 미군 178만 명이 동원됐는데 사망자 5만4000여 명, 부상자 실종자 등 17만여 명이 발생했으며 엄청난 달러를 대한민국에 쏟아부었으니 대한민국을 잘 알지도 못하는 새로 당선된 아이젠하워 대통령이나 미국 국민은 전쟁수행에 회의를 느꼈다.

급기야는 1952년 12월 3일, 대통령당선자 신분으로 방한하여 정상

회담을 하였는데 이승만 대통령의 반대로 휴전은 실패하였다. 그 후에도 아이젠하워 대통령은 이승만 대통령과 휴전협정 문제를 수차례 추진하였다. 그러나 이승만 대통령은 계속 반대하였다. 미국은 골칫거리 이승만 대통령을 제거하고 군사정부 수립을 위해 에버레디 플랜(Ever ready plan)까지 세웠으나 성공하지 못하였다.

이승만 대통령은 아이젠하워 대통령에게 "(1905년 미국이 1882년 체결된 「조미조약」을 무시하여 한국을 일본의 식민지국가로 만들어 한국민이 이루 말할 수 없는 고통을 겪었고, 1945년 12월 모스크바 비밀회의의 신탁통치와 애치슨라인 때문에 한국전쟁이 일어난 것이다) 한국전쟁이 일어난 것은 누구의 책임이오, 그렇게 한국을 무시하면 큰코 다칠 것이오."라며 강하게 공격과 비난을 퍼부었다.

이승만 대통령은 1953년 4월 11일 아이젠하워 대통령의 휴전반대와 함께 국군 단독의 북진성명을 발표하고 5월 8일 미국 정부에 휴전거부를 통고하였다. 그러면서 6월 3일 "미국이 휴전하려면 반드시 휴전 전에 「한미상호방위조약」을 체결해야 한다."라고 선언하였다.

한국전쟁에 따른 3만7000여 명의 북한군 중공군 전쟁포로들은 UN국 미군이 관리했는데, 아이젠하워 대통령은 제네바협정과 소련과 중공 북한의 의도대로 전 포로들을 무조건 자국에 돌려보내야 한다고 미군에 명령하였다.

그러나 이승만 대통령은 이같은 미국 대통령의 명령에도 불구하고 북한군 포로들의 "고향이 북한이지만 우리는 안 돌아간다. 공산주의가 싫다. 자유대한민국에 귀순하겠다. 우리는 북한에 가면 죽는다."라는 의사를 반영하여 대구 마산 광주 논산 등 7개 포로수용소에 수용 중이던 2만7389명의 반공포로들을 계획적으로 1953년 6월 18일 탈출 석방케 하는 결단을 내렸다.

우방이었던 한국 이승만 대통령에 의해 미국의 뜻에 반하는 '반공포로 석방사건' 때문에 미국 아이젠하워 대통령은 입장이 매우 곤혹스러워졌다. 두 번째 에버레디 플랜(Ever ready plan)을 논의했지만 이승만 대통령을 대체할 만한 인물이 없었고 국민의 절대적 지지를 받은 그를 제거할 수는 없었다.

당시 미국 여론은 "저 조그만 나라 이승만 대통령은 대단하다. 자기 민족을 살리려고 미국 대통령하고도 맞장뜨는구나."라면서 애국자 이승만 대통령을 긍정적으로 평가하였다. 오히려 보기 좋게 한국에 당한 아이젠하워 대통령을 비판하였다.

미국 이아젠하워 대통령은 1953년 6월 25일 국무부차관 로버트슨을 한국에 특사로 급파하여 18일 동안 회담을 하였는데 이승만 대통령은 첫날부터 미국의 잘못된 점을 지적하면서,

"한국전쟁이 일어난 것은 미국의 책임이오, 이런 식으로 미국이 한국을 버리고 가려면 가시오. 우리는 끝까지 공산주의자들과 싸우다 죽을 것이오. 미국이 그 같은 식으로 처리한 결과가 잘되나 봅시다."라며 엄포와 협박, 벼랑 끝 전술을 구사하였다.

미국의 약점과 여론을 정확히 겨냥하여 대한민국이 필요한 것을 받아내려는 고단수 외교와 정치전략으로 평가되고 있다.

결국 미국 아이젠하워 대통령은 1953년 7월 12일 "우리는 한국에서 절대 퇴거하지 않는다. 공산주의자들이 한국을 차지하도록 절대 방관하지 않을 것이다. 이승만 대통령의 불굴의 의지를 미국은 끝까지 지원하겠다."라는 성명을 발표하기에 이르렀다. 마침내 이승만 대통령은 큰일을 해낸 것이다.

그리하여 이승만 대통령이 세계 최강 미국으로부터 휴전협정체결 조건으로 얻어낸 성과가 첫째는 소련 중국 북한 등 공산주의와 세계열강으로부터 나라를 지키는 「한미상호방위조약」이다. 둘째는 대한민국이 잘 살도록 경제를 지원받는 것이었고 셋째는 육군 20개 사단과 해군, 공군의 대폭증강 및 현대화를 위한 원조였다.

아이젠하워 대통령은 자서전에서 "이승만의 '반공포로석방'은 나의 정치인생 최대 위기였다."라고 회고했다.

이승만 대통령이 이끄는 남한정부는 3년 1개월 동안의 긴 전쟁 속에서 북한 소련 중공과의 수백 차례(765회)의 휴전문제 등에 관한 회담과 미국과의 협상을 진행하면서도 국토를 지키려는 전쟁은 혈전으로 계속 되었다.[28]

우여곡절 끝에 1953년 7월 27일 UN군 사령관(마크 클라크 장군)과 북한군 총사령관(김일성 장군)과, 중공군 총사령관(팽덕회 장군) 사이에 정전협정이 체결되어 지금의 휴전선을 경계로 정전을 하게 되었다. 정전협정을 방해하지 않는 조건으로 대한민국과 미국은 그해 8월 8일 「한미상호방위조약」에 가조인했다.

세계열강의 틈바구니에서 체결된 정전협정으로 이승만 대통령이 원하는 자유민주주의에의 한반도 통일은 이루지 못하였지만[29], 공산주의 소련이나 중국, 북한이 자유대한민국을 침략하지 못하도록 하는 굳건한 「한미상호방위조약」은 경제원조, 군사력 증강의 외교

---

28 6·25 전쟁은 처음에는 남과 북이 싸우는 내전으로 시작되었지만 곧 국제전으로 확산된 전쟁이었다. UN이 창설된 이래 UN군이 파견된 첫 번째 전쟁이었으며 공산주의 맹주국인 소련과 중공이 직접 개입한 세계전쟁이었다. 한국군 피해는 전사 13만8000여 명, 부상 45만 명, UN군 전사 4만여 명, 부상 10만5000여 명, 북한군 사망 50만 명, 부상자 60만~80만 명, 중공군 사망 15만여 명, 부상자 80만여 명으로 추정되고 있다. 가슴 아픈 것은 민간인 피해 남한의 경우 사망하거나 학살당한 민간인 37만여 명, 부상자 23만여 명 납치행불자 39만여 명이었으며 북한지역의 민간이 피해자도 150만여 명에 달했다. 또 320만여 명의 피난민과 전쟁미망인 30만여 명, 전쟁고아 10만여 명이 발생했다. [출처] 김선덕, 앞의 책, 375쪽

29 이로써 남·북한 사이에 민주주의세력과 공산주의세력 사이의 심각한 이념대립은 끝을 보지 못하였다.

적 군사적 안전장치를 마련한 획기적 사건이었다.

휴전 후 이승만 대통령은 강대국 미국 대만 일본 등과의 외교, 경제
뿐만 아니라 국방을 공고히 하며 1954년 4월 1일 독도에 '한국령'
이라는 표지석을 설치하고, 아이젠하워 대통령과 7월 31일 정상회
담을 하였다. 정상회담 후 8월 2일 뉴욕시가 마련한 영웅행진 카퍼
레이드에서 100여만 명의 뉴욕시민의 열렬한 환영을 받았다.

그가 이끄는 자유당은 이승만 대통령의 높은 지지도를 이용하여
1954년 11월 29일 제2차 개헌(四捨五入 개헌)에서[30], 국무총리를
없애고 부통령을 두어 대통령 결위 시 부통령이 승계하고, 초대대통
령에 대해서는 중임제한을 철폐하는 3선 출마조항을 두었다. 이 조
항은 후일 부정선거를 일으키는 단초를 제공하였다.

제3대 대통령 선거와 제4대 부통령 선거는 1956년 5월 15일 치러
졌다. 정·부통령 선거에 자유당은 대통령 후보로 이승만, 부통령 후
보로 이기붕을 지명했고 민주당은 대통령 후보로 신익희[31], 부통령

---

30 11월 27일 국회에서 표결에 붙인 결과 재적 203명 중 가 135표, 부 60표, 기권 7표로 개헌
    정족수(2/3)인 136표에 1표가 미달, 부결이 선언되었다. 그러나 자유당 정권은 「국회의원 재
    적 203명의 2/3는 135.333…인데 0.333…이라는 소수점 이하의 숫자는 1인의 인간이 될
    수 없으므로 사사오입하면 203명의 2/3는 135명이 된다」라는 억지주장으로 이틀 후인 29
    일 부결선언을 번복, 개헌안의 가결을 선포했다.
31 신익희는 사망으로 출마자격이 무효가 되었다. 그를 찍은 표는 180만 표로 추정되고 있다.

후보로 장면, 무소속(진보당)은 대통령 후보로 조봉암, 부통령 후보로 박기출이 출마하였다. 이때의 민주당 구호는 '못 살겠다 갈아보자!'였고 자유당은 '갈아봤자 소용없다!'였다.

1956년 8월 15일 선거결과는 자유당 이승만(81세)이 제3대 대통령(이승만 득표수 5,046,437표, 득표율 69.98%, 조봉암 득표수 2,163,808표, 득표율 30.01%)에 높은 득표율로 당선되고 야당인 민주당 장면(46.40%)이 제4대 부통령(장면 4,012,654표, 득표율 46.4%, 이기붕 득표수 3,805,502 득표율 44.0%)에 당선되었다. 이때 이승만 대통령은 81세의 고령이었다.

그는 고령임에도 한미동맹의 바탕 위에 나라의 안보와 경제부흥을 위해 크고 작은 과제를 챙겼다. 1956년 8월 16일 제3대 대통령 취임 후 열린 첫 국무회의에서 군비증강과 경제부흥을 강조하고 9월 22일에는 국군의 날을 제정하였다. 휴전협정의 폐기와 군비 강화 및 미군이 원조하는 식량과 군의 부정·부패 근절을 위해 노력했으며 북한 공산주의의 위험성에 대해 전 세계에 수시로 경고하였다.

1957년 12월 3일 한글전용을 국무회의에서 지시하였다. 미국의 대한민국 경제원조 삭감에 불만을 표시하고 1958년 2월 23일 UN군 철수불가 성명을 냈으며 1958년 10월 28일에는 원자력 연구지시를 내렸다. 국가재산의 효율적 운영과 정부기구 축소 지시를 내렸으며 1959년 2월 19일에는 일본의 재일동포 북송을 추방이라고 비난하고 미국 적십자사에 북송저지를 요청하였다. 1959년 3월 25일에는 남북통일을 위한 미국의 결단을 요구하였다.

라. 3·15 부정선거와 4·19 혁명으로 인한 하야

다시 4년의 임기가 되어 제4대 대통령과 제5대 부통령 선거가 1960년 3월 15일 예정되어 있었다. 그때 이승만 대통령은 85세의 고령으로 유고 시 부통령이 자동으로 대통령 직위를 승계하므로, 자유당은 야당인 민주당(당시 장면 부통령)이 대통령직을 승계하면 정권을 잃을 수 있다는 강박관념 하에 무모하게 자유당 부통령 후보 이기붕은 자신이 부통령이 될 수 있도록 이승만 대통령 몰래 1960년 3월 15일 부정선거를 획책하였다.[32]

야당에서도 이승만 대통령이 고령이므로 조병옥 박사와 장면 박사는 실제 자신이 부통령이 되기를 원했고 다퉜다. 결국 조병옥은 대통령 후보로, 장면은 부통령 후보가 되었다. 미국에서 위암 수술을 받던 조병옥 박사는 선거 1달 전 세상을 떠났다.

---

32 이기붕 일가는 3·15 부정선거에 항거하는 4·19. 혁명으로 부통령직을 사임하고 이승만 대통령의 하야와 함께 자유당정권이 붕괴되자 경무대 관사에 피신하여 있다가 1960년 4월 28일 장남 강석의 총격으로 집단 자살하였다.

이승만은 자유당 대통령 단독 후보로, 자유당 부통령 후보로는 민의원 의장인 이기붕과 야당 민주당 후보로는 장면이 출마했는데, 이기붕 자유당 부통령 후보는 최인규 당시 내부부장관, 이강학 당시 치안국장, 한희석 당시 자유당 기획위원장 등과 공모하여 1960년 3월 15일 선거 당일 투표함을 바꾸는 등 다양한 방법으로 부정선거를 저질렀다.

그리고 국회는 3월 18일 자유당의 이승만과 이기붕을 대통령과 부통령 각 당선자로 발표하였다.[33]

그 결과 전국적인 항의시위가 일어났다. 이 일로 선거 당일 10명이 사망하고 60여 명이 다쳤지만 이승만 대통령 주변의 최인규 내무부장관과 문교부장관 등 각료들과 이기붕 부통령 당선자는 이 사실을 숨겼다.[34]

그러던 차 4월 11일 마산 앞바다에서 17살 김주열군의 시신이 발견되었다. 눈에 최루탄이 박힌 처참한 시신을 보고 시위는 불길처럼

---

33 대통령 후보로 자유당 이승만이 단독 출마하여 9,633,376표를 얻었고 부통령 후보로는 자유당 이기붕은 득표수 8,337,059표(79.2%), 민주당 장면은 득표수 1,843,758표(20.5%)를 얻어 이기붕이 부통령으로 당선된 것으로 발표하였다.

34 최인규 내무부장관은 한희석(자유당 기획위원장)과 함께 1961년 혁명재판부(군사재판소)에서 3·15 부정선거를 지령한 혐의로 1961년 12월 6일 사형이 확정되었고 12월 21일 사형이 집행되었다.

다시 타올랐고[35] 재선거를 요구하는 국민의 외침이 크게 일었다.
게다가 자유당 정권 내내 기승을 부렸던 정치깡패들이 학생들에게
무자비한 폭력을 가하는 사건이 벌어져 1960년 4월 19일 하루 동안
전국에서 186명이 사망하고 수천 명이 다치는 대참사가 일어났다.[36]

이승만 대통령은 "오늘은 내가 이거 무슨 전쟁 중에 있는 것 같아.
사람들이 나를 나가라고 하는 모양인데, 순순히 좋게 내주려 해. 하
지만 무슨 이유인지는 똑똑히 알았으면 해. 까닭을 알아야 해결할
것 아냐." 이렇게까지 질문하면, 사실대로 답해야 하는데 각료들은
또 허위보고를 하였다.

4월 21일이 되어서야 이기붕 일당은 사실대로 고하고 각료들은 전
원 사표를 냈다.
이승만 대통령은 부정선거를 기획하고 실행한 사람들의 사표를 받
고 나서야 부정선거가 있었다는 사실을 뒤늦게 알게 되었고 곧바로
부상자들이 있는 병원을 방문하였다. 그는 "학생들이 왜 이렇게 되
었어. 부정을 보고 일어서지 않는 백성은 죽은 백성이지. 이 학생들
은 참으로 장하다. 내가 맞을 총알을 너희가 맞았다."라고 위로하며
비통해 했다.

---

35 마산시위 배경에 공산당개입 혐의가 있다고 언명하기도 했다.
36 정현채, 앞의 책, 도서출판 보담, 2020. 234쪽 참조

이승만 대통령은 부정선거의 사태의 심각성을 깨달았지만 이미 너무 늦었다. 서울지역 대학교수 250명은 시내를 행진하며 "학생들의 피에 보답하자, 이승만 대통령 물러나라"라는 구호를 외치는 시위를 하였다.

이승만 대통령은 1960년 4월 26일 "국민이 원한다면 대통령도 물러나야 해. 그게 우리 민주주의이니까."라는 취지의 하야 성명과 더불어 제4대 대통령 및 제5대 부통령 선거를 다시 치를 것을 발표하고 이화장으로 거처를 옮겼다.

대통령으로 단독 입후보 당선된 이승만은 이기붕의 3·15 부정선거 문제로 1960년 4월 26일 당선을 포기하고 하야함으로써 다시 제4대 대통령 및 제5대 부통령 선거를 실시해야 했는데 국회는 허정 대통령권한대행으로 하여금 1960년 6월 15일 제2공화국 헌법을 공포해 대통령 직선제를 국회의원들이 뽑는 간선제로 바꾸고 국무총리를 두는 의원내각제를 선택하여 제4대 대통령에 윤보선을, 국무총리에 장면을 선출하였다.

하야한 이승만 대통령을 사랑하는 국민들은 이화장 담벽에 '만수무강 하소서!', '할아버지 만세', '여생 평안하시라!' 등의 벽보를 붙였다. 그 후 프란체스카 여사와 하와이로 떠난 이승만 건국 대통령은 고국을 매우 그리워하며 3년간의 투병 끝에 "나라를 한 번 잃으면 다시 찾기가 얼마나 어려운지를 우리 국민들은 잘 알아야 하며, 두 번 다시 종의 멍에를 메지 말아야 한다. 이것이 내가 우리 국민들에게 주는 유언이야. 반드시 자유를 지켜야 한다."는 말씀을 남기고 1965년 7월 19일 세상을 떠났다.

마. 대한민국의 경이로운 발전

이승만 전 대통령(제1대~3대)은 건국대통령으로서 대한민국을 미국·서구와 같은 자유민주공화국으로 만드는 기초를 다졌고 미국과 「한미상호방위조약」을 맺음으로써 미국의 경제원조, 군사원조로 나라를 굳건히 지킬 수 있었다.

그 토대 위에 윤보선(제4대, 국무총리 장면), 박정희(제5대 ~ 9대), 최규하(제10대), 전두환(제11대~ 12대), 노태우(제13대), 김영삼(제14대), 김대중(제15대), 노무현(제16대), 이명박(제17대), 박근혜(제18대) 정부에 이르기까지 1948. 8. 15. 대한민국 정부수립 후 68여 년 동안 기적과 같은 경이로운 발전을 거듭하여 북한 김일성의 공산주의와는 달리

우리 자유민주주의 대한민국은 원조를 받는 가장 못사는 나라 중 하나에서 원자력, 반도체, 중화학, 조선, 전자 기술 등 여러 핵심 분야에서 세계 최고를 이룩하면서 종합 세계경제력 10위권까지 진입한 선진국이 되었다.

국민들은 경이로운 경제발전에 힘입어 자유를 누리면서 풍족한 주거와 문화 예술 체육 종교 활동을 즐겼고 88서울올림픽까지 성공리에 개최됐다. 세계인들은 한국 경제발전의 실상을 보고 무척 놀라워했다.

바. 공산주의 세력의 침투

대한민국이 부강할 수 있었던 원동력은 지도자 이승만이 건국 대통령으로서 자유민주공화국 국가건설의 초석을 세웠고 「한미상호방위조약」으로 미국의 경제원조, 군사력 증강으로 안보와 국민을 지킬 수 있었던 덕분이다. 아울러 박정희 전 대통령은 그 기초 위에 부국강병의 원칙을 세워 호시탐탐 대한민국을 공산화할 기회를 엿보는 북한·중국을 견제하면서 급속한 공업화 산업화를 이루었다.

이러한 산업화를 이룬 배경에는 걸출한 경제지도자들도 있었다. 어떤 일도 할 수 있다는 긍정적인 의지와 대단한 창의력를 가지고 중동 진출, 경부고속도로 건설, 자동차 독자개발, 조선건조 사업과 88서울올림픽을 유치한 현대그룹 정주영 전 명예회장[37]과 불모

---

37 [출처] 〈김기훈의 경제 TalkTalk〉 Copyrights ⓒ 조선일보 & chosun.com, 김기훈 기자와 박정웅 메이그린스톤 국제컨설팅 대표와의 인터뷰 내용이다. - 정주영 회장이 가장 어려웠던 시기는? "김영삼 대통령 시절이다. 김 대통령은 1992년 대선 때 국민당 대선 후보로 나와 자신과 경쟁했던 정 회장이 정치적으로 재기하는 것을 막기 위해 임기 내내 현대그룹을 억압했다. 김영삼 정부 동안 현대그룹은 시련의 연속이었다. 싱가포르에서 작지 않은 해외 공사를 수

지 포항에서 바다를 메꾸며 자본과 기술을 확보하고 제철공장을 건설하여 '산업의 쌀'이라는 철강을 생산한 박태준 포철 전 명예회장, 세계 최고의 삼성을 만들겠다며 전자산업과 반도체신화를 이끈 이병철 삼성그룹 전 명예회장과 그 후 세계 최고의 반도체산업과 스마트폰 시대를 이끌고 평창동계올림픽을 유치한 그 아들 이건희 전 명예회장 등이 있었다.

불행하게도 북한의 사주를 받은 문세광에 의해 1974년 8월 15일 영부인 육영수 여사가 숨지고[38], 5년 후 박정희 전 대통령마저 측근 전 중앙정보부장 김재규에 의해 1979년 10월 26일 피살되었다.

박정희 전 대통령이 피살된 직후 권력은 공백과 위기를 맞이하게 되었다. 전 중앙정보부장 김재규를 수사하던 합동수사본부(수사본부장 전두환 소장) 수사관들이 1979년 12월 12일 정승화 당시 육군참모총장이자 계엄사령관을 연행하면서 군부 사이에 총격이 발생했는

주했는데도 국책은행에서 당연히 해줘야 할 지급보증을 해주지 않았다. 그때가 정 회장이 가장 어려웠던 시기가 아닌가 싶다."—정 회장은 김 대통령을 어떤 사람이라고 생각했나? "멸치 어장을 가진 부잣집 아들로 태어난 덕택에 갑근세(근로소득세) 한 번 내 본 적이 없는 건달이라고 생각했다."—자신의 대선 출마 실패에 대해서는 뭐라고 했나? "정 회장은 당시에 "나와 대통령 당선자(김영삼)를 비교해서 나를 실패자라고 하는 사람이 있는데 그러면 대통령이 안 될 사람이 대통령이 되어서 우리나라 최초로 IMF 외환위기를 초래하고 국민과 기업을 고통에 몰아넣은 김영삼이 성공한 것이냐? 나는 국민의 선택을 받지는 못했지만 내가 하고 싶은 대로 출마를 했으니 실패했다고 생각하지 않는'고 말했다."

38 다른 주장도 있다.

데 당시 신군부로 불린 전두환 보안사령관과 노태우 9사단장 측의 승리로 끝났다.[39]

한편 1980년 5월 18일 전남 광주에서 야기된 평범한 시민으로서는 도저히 할 수 없는 전남지역 17개 시·군에 위장돼 있던 44개 무기고가 동시 다발적으로 파괴되어 1980년 5월 19일 불과 4시간 만에 털렸고 광주교도소가 5차례 공격당했다. TNT를 가지고 광주시를 날릴 수 있는 2,100발의 폭탄을 도청에 조립해 놓았다. 총상 사망자 117명 중 88명이 시민이 훔친 총기에 의해 사망했다. 이러고도 광주 5·18 사건이 민주화인가? 20년 동안 연구한 지만원 박사는 자신의 저서에서 이렇게 의문을 제시했다.[40] 이러한 시각의 국민도 상당수이다.

보는 관점에 따라 다를 수 있겠지만 객관적인 자료 등을 통하여 살펴보건대 이처럼 잘 훈련된 사람들과 일부 광주시민들, 국군(공수부대) 사이에 유혈진압 사건이 발생하였다.[41]

---

39 대통령 시해현장 바로 옆 동에 정승화 육군참모총장이 있었다는 허화평 당시 보안사령관 비서실장의 주장이다. 그래서 당연히 용의 선상에서 수사해야 한다는 것이다. 한편 전두환 전 대통령은 "나는 정치적 야심이 없었고 … 군 동원은 정승화 육군참모총장이 저항했기 때문이다."

40 중앙정보부 전 보좌관이자 국방연구원 전 책임연구위원인 지만원 박사가 전술한 「5·18 답변서」에서이다.

41 "5. 18은 김대중의 지시를 받은 전남대 학생회장 박관현이 학내시위를 도청 앞 분수대로 이끌어 확대시킨 것이 비극의 도화선이 되었음은 주지된 사실이다. 아직까지 이를 부정할 사람은 없다. 공수부대원들의 가혹한 진압에 맞서 무기고를 털어 총기로 무장하고 총을 쏘는 행위를

신군부 전두환 장군은 정권을 획득한 후 1979년 12·12 사건과 1980년 5· 18 사건을 박정희 전 대통령의 시해사건에 관한 '정당한 수사권의 행사'와 '김대중 내란음모 사건'으로 평가하였는데, 그는 경제전문가들을 등용하여 박정희 전 대통령에 이어 경제호황기를 이뤘다. 5년 단임을 실천하고 정주영 현대그룹 전 명예회장과 함께 88서울올림픽을 개최를 이끌어 세계인을 놀라게 했다.⁴²

전두환 전 대통령의 뒤를 이은 노태우 전 대통령은 88서울올림픽을 성공리에 마치고 북방정책과 외교를 강화하며 UN에 가입했고 인천 국제공항 건설을 추진하면서 5·18 광주민주화운동의 피해자를 위해 당시 김대중 전 야당 총재의 입장을 반영 1990년 8월 6일 법률 제4266호의 「광주민주화운동관련자보상등에관한 법률(약칭: 5·18 보상법, 1990. 8. 17. 시행)」을 제정하여 그 유공자와 유족들에 대해

정당방위라 주장하는 논리를 우리는 지금도 이해할 수 없다. 총기로 무장한 자들이 광주유지들의 총기반납 권유를 거부하고, 마침내 도청을 점거하여 도정을 마비시키고 있는 상황을 수수방관하고 바라보고만 있어야 한다는 것은 반란군이 아니면 동의할 수 없는 일이다. 더구나 무려 6차례에 걸친 교도소 습격을 민주화운동이라 불러야 하는가?" [출처, 전라도에서 시인 정재학의 2021년 11월 24일자 글]에서

42 [출처, 전라도에서 시인 정재학의 2021년 11월 24일자 글], "박정희 대통령께서 일으킨 한강의 기적이 전두환에 의해 완성되었다. 전두환은 단군 이래 최대 경제호황기를 이룩한 위인이었다. 그리고 단임 실천과 88서울올림픽으로 인해 우리는 민주화의 첫걸음을 디뎠고 이어 우리는 올림픽을 성공시켜 세계 속의 한국으로 발돋움하게 되었다. 지금의 한강이 저렇게 깨끗하게 단장된 것도 전두환의 공이었으며, 세계인이 부러워하는 깨끗한 화장실 문화를 범국민적 문화로 발전시킨 것도 전두환이었다. 전두환은 퇴임 후, 유럽의회가 추천한 노벨평화상 후보가 되었다. 피를 부르는 북한의 도발에도 불구하고 평화를 선택한 일과 단임 실천에 대한 공적을 기리기 위함이었다. 김대중과는 다른 참으로 진솔하게 느껴지는 대한민국의 영광이라 믿는다."

피해의 직접보상(제5조)과 의료보상(제6조) 생활지원(제7조)을 보조하여 왔다.

그 후 김영삼 전 대통령은 1993년 8월 12일 금융실명제 도입 등의 개혁을 단행하고 1995년 12월 21일 법률 제5029호로 「5·18 민주화운동 등에 관한특별법(약칭: 5·18 민주화운동법)」을 제정하여 즉시 공포 시행하여 5·18 사건을 국가기념일로 격상시켰다. 아울러 12·12 사건을 하극상에 의한 쿠데타적 사건으로 규정하여 두 사건을 헌정질서 파괴범죄와 반인도적 범죄로 규정하고, 공소시효를 정지함으로써 관련자를 처벌하는 소급입법을 하였다.
이로써 군부를 상징하는 하나회를 숙청하고, 두 전 대통령 등을 감옥에 보냈다. 2년 후 1997년 12월 22일 김영삼 전 대통령은 두 전직대통령을 특별사면 하였다.

그러나 경제지도자 정주영, 이건희 전 명예회장의 지론처럼 정치만은 과거 그대로였다.[43] 국민의 대표자라고 하는 국회의원들이 국민

---

43 우리나라 정치 수준에 관한 기업인의 평가는 다음 두 사건에서 알 수 있다. 하나는 정주영 전 명예회장이 새로운 정치를 하려고 직접 통일국민당 후보로 제14대 대통령 선거에 나선 사건이고, 다른 하나는 이건희 전 명예회장의 1995년 4월 13일 자 베이징 발언이다. 그는 "(김영삼)대통령이 개혁 의지가 높은데도 행정 규제, 권위 의식이 강해 21세기에 한국이 앞서 나가는 것은 상상도 못한다. 장쩌민(江澤民) 중국 주석을 만나보면 '반도체 몇 비트냐', 'R&D 비용은 얼마냐'고 묻는다. 한국에선 반도체 공장 건설을 신청해도 도장이 1,000개나 필요하고 허가도 잘 안 해준다. (…중략…) 솔직히 얘기하면 우리나라는 행정력은 3류급, 정치력은 4류급, 기업 경쟁력은 2류급으로 보면 될 것이다."라고 하였다. 당시 김영삼 정권은 발끈했고 이

을 위한 정치를 하는 것이 아니라 자신들의 이익과 지역주의에 편승하여 세력을 확장하고 실력자에게 아첨하고 이에 편승한 공산주의와 좌파세력들이 정치, 교육, 종교, 노동, 문화 등 전 분야에 걸쳐 곳곳에 침투해 활동하고 있었기 때문이다.[44]

특히 좌파정권 김대중 정부가 들어서자 햇볕정책을 펼치면서 국가정보원의 대공정보 기능을 대폭 축소하고, 2002년 1월 26일 법률 6650호로 「광주민주유공자예우에 관한 법률(약칭: 5·18 유공자법, 2002. 7. 27.시행)」을 제정하여 그 지원 대상을 크게 확대하면서 현재에 이르기까지 광주, 호남지역을 주 무대로 하는 좌파인사들을 대량으로 계속 가짜유공자와 유족들로 만들었다.

즉, 다른 국가유공자와는 달리 그들에게 교육지원(제11조~18조), 취업지원(제19조~제32조, 채용시험 만점의 10% 가점 제25조), 의료지원(제33조~제38조), 대부지원(제39조~제54조, 주택분양 및 임대지원 제47), 기타지원(제55조~제63조, 양노, 양육, 수송시설 이용, 주택의 우선분양 등)을 수 많은 혜택을 부여하였다. 그리하여 그들은 국가의 엄청난 시혜를 받으면서 자유민주주의를 교란시키

를 진화하느라 삼성그룹은 진땀을 흘려야 했다.

44 공비출신 김신조 목사의 "남한에 빨갱이 너무 많다"는 발언과 2008년 망명한 황장엽 비서에 의하면 "남한 내 5만 명이 넘은 고정간첩이 활약 중에 있다"라고 하였다. 그 후 그를 암살하려는 간첩 2명이 탈북자들과 함께 남파되었다가 국가정보원에 의해 검거되었다.

는 공산주의 등 전교조, 민노총 등 좌파세력들이 공공연히 사회곳곳에 뿌리내렸다.

사. 패거리·공작정치에 의한 박근혜 대통령 탄핵 – 보수·우파 분열되다

정치는 이러한 문제점을 해결하지 못하고 국민을 통합하지 못한 채 자신들의 권력유지와 이익만을 추구한 나머지 도덕과 사랑, 나눔과 배려, 공존이 없는 물질만능주의, 기회주의, 집단이기주의, 지역주의, 심지어 좌파세력들에 의한 공산주의 전체주의 국가로 전락해 가고 있는 중이었다.

이 과정에서 기업가와 노동자, 부자와 서민, 영남과 호남, 우파와 좌파의 대립이 심화되고, 종북주의 민노총 한노총 전교조와 언론세력이 정치에 전면 나서고 이들이 보수당까지 침투함으로써 성숙한 자유민주주의가 완성되지 못한 채 패거리·공작정치로 전락하고[45], 보수는 김무성, 유승민 전 대표를 따르는 탄핵파와 박근혜 전 대통령을 따르는 비탄핵파(친박파)로 사분오열되었다.

---

[45] 김대엽 병역공작 사건, 북풍사건, 민주당 안민석 의원의 박근혜 전 대통령(박정희 전 대통령)의 자금 300조 원을 최서원(언론은 최순실 썼다)이 해외에 숨겨 놓았다는 허위발언 사건, 박근혜 전 대통령 탄핵사건, 윤석열 후보에 대한 x파일 사건과 고발사주 사건 등 허다하다.

그 결과 박근혜 대통령에 대한 탄핵은 김무성 유승민 권성동 하태경 등 62+(1)명 당시 여당인 새누리당 의원들의 배신과 판단오류, 문재인 김종인 등 더불어민주당 의원들 121명 전원, 박지원 등 국민의당 의원들 38명 전원, 정의당 의원들 6명 전원, 무소속 의원들 6명 전원, 총 234명의 찬성과 주류언론들이 총동원 야합한 거짓 촛불혁명으로 헌법재판소가 정당한 탄핵사유 없이 헌법절차 등이 무시된 탄핵으로 임기 1년을 못 남긴 채 물러났다.[46]

아. 무능, 부정·부패한 문재인 정권의 탄생과 집권 결과

박근혜 전 대통령은 탄핵을 통해 5년 임기를 채우지 못한 채 물러났고 문재인 후보는 2017년 5월 9일 대통령 선거에서 수행비서겸 참모 김경수 드루킹 인터넷댓글조작과 사전투표 부정선거를 통해 제19대 대통령에 당선되었다.[47]
후임 문재인 대통령의 재임기간이 남은 1년인지 5년인지에 대한

---

46 국회에서 의결한 소추사유와 헌법재판소가 탄핵을 결정한 사유가 일치하지 않는데, 헌법재판소는 국회의 탄핵소추한 부분만 판단한다는 사법적 원칙을 위반하여 "탄핵사유로 첫째, 공익실현의무 위반(미르재단과 K스포츠재단 설립은 헌법 제7조 제1항을 위배했다)하였고 둘째, 기업의 자유와 재산권 침해(현대자동차에 KD코퍼레이션의 납품을 청탁하고 롯데rm룹에 70억 원을 요구한 것은 헌법 제15조와 제23조제1항 등을 위배했다)하였고, 셋째 국가공무원법 제60조(비밀엄수의 의무) 위배하였다"라고 결정하였다. 박근혜 정부의 탄핵은 한정권이 무너진 것을 넘어 자유민주주의 체제가 붕괴되는 사건이었다.

47 대법원은 2021년 7월 21일 피고인 김경수에게 8,800여 건의 인터넷 댓글조작의 혐의를 인정하여 고등법원이 선고한 원심대로 징역 2년을 선고하였다.

중앙선거관리위원회(이하 '중앙선관위')의 개념정리도 없이 어물쩍 4년 8개월의 집권과정을 통해,

우리는 오히려 그들이 국정을 마음대로 농단하고 있음을 보아 왔고, 내로남불로 일관하며, 군사안보 목표인 주적은 없애고, 한미동맹 파괴, 안보 없는 종전선언, 운동권 출신의 막가파식 중용, 역사지우기 (6·25전쟁은 북침이다, 미군은 점령군, 중국군은 해방군이다, 이승만 박정희 대통령 업적지우기, 제주도 4·3 사건 왜곡, 5·18 민주화 운동진실규명 법안 등)[48]와,

세계최고의 원전기술 포기(탈원전), 노동자만을 위한 소득주도성장 (결국 노동자도 일할 곳을 잃어 피해를 본다), 국민을 피아로 나누고 (차별금지법, 여성가족부, 부동산임대 3법 등), 부동산가격 폭등, 세계최고의 부채증가, 세계 1위의 자살률과 우울증, 치료율 최하위, 세계 경제대국 10위에서 40위로의 추락, 천문학적인 옵티머스 라임 브이아이케이 디스커버리 팝 펀드 등 문재인 정부 실세들이 개입한 듯한 사기금융사건[49], LH 부동산투기 사건, 가짜수산업자 사칭 사기사건[50]과

---

48 문재인 정부하의 과거사정리위원회는 대법원의 기존판결을 뒤집은 사례가 허다하다.

49 검찰의 증권범죄 합동수사단을 해체해 버려 관련수사가 파장에 이르렀다.

50 가짜 수산업자 피고인 김태우에 관한 사기사건인데 박근혜 전 대통령 탄핵 박영수 특별검사와 양재식 특검보, 이방원 부장검사(특검팀 검사), 이정원 변호사(특검팀 수사관)와 탄핵 주동자 김무성 전 의원, 박지원 의원(현 국정원장)과 언론인 등의 수많은 유명인사의 이름이 거론되

이재명 전 성남시장(이후 경기지사를 거쳐 여당의 대통령 후보가 되었다)의 천문학적인 대장동 민·관 택지개발 특혜사건 등과 검찰개혁을 빌미로 권력자들의 대형 부정·부패사건들을 덮고 야당인사들을 탄압하려는 중국공산당 식 공수처의 설치와 공수처의 정치적 수사 등의 혼란을 경험하고 있다.

자. 대한민국 위기를 다시 맞이하다

현재의 문재인 정부와 여당인 더불어민주당은 거짓 언론보도와 드루킹의 댓글조작 등을 통해 국민을 선동하고 거짓 촛불시민혁명을 내세워 이해할 수 없는 탄핵을 통해, 정권을 잡은 주사파 민노총 전교조 노동자 세력으로 구성된 정치집단이다.

이들은 연합하여 4·15 총선에서 확률적으로 일어날 수 없는 사전선거 득표율, 사전투표지 바꿔치기 등의 부정선거로 180석까지 만들었다.[51]

그렇다고 탄핵파와 문재인 대통령이 자랑스럽게 말하는 촛불 시민혁명의 결과 우리 사회가 나아졌을까? 모든 영역에서 분명 다 망가

고 있다.

[51] 제3장 4·15 총선, 당대표 당선 등에서의 부정선거 사례와 재검표검증' 참조

지고 있다. 이전 박근혜 정부보다 나아졌다면 국민은 그나마 위안 삼을 수 있을 것이다.

이런 상황에서 제1야당인 국민의힘당 이준석 대표의 리더십 위기와 그는, "4·15 부정선거 없었다. 앞으로도 부정선거는 없을 것이다. 탄핵이 옳았다"라고 말하며 회색정치인의 대표격인 김종인 전 비대 위원장을 총괄선대위원장으로 정중히 모셔야 한다고 계속 주장하고 이를 윤석열 후보가 수용함으로써 2022년 3월 9일 차기대선과 2022년 6월 1일 지방선거 및 2024년 4월 10일 제22대 총선에서 정권교체가 물 건너갈 수도 있다고 필자는 깊이 우려하고 있었다.

이는 이인호 서울대 전 명예교수의 "문재인 정권은 선거에 지더라도 순순히 정권을 내놓지 않을 것이다."라는 발언과 국민혁명당의 전광훈 목사가 "국민의힘당은 이번에도 정권을 되찾지 못하며 우파 정권을 창출하기 위해 1000만인 서명운동을 해야 한다"라는 발언과 같은 맥락이다.

전여옥 전 새누리당 의원은 최근 윤석열 후보가 김병준 전 비대위 원장과 김한길 전 민주당 대표의 선대위원장과 새시대준비위원장의 선임과정에서 이준석 대표의 당무거부, 전화를 끄고 잠적하는 등 고의적 행태에 대해 12월 4일 윤석열 국민의힘당 대선후보와 이준석 당대표 간 화해를 '윤석열 후보의 백기투항'이라고 비판했다.

ⓐ "울산 담판은 윤 후보와 당대표 이준석의 만남이 아니다."라며 "김종인 아바타 이준석과 윤석열의 담판이었다."라고 혹평했다. 그러면서 "(그 두 사람이) 불고기를 먹자마자 나온 첫 속보가 김종인 총괄선대위원장 수락이었다. 게다가 윤 후보는 친절하게도 김종인 위원장이 전권을 가지고 선대위를 총괄할 것이라고 했다. 한마디로 미봉책이다. 앞으로 김종인과 이준석 '할배 손자'는 선대위 윤석열 후보 쪽 사람들을 온갖 구실을 들어 다 쳐낼 것"이라며 "김병준과 김한길을 허수아비로 만들 것"이라고 예측하였다.

또 "홍보위원회와 여의도연구원을 장악하고 선거자금을 그들 손으로 100% 집행할 것"이라며 "애초 위장적 건수(술수)로 삼았던 이수정 교수에 대해선 사퇴를 요구하지 않겠다는 선심까지 보여줬다."라고 말했다.

이어 "조금 후면 '손학규 대표 사퇴'를 외치며 드러눕던 이준석의 분열정치가 그대로 재현될 것"이라며 "김종인과 이준석이 과연 진정성 있게 정권교체, 윤석열 후보의 당선을 바라고 있겠느냐? 몹시 걱정스럽다"라고 우려했다.

ⓑ 필자의 판단은 전여옥 전 의원의 판단보다 더 부정적이다. 이준석 대표의 당선은 김종인 전 비대위원장이 미리 짜놓은 술수였고 여당과 선관위가 합세해 이준석을 당 대표로 당선시켜 그를 통해

대리정치 막후정치를 하여 결국 더불어민주당을 위해 대선을 망치려는 계략이라고 생각되기 때문이다.

여당은 언론선동으로 탄핵 후 그 여세를 몰아 중앙선관위와 연합하여 부정선거를 자행하였고, 당시 미래통합당 김종인 선대위원장과 김형오 공천위원장의 사천과 전략부재로 2020년 4월 15일 제21대 총선거에서 여당(더불어민주당, 열린민주당)은 180석을 얻어 대성공을, 야당은 103석을 얻어 참패하였다.

그 결과, 여당은 문재인 정권을 계속 유지할 「평등법」, 「부동산3법」, 「언론중재법」 등 악법을 일방적으로 제정(개정) 추진하고, 여당에 유리하거나 사전(부정)투표를 조성하기 위한 「공직선거법」을 개정하였다.

또 사법부를 길들이기 위해 정부 여당을 비판하는 판사들에 대해 '사법농단'이란 취지의 탄핵소추 등의 의회독재를 하고 있어 자유와 공정, 희망은 말살되고, 국격과 국민의 삶의 질은 급격히 어느 정부 때보다 급격히 추락하고 있는 실정이다.

차. 나라를 구할 강한 야당지도자가 필요한 때

곧 있을 2022년 3월 9일 대통령 선거, 2022년 6월 1일 지방선거에서 또 문재인 정부와 180석의 여당이 4·15 총선과 같이 부정선거를 다시 획책하고, 야당이 분열함으로써 좌파정권으로부터 정권을 탈환하지 못한다면 결국 우리나라는 사회주의·공산주의로 전락할 것이다.

여당과 중앙선관위, 이들과 결탁된 일부 국민의힘당 회색정치인들의 부정선거·부정경선 등 불법을 인식하지 못하거나, 알고 있음에도 항거하지 않음으로써 탄핵세력들과 회색정치인들은 자신들의 정치적 이득을 위해, 당을 장악하기 위해, 여당과 야합하면서 당과 국민을 속이며 분열시키고 있는 것이다.

정부수립 때처럼 이념대립이 심각하고 지금의 야권이 사분오열된 위기의 시기에 야권을 통합하고 국민을 이끌어 갈 제1야당 윤석열 후보와 경선에 탈락한 후보들과 당대표, 선대위원장의 역할과 책무는 어느 때보다 막중하다. 즉 이승만 건국대통령의 미래비전과 통찰력, 박정희 전 대통령, 김종필 전 총재, 박태준 전 포철 명예회장과 같이 목숨을 걸고 5·16 혁명을 할 정도의 강한 야당지도자와 뜻을 같이할 동지들이 필요한 것이다.

윤석열 후보는, 지난 2020년 11월 3일 미국 대선에서 도널드 트럼프 전 대통령이 미국 민주당의 부정선거와 측근인 마이크 펜스 전 부통령, 윌리엄 바 전 법무부장관(검찰총장을 겸임), FBI, CIA 전 정보수장들과 마크 밀리 합참의장, 자당 의회지도자들이 배신하거나 민주당 혹은 중국공산당과 거래하였기 때문에 투표에서는 이겼지만 개표에서 패배한 사실을 상기해야 한다.

그는 재선에 실패했지만, 우선 경합주(州)의 부정선거 재검표감사 등을 통하여 먼저 부패하고 배신한 공화당 소속의원과 주지사, 주 국무장관 등을 솎아내기 위한 정화작업을 함으로써 현직의원이 아 님에도 그는 공화당을 장악했다.[52]

민주당은 코로나19 팬데믹을 이용한 (연방)선거법을 다시 제정하려 하였으나, 이번에는 공화당 상원의원들이 똘똘 뭉쳐 1명의 이탈 없 이 반대하여 부결(50 : 50) 시켰고, 오히려 트럼프의 공화당은 다음 선거를 공정히 치를 주 선거법 개정의 발판을 마련하였다.

이로써 민주당 지지자들도 민주당 지지를 철회함으로써 공화당 지 지율이 올라 주 하원의원 3선거구(조지아 2곳, 위스콘신 1곳)와 민 주당 텃밭인 버지니아 주지사, 시장 보궐선거에서 거의 엄청난 차로 공화당이 승리하는 상황을 국민의힘당 윤석열 후보와 야권 후보들 은 참고해야 할 것이다.

그런데 미국의 일부 언론과 유튜브 방송을 제외하고는 미국 주요언 론들은 한국 언론처럼 부정선거 문제를 보도하지 않았다.

---

52 트럼프 전 대통령은 자신을 배신한 공화당 10명의 의원에 대해, 서열 3위인 공화당 원내총무 리즈 체니를 투표로 직위를 박탈시켰고 자신의 지지자인 스테파니를 선출하였다. 또한 차기선 거에 공화당으로 출마할 수 없도록 공천을 배제하고, 공화당 자금줄을 트럼프 자신이 관리하 는 단체(Save America 등)로 통합시켰다. 그는 부정선거 재검표 감사 실시로 재임 시보다 퇴 임 후에 더 많은 국민이 그를 지지하게 되었다.

제 2 장

이준석 제1야당 대표,
김종인 전 위원장의 동향과 리스크

이준석 대표와 김종인 전 위원장은 진정 국민을 위한 정치를 하는 것이 아니라 자신들을 위한 노회한 정치, 즉 곧 있을 선거의 공천권 행사와 대선 후 개헌을 하여 의원내각제 등을 통해 권력을 탐하려는 회색정치인들 김무성 전 대표, 유승민 후보들과 야합하여 당권과 총괄선대위원장 자리를 노리고 있음이 밝혀졌다.

윤석열 후보는 필자의 우려와 이준석 대표, 김종인 전 위원장을 제대로 알고 있는 강용석, 신혜식, 공병우, 이봉규 유튜버와 전여옥 전 의원, 장기표 후보, 김영환 전 의원, 인명진 김병준 전 비대위원장, 박찬종 전 의원들과 캠프 참모들의 충언을 깊이 새겨 정권교체와 정치교체를 위한 현명한 판단을 하여야 할 것이다.

가. 이준석 국민의힘당 대표에 대한 우려

박근혜 전 대통령의 불법탄핵[01]과 문재인 정부와 여당의 무능, 부정·부패, 운동권인사 중용, 내로남불, 민생파탄, 부정선거 의혹이 밝혀져 정권교체와 정치교체를 해야 할 엄중한 시기에 접어들었다.

2021년 6월 11일 국민의힘 전당대회에서 30대 중반의 젊은 이준석은 제1야당 국민의힘당 대표에 당선되었다. 이준석 신임대표의 가치관과 작금의 언행, 주변 인물, 정국의 흐름에 비추어 미래를 걱정하는 필자의 생각을 감히 말씀드린다.

이준석 신임대표는 6월 17일 조선일보와의 인터뷰에서 자신을 발탁한 박근혜 전 대통령을 면회했느냐는 질문에 "면회한 적 없고, 앞으로도 면회는 없을 것이다, 내가 당대표된 걸 보며 감옥에서 위안받았으면 한다. 박근혜 전 대통령은 실패했지만 나를 알아보는 안목은 있으셨다."라며 자신은 성공하고 박근혜 전 대통령을 실패했다는 식의 조롱하는 발언을 하였다.

'과연 박근혜 전 대통령의 역사적 평가는 어떻게 될까?' 이준석

---

01 탄핵이 잘못되었다고 공개적으로 고백한 국민의힘당 소속 정치인들은 늘어나고 있다. 원희룡 전 지사, 심재철 전 부의장, 이정현 전 대표가 있다.

대표가 이같은 발언만 했다면 말실수로 그냥 넘어가 이 글을 쓰지 않았을 것이다.

그러나 4년이 넘도록 면회 한 번 하지 않은 그가 "박근혜 전 대통령에게 다른 방식으로 은혜를 갚겠다."라고 했던 당대표 후보시절의 말을 너무도 가볍게 뒤집음으로써, 이준석 자신이 인간의 도리와 은혜를 모르는 사람이고 상황에 따라 말을 바꾸는 기회주의 사람임을 증명하여 주었다.

또한 그는 6월 7일 대구·경북지역 당대표 후보 연설에서 지역정서에 반해, 당장 표가 떨어질 것이 뻔한데 "탄핵은 옳았다"라는 위험한 발언을 서슴없이 하였다. 한 표라도 아쉬운 그가 탄핵이 정당해서 소신껏 발언한 것일까?

물론 탄핵이라는 과거에 매몰될 수만은 없다. 그러나 과연 탄핵이 헌법적 법률적 정당성과 절차, 요건을 갖춘 것일까?

한마디로 그렇지 않다. 전술한 바와 같이 박근혜 전 대통령에 대한 탄핵은 김무성 유승민 권성동 하태경 등 자당 62명 의원들의 배신과 판단오류, ⓒ문재인 김종인 등 더불어민주당 의원들, 박지원 등 국민의당 의원들, 심상정 등 정의당 의원들의 패거리 정치와 주류 언론들이 총동원된 야합한 촛불혁명으로 국민이 선출한

대통령을 헌법재판소가 정당한 탄핵사유 없이 헌법절차 등이 무시된 거짓 탄핵이었다.[02]

이준석 대표 후보가 "탄핵은 옳았다"라고 한 말의 속뜻을 살펴보면, 탄핵을 사유로 한 문재인 정부의 정권획득이 정당했고 김무성 유승민 하태경 ⓓ 김종인 의원 등 탄핵파들과 여당 및 선동했던 언론 편에 선 발언이었다.

그럼에도 불구하고 이렇다 할 특별한 프로필도 없이 지역구에서 3번을 패배한, 36세의 젊은 이준석이 최초로 중진들도 하기 어려운 제1야당인 국민의힘당 대표로 당선되었다.

나. 이준석 당대표 당선에 관한 강한 의구심

과연 이준석 대표는 자신의 능력과 국민, 당원의 지지에 힘입어 당선된 것일까? ⓔ 필자는 김종인 전 비대위원장, 유승민 김무성 전 대표, 하태경 의원의 당권파들과 중앙선관위, 더불어민주당 지도부에 의해 당선은 이미 예정되어 있었던 것 아닌가? 하는 강한 의구심을 갖게 되었다.

---

02 우종창, 「위선과 어둠의 기록(박근혜 탄핵백서)」, 거짓과 진실, 2021, 서문, 제2장, 제3장 제4장, 제5장 참조

그 이유와 증거는 다음과 같다.

(1) 그는 2021년 3월 6일 한 유튜브 방송에 출연, 탄핵의 여세를 몰아 당선된 문재인 대통령 정부의 공신이었던 윤석열 전 검찰총장이 조국을 임명하려는 문재인 대통령에 반기를 들어 옵티머스 투자 및 대학표창장 위조 등 혐의로 조국 전 법무부장관의 처 정경심 교수를 구속 수사 기소함으로써 문재인 대통령에게 토사구팽 당해 결과적으로는 높은 국민적 지지를 받아 정치를 시작하려는 윤석열 전 검찰총장에게 "윤석열이 대통령이 되면 나는 지구를 떠나겠다. 내가 당대표가 되어 유승민이 대통령이 되는 것을 만들겠다. 윤석열 총장은 곧 제거된다."라는 공작정치를 풍기는 발언을 하였다.

(2) 또한 "안철수가 서울시장이 돼도 지구를 떠나겠다."라는 발언도 국민의당과 힘을 합쳐 서울시장을 야권에서 반드시 당선시키고 차기 대통령 선거와 국회의원 선거도 그 여세를 몰아 승리해야만 하는데 표리부동하고 야권을 분열시키며 국민의사를 무시한 매우 건방진 언행이라 할 수밖에 없었다.

(3) 국민의힘당 전당대회 당대표 후보연설에서 대구·경북지역 정서에 반해, 당장 표가 떨어질 것이 뻔한데 "박근혜 대통령 탄핵은 옳았다."라는 발언과 위 (1), (2)의 발언은 그가 ⓕ 탄핵세력인 김

종인 전 비대위원장 등 당권파와 여당지도부, 중앙선관위의 경선 협조로 이미 당대표가 예정되어 있었고, 이준석 역시 이를 알고 있었음을 시사하고 있다.

(4) 국민들은 4·15 총선 직후 야당 미래통합당(국민의힘당의 전신)이 더불어민주당을 당일투표에서는 124 : 123으로 이겼는데 사전투표 득표율은 당일투표 득표율보다 모조리 낮아져 사전투표의 공정성에 대해 의심을 하기 시작했다.

그러나 4·15 총선 노원병선거구에서 더불어민주당 김성환 후보에게 패배한 미래통합당 이준석 당시 최고위원은 4월 17일 갑자기 KBS라디오에 출연하여,

(5) "유튜버들에게 휘둘리는 이런 수준의 정당은 이제 안 된다, 보수 후보자 중에서 본투표에서 이기고 사전투표에서 진 곳이 많다. 저도 그렇다. 저는 단 한 표도 부정이 없다고 보는데 왜 난리를 피우는지 모르겠다. 그래서 선거에서 진 것이다. 그걸 두고 '사전투표 의혹론'을 제기하는 사람들이 있는데 제발 그런 것 좀 거두라고 말하고 싶다."라고 발언했다.[03]

---

03 이준석이 낙선(3번) 직후 방송에 출연해 자신과 미래통합당이 패배한 것을 자인하는 발언은 심리적인 상황과 여러 여론조사 판세와 정황에 비추어 우연한 일이 아니다.

이어 (6) "사전투표장에 CCTV가 없으므로 정부에서 부정을 일으킬 가능성 있다며 사전투표 말고 본 투표에 가라고 설득했던 게 유튜버들이다."

그래서 보수유권자들이 본 투표에 몰려가고 사전투표하지 않은 것[04]이라면서 "그런 그들이 지금에 와서 '사전투표 부정 맞지'라고 하는 것은 죽어도 정신을 못 차리는 것이고, 이는 (과거 선거에서 음모론을 폈던) 김어준씨와 다를 바가 없는 주장"이라고 비판하였다. 그처럼 보수유권자들에게 날을 세웠던 이준석은 좌파선동 방송인 김어준과 자주 어울려 방송에 나왔다. 말과 행동이 다른 사람이다.

(7) 4·15 총선참패를 예측하지 못한 당 여의도연구원에 대해 "황교안 전 대표가 임명한 인사가 원장이 됐는데 과거와 선거지원 기능이 달랐다. (나는) 같은 지역선거를 두 번 치렀는데 판세분석도, 정책지원도 거의 없었다."며 ⑧ 의도적으로 김종인 전 선대위원장에게는 책임을 묻지 않고 황교안 전 대표에게만 책임을 돌렸다. 이준석 대표와 김종인 위원장의 연합정치를 여실히 보여주는 일례이다.

(8) 이준석 최고위원은 4월 18일 페이스북에 선거패배의 원인을

---

04 이 추론은 증명되지 않은 것이다.

"좌파, 빨갱이, 사기탄핵, 선거불복을 외치면서 소멸해갈 것인가. 공정 정의 안티PC(Political Correctness), 경쟁, 젠더이슈 등을 다룰 수 있는 방향으로 메시지를 전환할 것인가"라고 하면서, "메시지를 바꾸기 위해서는 당의 주인이 바뀌어야 한다. 미래통합당은 이제 (중도) 노선투쟁이 필요하다."라는 글을 올렸다. 이글은 거의 거짓이다. 박근혜 전 대통령에 대한 탄핵은 위헌이었으며 4·15 총선은 부정선거임이 거의 확실하다.

⑼ 또 4월 19일 페이스북에 어려운 조건을 내걸며 "(음모론 지지자들은) 제기할 의혹이 남았다면 천안함 재단에 100만 원을 기부한 후 영수증 또는 이체증을 보내주시는 분을 선착순 5명 이내로 모여서 유튜브 등으로 생중계되는 공개토론회를 열자"라고 제안하며 '이준석을 박살 낼 좋은 기회다'라고 하면서 부정선거는 없었고 자신이 옳다는 글을 올렸다. 속임수이다.

좌파여당 정치인과 오피니언리더들이 '부정선거는 없었다'라는 말을 시작하면 부정선거의 전선이 여당 대 야당으로 옮겨가게 된다. 즉 진영싸움이 되는 것인데, 이것을 좌파들은 가장 두려워하고 있다. 그런데 작금의 상황은 굳이 여당이 나서지 않아도 야당의 이준석 대표나 조갑제 등 우파의 똑똑한 바보들이 부정선거가 없다는 주장을 펼쳐줘, 정작 더불어민주당과 중앙선관위는 저만치 멀리서

전선을 펼치고 있다.[05] 그래서 부정선거를 주장하는 사람들을 소수 음모론자로 매도하는 등 여당과 중앙선관위, 이준석 국민의힘 당 대표, 오피니언 리더들은 계속 국민들을 기망하여 왔다.

(10) 이렇게 이준석 자신도 선거에 패배했지만, 솔선수범하여 총선결과에 승복하는 것처럼, 공개토론 할 것처럼 국민을 기망하며 계속 부정선거 논란을 잠재웠다.

이로써 중앙선관위는 쉽게 궁지를 빠져나갈 수 있었다. 따라서 필자에게는 당시 이준석 최고위원과 김종인 선대위원장은 여당과 선관위가 부정선거를 한 사실을 잘 알고도 이를 숨긴 부정선거의 부역자(심지어는 공모자)로 보일 따름이다.

(11) 이준석은 4·15 총선 직후부터 지금까지 줄곧 하태경 의원, 보수논객으로 알려진 조갑제, 정규재 전 주필 등과 함께 "절대 부정선거는 없었다. 사전투표 조작도 없었고 관리부실로 부정선거를 주장하는 유튜버들의 농간에 놀아나면 안 된다. 부정선거 의혹을 제기하는 사람을 음모론자이다."라고 했으며, 심지어 "민경욱 의원이 옳으면 제가 정치를 그만두면 되는 것이다."라고도 했다. 그런데 이준석 대표는 자기 말에 책임을 질 사람이 절대 아니다.

---

05 김형철, 「4·15 부정선거 비밀이 드러나다」, 도서출판 대추나무, 2021, 20쪽

또 당 전당대회 전후에도 "부정선거를 주장하는 자는 야만인이다. 만일, 4·15 부정선거 재검표를 주장했다면 보수야당은 한방에 갔을 것이다."라고 까지 발언하는 등 이해할 수 없는 언행을 되풀이 하였다.

(12) 이준석 당대표 당선이 여당과 중앙선관위의 야합임을 판단케 하는 가장 핵심적인 부분은, 국민의힘 전당대회 당대표 선거 시 정부·여당이 언론에 개입해 이준석 언론띄우기 전술과 중앙선관위가 위탁받아 한 국민여론조사(70%, K-voting)에서 이다.

다음의 증거들은 ⓗ이준석 대표후보 측(김종인 전 비대위원장 유승민 김무성 전 대표 등 포함)과 중앙선관위의 이해관계와 맞아 떨어져 그동안 지역구에서 3번이나 낙선한 이준석 후보가 중진도 하기 어려운 당대표 선거에서 여당과 선관위의 국민여론 조작으로 이미 당선이 예정되어 있었구나 하는 합리적인 의심은 충분했다.[06]

다. 여당 의원들의 언론띄우기 작전과 문재인 대통령의 각별한 축하인사

(13) 국민의힘당 전당대회를 앞두고 정권교체기를 맞이하는 중차

대한 시기에 여당은 평소 야당을 비난 일색과 꼰대보수당으로 조롱해 왔음에도 불구하고 기이하게도 입을 맞춘 듯 젊은 이준석 후보의 등장을 연일 축하하는가 하면 "이준석 돌풍이 일어났다"는 이해할 수 없는 언론띄우기 현상이 나타났다.

이 '언론띄우기' 현상은 결코 우연이 아니다. 이준석 후보를 제1야당의 대표가 될 수 있도록 정부와 여당이 언론공작으로 명백히 도와준 것이다.

(14) 즉, 송영길 더불어민주당 대표는 지난 5월 26일 청와대 여야 영수모임에서 "젊은 이준석 후보의 약진이 대단하다."라면서 국민의힘 김기현 원내대표에게 무슨 큰일이라도 난 듯한, 쇼맨십 가득한 말을 건넸다.

(15) 이틀 뒤 5월 28일 여당 김남국 의원은 자신의 SNS를 통해, 이준석 후보를 적극적으로 옹호하면서 "국민의힘 당에서 젊은 이준석 돌풍이 일고 있다. 덕분에 우리 당에서도 변화의 바람이 불고 있다."라며 한술 더 떴다.

(16) 또 국회 전 사무총장이자 민주당 원로 유인태 전 의원은 5월 31일 SBS 방송에 출연해 "이준석 후보의 돌풍은 정치권의 충격으로 받아들여지고 있다. 민주당 사람들은 굉장한 위기감을 느끼며

그가 야당대표가 되면 내년 대선이 끝난 것 아닌가 하는 목소리도 있다."라고 계속 의도적인 언론띄우기를 하였다.

(17) 반면에, 그는 나경원 후보에 대해서는 "나경원 후보는 서울시장에 출마해 떨어지고도 또 출마한 것은 당을 위해 출마한 것이 아니라 자기신변 보호용으로 출마한 것으로 본다."라며 매우 비하하는 발언을 하였다.

(18) 민주당 강병원 최고위원은 5월 28일 불교방송에 출연하여 "이준석 돌풍을 보면서 놀랍고 부럽다. 무서운 현상이다. 국민의힘당은 낡고 고루함의 상징이었는데 이준석의 약진으로 새로운 변화가 만들어지고 있다."라며 계속 이준석 후보를 칭송하는 발언을 하였다.

(19) 이러한 언론의 이준석띄우기에 대해, 언론계에 오래 몸담았던 민경욱 전 의원은 SNS를 통해 "조롱해야 할 여당이 젊은 이준석의 등장에 벌벌 떠는 모습을 연출하고 언론도 이에 동조하고 있다."라며 참으로 괴이한 현상을 지적하였고,

(20) 정치경륜이 많은 홍준표 의원도 이러한 현상이 "요즘 야당전당대회의 흐름을 보면 꼭 4년 전 탄핵사태를 재현하는 것 같다. 막후에 보이지 않은 손과 언론의 선동적 보도도 그때와 다르지

않고 매우 의도적으로 느껴진다."라며 이준석 언론띄우기 현상을 포착하였다. 정확한 판단이다.

(21) 아니나 다를까 이준석이 6월 11일 국민의힘당 대표에 당선되었다. 그러자 예견했다는 듯이 문재인 대통령은, 매우 기쁜 표정으로 이준석에게 "아주 큰일을 하셨다. 훌륭하다, 우리 정치사에 길이 남을 일이다."라고 과도한 친밀감을 표시하였다.

이렇게 여당과 문재인 정부는 자신들에게 협조하고 야권을 분열시킬 수 있는 이준석 후보와 야합하여 언론띄우기 등의 전략으로, 제1야당 대표로 당선시켰는데 이는 여당과 중앙선관위의 합작품이다. 그 증거는 본문 '제2장 나. 이준석 당대표 당선에 관한 강한 의구심' 이하 (1)항~(56)항, '제3장 나. 이준석 당대표 당선에 관한 중앙선관위의 국민여론조사 부정의혹' 이하 (21)항~(30)항 등 총 66개이다.

라. 이준석 현상에 대한 정확한 진단과 이준석 리스크

국민의힘당 전당대회 선거기간 중과 당선 후 3주 동안 언론이 한껏 띄우는 이준석 현상에 대해,

(22) 과거 김대중 전 대통령이 부산 출신 노무현 후보를 언론에 띄

위 호남인들의 절대적인 지지로 대통령으로 만든 과정, 광우병 사건, 박근혜 전 대통령을 탄핵으로 몰고 간 것처럼 더불어민주당과 민노총, 전교조, 중국인들의 조직적인 개입과 언론선동으로 현 정권을 탄생시킨 노조언론들의 합작품으로서,

(23) "이준석 돌풍, 경이로운 투표율, 이준석이 당대표가 된 후 청년당원들이 대거 늘었다(떨어져 나가는 지지자들을 망각하는 것 같다), 국민의힘당 지지율이 40%가 넘었다. 따릉이로 출근한다. 젊은 대변인들을 토론전쟁으로 뽑았다."라고 이준석 착시 현상을 한층 띄우면서, 사실은 문재인 정권을 옹호 내지는 연장하기 위해 여론전술을 펼치고 있던 것이다.

(24) 따라서 필자는 여당과 야합한 탄핵세력인 당권파 김무성 유승민 김종인 하태경 등은 정치 전면에 나설 수 없어 이들이 말 잘 듣는 젊은 이준석 대표를 내세워 왜곡된 언론선동, 신뢰할 수 없는 국민여론조사 방법(역선택)으로 청년들과 국민들을 또 속이려는 꼼수정치, 여론조작정치, 막후에서 대리정치를 하고 있다고 단정하게 되었다.

그리하여 '이준석 현상은 거품이고 허상으로 정권교체를 바라는 국민들의 희망을 저버릴 것'이라는 결론에 이르렀다. 필자의 이런 우려는 그동안 이준석 대표의 표리부동한 언행, 윤석열 등 후보들

을 띄우기보다는 자신의 홍보에 열중하고 여당 이재명 후보가 대장동 택지개발특혜사건과 관련하여 "1원도 받은 일이 없다"라고 말한 것에 대해 희석하면서,

(25) "이런 논리라면 박근혜 전 대통령도 통장에 1원도 받은 일이 없다"라고 비유해 박근혜 전 대통령을 범죄시하고, 안철수를 폄하하는 언행 등을 지속 함으로써 보수분열 행위와 당 운영행태에서 대표직을 수행할 수 없는 상황에 이르기까지 정확하게 일치하고 있음이 확인, 증명되었다.

마. 작금의 정치가 야합정치, 공작정치, 꼼수정치라는 증거

이러한 작금의 정치는 국민을 위한 정치가 아니라 여당과 김무성 유승민 김종인 등의 회색정치인들이 이준석 대표를 내세워 자신들의 이익과 권력유지를 위한 야합·공작·꼼수정치를 하고 있는바, 그 이유와 증거 또한 아래와 같다.

국민의 질타로 물러난 "김종인 전 비대위원장을 다시 모셔와야겠다."라며 회동을 하고, 정작 정권교체를 간절히 바라는 국민들의 의사를 반영해 안철수 국민의당 대표, 윤석열 전 검찰총장, 최재형 전 감사원장, 홍준표 의원을 삼고초려로 모셔 와야 할 시급한

상황이었음에도[07],

(26) "윤석열 전 검찰총장은 버스 빨리 타라, 안 그러면 출발한다. 정치초년생이므로 국민의힘당에 빨리 와서 전문가(이준석 대표나 김종인 전 위원장을 의미하는 것 같다)를 통해 배워야 한다. 안철수 대표와 같은 전철을 밟지 마라. 김종인 위원장을 선거대책위원장으로 중용하여야 한다."라는 정체성이 의심되는 김종인 전 비대위원장을 대변하는 발언과

(27) 유승민, 하태경[08]이 대통령선거에 출마하겠다는 발언이 부쩍 늘고, 김무성 전 대표의 활발한 활동과 비밀 만남, 유승민계 신원식 비례대표 의원이 밝힌 "유승민이 국민의힘당의 유일한 대권후보자이다", "유승민 전 대표의 야권 내 지지도는 2위이다"라는 언론보도, "내가 당대표가 되어 유승민을 대통령으로 만들겠다",

---

07 무소속 홍준표 의원이 국민의힘당에 입당하기 전 기준이다.

08 하태경은 현 국민의힘당 의원(3선)이다. 중국 지린대학교대학원 박사학위를 받은 친중 좌파이다. 임수경 주변의 운동권 출신으로 새누리당으로 2번, 미래통합당 후보로 출마해 당선되었다. 그는 세월호 사건에 대해 "박근혜가 학생들을 죽이기 위하여 청와대 안에서 부적을 담아두는 오방낭을 달아 기도했다"고 악의적 발언을 하였고, 탄핵정국 시에는 국민들을 향해 "촛불에 타죽기 싫으면 탄핵에 동참하라"고 선동하였다. 이후 유승민 의원을 따라 새누리당에서 분당 후 바른정당으로 옮겼다. 그 후 안철수 대표의 국민의당에서 정치를 하였는데, 최근 MBC방송에 출연해 안철수 국민의당 대표와 윤석열 전 검찰총장에 대해, "이미 과거형이고, 안 대표가 연이어서 헛발질을 해 안철수 시대는 끝났다고 생각한다. (입당하지 않아) 점점 국민들이 지쳐가고 있다"라고 혹평·비하 발언을 하였다. 음습한 정치발언이다.

안철수 대표와의 합당 약속으로 국민의힘당 지지율이 올라 서울시장·부산시장 보궐선거에 승리하자 자강론으로[09] "8월 중에 경선하겠다"며 윤석열 전 총장을 압박하며 비빔밥 속의 당근, 춘천 닭갈비로 폄하하는 이준석 대표의 일방적이고 의도된 발언과 돌출행동,

(28) 이준석 대표가 지방에 출장 간 사이 윤석열 전 검찰총장의 갑작스런 입당과 4월 7일 서울시장 및 부산시장 보궐선거에서 야권의 승리를 가져다준 안철수 국민의당 대표와 지리한 감정싸움을 벌여 안철수 대표를 싫어하는 김종인 전 비대위원장이 바라는 바대로 국민의당과의 합당은 물 건너가고,

중대 사안을 이준석 대표 혼자 즉흥적으로 결정하거나 발표하여 최고위원회에서 수차례 질타를 받은 사실, 중진의원들과 당 원로들의 반발과 우려,

(29) 송영길 여당대표와의 만남에서 당의 공식의견을 뒤엎는 전국민 재난지원금 지급과 사전투표 확대에 관한 언행, 자신의 병역문제, 여동생 의료법위반 문제로 경찰청에 고소되자 경찰청장을 찾아가 90°각도로 인사하는 비굴한 태도와

---

09 서울시장 · 부산시장 보궐선거에서 안철수 대표의 단일화를 기대하고 윤석열 전 검찰총장과 최재형 감사원장이 국민의힘당에 입당하는 것을 전제로 지지도가 높을 것으로 보아야 할 것이다. 유력 대선주자들이 다른 당을 선택할 때는 상황이 다를 것이다.

(30) 선관위원장 선관위원의 선정과 경선룰, 특히 토론회 방식 등을 미리 짜놓고, 「언론중재법」 통과를 막아야 할 시급한 상황에서 당이나 각후보들에게 별 도움이 되지도 않은 서바이벌 게임형식의 합동토론회(반발에 부딪혀 발표회로 바뀌었다) 소집과

(31) 자당 소속 12인의 의원들의 부동산투기 의혹에 대한 졸속 대처 등 편파적이며 해당행위를 하면서도 "후보들에게는 흙탕물 만들지 말라"는 식의 자기정치를 하였다.

바. 이준석 대표와 그를 둘러싼 정치인들의 이해할 수 없는 언행

정권교체를 준비해야 하는 절체절명의 시기에 이준석 대표의 발언과 그의 행동, 그를 둘러싼 노회한 정치인들의 노선이 가시화되고 있어 국민의힘당의 갈등요인과 지지자들의 감표요인으로 작용하고 있다.

이준석 대표는 윤석열, 최재형, 안철수 유력 후보들을 국민의힘당에 입당하라 하면서, ① 한쪽에서는 김종인 전 비대위원장 유승민 하태경 후보 등과 함께 이들에 대한 총질과 견제를 하고 있었던 것이다.

입당 후에는 최고위원회의 결의도 없이 당대표 이준석은 완장 찬 듯 휴가를 이용 개인택시운전 면허를 받으면서, 후보나 후보 참모들과 사전협의도 없이 "예비후보 토론을 하겠다, 모두 모이시라."는 일방적인 소집을 하였다.

이 과정에서 윤석열 캠프의 정무실장 신지호 전 의원은 8월 11일 이준석 대표의 갑작스런 토론회 소집에 대해 "아무리 대통령이라도 헌법과 법률에 근거하지 않으면 탄핵도 되고 그런 거 아닌가?"라고 말했다.

이 점에 대해, 이준석 대표가 "당대표를 너무 흔드는 것 아니냐?"는 취지로 항의하자, 신지호 전 의원은 자신의 발언에 대해 "국민의힘 이준석 대표를 겨냥하거나 염두에 둔 발언은 아니었다. 오해하지 않았으면 좋겠다."라고 해명하였다.

윤석열 후보는 다음날 예를 갖춰 전화로 이준석 대표에게, 윤) "신지호 박사에게 어제일(탄핵발언)에 대해 단단하게 이야기했다. 이) "싹 함구령을 내려달라, 아직 정신을 못 차린 것 같다." 윤) "정치권이란 곳은 여기저기서 아무 말하는 곳이니까 이해를 부탁한다. 대표님과 저는 국민들이 볼 때, 손잡고 가야 된다. 우리가 옆에서 뭐라고 한다고 흔들리면 안 된다." 이) "캠프 구석구석 이 정서가 전해졌으면 한다."라며 유감의 뜻을 전하였다.

(32) 그런데, 어리석게도 이준석 대표는 자신이 윤석열 후보를 제압했다는 것을 증명하기 위하여 위 전화내용을 녹취한 다음 언론에 공개해 버렸다.

(33) 이 녹취사실이 문제 되자, 이준석 대표는 페이스북을 통해 60여 명 이상의 기자들이 윤석열 후보와 나눈 대화에 대해 저에게 집중 취재가 들어와 취재과정에서 구두로 전달된 부분들이 정리되어 문건화 된 것으로 보인다, 녹취파일 존재하지도 않고 유출사실 없다."라고 거짓말을 했다.

(34) 당 분란은 이준석 대표 자신이 만들고서 "이대로 가면 다음 대통령선거에서 우리당 후보는 여당에게 5% 정도 패배한다."라는 책임회피성 발언(이런 상태가 진행되면 이준석 의도대로 될 수 있다)을 하였고, 채널A 모 기자에게는 "윤석열 전 총장은 토론 두 번이면 곧 정리된다."라고 발언했다.[10]

(35) 원희룡 후보에게도 같은 취지의 발언과 "나는 문정부와는 대여투쟁을 하지 않는다, 합동토론회는 강원도에서 2~3일 동안 서바이벌게임의 토론회를 생각하고 있다."라는 발언을 종합하여 보면, 윤석열 최재형 안철수 후보를 국민의힘당에 끌어들인 다음 짜여진

---

10 문재인 대통령의 많은 약점과 비밀을 아는 국민의힘당 윤석열 후보를 탈락시키려는 여당의 전략과 동일하다.

틀에서 낙마시키고 유승민(차선으로는 홍준표) 후보를 당선시키려는 이준석 대표의 공작정치와 분열행동이 여실히 드러났다.[11]

사. 안철수 국민의당 대표의 합당거부 선언과 재출마 선언

원래 이준석은 유승민이 창당한 바른정당 때부터 국민의당 대표 안철수를 폄하해 왔다. 자신이 모셨던 안철수 대표를 ㅂㅅ이라는 발언뿐만 아니라,

(36) 서울시장 보궐선거 전 채널A 모 기자와의 대화에서 "안철수 대표가 서울시장이 되면 나는 지구를 떠나겠다."라는 어리석고 건방진 언행에서 그의 생각을 읽을 수 있을 것이다.

대통령과 서울시장은 국민과 서울시민이 뽑는 것인데 이같은 발언을 한 배경은 김종인 전 위원장, 이준석 대표, 유승민 후보 등이 바라는, 안철수 국민의당 대표와의 통합을 반대하는 것은 여당과의 야합행위로서 안철수 대표에게 쏠리는 시선과 그의 정치적 이익과 국민의 힘당에 정권을 내주는 위기를 막아야 했기 때문이다.

(37) 따라서 보궐선거 기간 중 국민의힘당과 합당을 전제로 오세

---

11 여당은 상대적으로 약한 국민의힘당 유승민 후보가 선출되는 것을 원하고 있다.

훈 서울시장의 당선을 위해 공을 세운 국민의당 안철수 대표와의 합당 과정에서 이준석 대표는 자신과 국민의힘 당원들이 국민의힘 오세훈 전 의원을 서울시장에 당선시켰다는 방자한 자세로 일관하여 유승민 후보, ⓙ 김종인 전 비대위원장이 원하는 바대로 의도적으로 국민의당과의 합당이 결렬되도록 실행했다.

(38) 그 결과 국민의당 안철수 대표는, 이준석의 "안철수 대표가 서울시장이 되고, 윤석열 전 총장이 대통령이 되면 지구를 떠나겠다"라는 발언내용이 공개된 직후 8월 16일 기자회견에서 "국민의힘당과의 통합 노력을 멈춘다."라며 합당결렬을 선언하고 제3지대 대선후보로 남게 되었다.[12]

정권교체를 해야 하는 중요한 시기에 윤석열 전 총장과 국민의당 안철수 대표를 폄훼하고, 유승민 전 대표를 당 후보로 밀려는 이준석 대표의 자기정치, 분열정치, 평론가 수준의 행태는 한국정치사에 큰 오점으로 평가될 것이다.

---

12 안철수 대표는 이준석 대표에게 책임을 돌리지 않고 주호영, 김기현 원내대표와의 합당과정에 대해, 국민의힘당 사정에 의하여 연기해달라고 요청해서 합당이 계속 지연되었다고 발언하였다. 여당이 바라는 바대로 안철수 대표와의 통합이 일단 중지되었다.

아. 사퇴에 봉착한 이준석 대표를 살리기 위한 여당의 이상한 행태

위와 같은 언행으로 이준석 대표는 국민의힘당에서 대표직을 사퇴할 위기를 맞게 되었다. 그런데 또 더불어민주당은 이준석 대표의 사퇴를 막기 위해 다시 옹호하는 술수를 부린다.

(39) 강병원 최고위원은 8월 18일 오전 국회에서 열린 당 최고위원회의에서, "당대표 탄핵까지 운운한 윤석열 총장 측의 토끼몰이에 이준석 대표가 굴복했다."라며 "대선에 출마한 사람이 토론을 회피하는 것은 이력서, 면접, 자기소개서 없이 취직하겠다는 것처럼 황당하다. 검증을 도리도리로 회피하고 오만한 독선은 국민이 심판할 것이다."라고 이준석 대표를 두둔하는 발언을 하였다.

(40) 그리고 김용민 최고위원도 "민주주의는 대화와 토론이 전부라 해도 과언이 아닌데, 국민의힘은 대선예비후보 토론회를 취소하고 발표회로 대체하겠다는 것은 놀랍다. 대화와 토론 없이 후보를 결정하는 생각 자체가 놀랍다."라며, 윤석열 후보를 폄하하고 이준석 대표를 옹호하는 발언을 하였다.

(41) 나아가 문재인 대통령은 8월 19일 이준석 대표와의 영수회담이 갑자기 개최되는 듯하다가 여론이 안 좋아 불발되었다. 왜

여당과 문재인 대통령은 의도적으로 국민의힘당 이준석 대표를 옹호하고 사퇴를 막고 있을까? 공작정치가 판치는 현실에서 이준석 대표와의 어떤 밀약이 당연히 있었을 것이다.

자. 문재인 대통령이나 여당의 잘못에 대한 이준석 대표의 수상한 태도

(42) 이준석 당대표는, 문재인 대통령 후보의 수행비서였던 김경수 드루킹 댓글조작 사건에 대해 대법원의 유죄판결이 선고되었음에도, "문재인 후보는 댓글조작에 관여하지 않았을 것"이란 비상식적 발언을 하였다.

(43) 청주 간첩단에 하달된 반미운동 전개, 한미훈련 반대, 한미연합사 해체, 사드 배치 반대, 박근혜 석방 반대, 스텔스 F-35A 전투기 도입 반대[13], 4·15총선에서 야당을 참패시키고, 그 책임을 황교안 대표에게 돌려야 한다, 검찰개혁 등의 김정은 지령문이 확인되고,

이 간첩들이 문재인 캠프에서 특보로 활약했다는 언론보도가 발

---

13 스텔스 F-35A는 레이다의 포착 없이 북핵과 공격기지를 타격할 수 있는 최고성능의 전투기이다. 실제 청와대를 통한 스텔스 F-35A 관련 국방부 예산삭감이 있었다. - 이춘근 박사의 〈너알아TV 방송〉에서.

표되었음에도[14] 이준석은 야당대표로서 문재인 대통령을 전혀 공격하지 않는 수상한 태도는 도를 넘어서고 있다.

차. 국민권익위원회, 여당, 정보기관, 수사기관 등의 공작정치 의혹

1) 권익위의 부동산투기 의혹 제기와 미숙한 당대표 처신

전현희 국민권익위원회 위원장은 종전에 더불어민주당 12명, 이번엔 국민의힘 12명, 열린민주당 1명이라는 부동산투기 의혹 전수조사 결과에 대해,
전 위원장은 8월 24일 〈CBS라디오 뉴스쇼〉에 출연해 "숫자는 비슷하지만 그 내용을 보면 비율은 국민의 힘이 약 2배 정도 많다."라고 평가 발언하였다.

그러면서 권익위는 민주당 조사 때와 마찬가지로 이번에도 해당 의원의 실명과 구체적인 의혹내용은 공개하지 않았으나, △ 부동산 명의신탁 의혹 1건 △ 편법증여 등 세금탈루 의혹 2건 △ 토지

---

14 문재인 대통령 자신도 북한에 포섭된 공산주의자라는 주장이 있다. 그의 저서 「운명」에서 "미국, 월남이 패망하는 것을 보고 진실의 승리이고, 희열을 느꼈다"라고 썼고, 스스로 "나는 신영복(공산주의자)을 제일 존경 한다"라는 발언 등과, 미국의 고든 창 변호사, 고영주 변호사 및 조우석 평론가의 주장과 발언에서 확인된다. 이 간첩들은 북한 김정은으로부터 많은 돈을 받았고, 4년간 활동했다는 보도가 있었다.

보상법, 건축법, 공공주택특별법 등 위반 의혹 4건 △ 농지법 위반 의혹 6건이라고 밝혔다.[15]

◇ 부동산투기 의혹 발표가 사실에 부합하고 조사결과가 공평하고 정당할까? 정치적 의도는 없을까? 하는 의문

전현희 권익위원장의 경력을 보면, 치과의사 출신 정치인으로서 민변 환경위원회 여성인권위원회 위원이었고 18대, 20대 국회의원으로서 제20대 전반기 국회 국토교통위원회 위원을 지냈다.[16] 특히, 19대 대선과정에서 더불어민주당 문재인 대통령 후보 중앙선거대책위원회 직능특보단장을 지냈다.

실제 더불어민주당 의원들은 180석으로 국민의힘당에 비해 의원수가 훨씬 많고, 여당으로서 각종 신도시개발 및 부동산 정보를 획득할 기회가 더 많았을 것이다.

그럼에도 전현희 권익위원장은 현 정부의 잘못된 부동산정책을 과감히 비판하는 윤희숙 의원을 끼워 넣고, 국민의힘당 의원의 부동산투기 혐의자가 더불어민주당에 비해 2배에 이른다고 특별히

---

15 [출처] 이데일리 정다슬 기자의 기사내용이다.

16 필자는 신도시개발 및 부동산정책을 총괄하는 국토교통위원회 위원으로 활동했던 전현희 국민권익위원장과 그 가족의 부동산거래 상황에 대해 반문하고 싶을 정도이다.

강조하면서 공표하였다.

권익위원회는 야당의 부동산투기 문제에 대하여 '의혹'으로 통보할 것이 아니라 거래부동산의 현황과 거래시점, 취득과정, 취득목적, 당사자의 소명확인 등의 면밀한 조사를 마친 후 그 결과를 명확히 통보하는 것이 순리였다.

그런데 이준석 대표는 권익위의 부동산투기 의혹에 관한 긴급최고위원회의에서, 당초 자신의 주장(12명 다 탈당권유나 제명해야 한다)과는 달리 최고위원들의 의견에 부딪혀 대상 의원들로부터 소명자료를 받고 장시간 검토한 결과 한무경 강기윤 이주환 이철규 정찬민 최춘식 6인 의원은 탈당과 수사에 협조할 것으로 요구하고, 특히 비례대표 한무경 의원만 제명하기로 하였다.

특히, 나머지 윤희숙 등 6명에 대해서는 해당 토지가 본인 소유가 아닌데다 취득경위가 소명되었다는 결론을 내렸다.

◇ 이준석 대표의 소속의원 부동산투기 의혹에 대한 미숙한 대처와 책임

이준석 대표는 권익위의 야당 망신주기 식 부동산투기의혹 제기에 대해, 혐의 의원들의 소명내용을 검토하여 여당 의원들의 투기사례와 비교하여 신중하고 사리에 맞는 반박성명을 내고, 여당에

비하면 빙산의 일각, 야당 흠집내기라며 역공을 취하며 적극적인 대응을 했어야만 했다.

(44) 그러나 이준석 대표는 최고위원회의에서 "우리가 판단하지 말고 그냥 다 전체적으로 탈당권유를 하거나 제명해야 된다."라고 무리하게 당을 약화시키는 입장을 피력했다. 이는 해당행위로서 여당이 바라는 바다.

이에 대해 정미경 최고위원은, 자료를 검토해보니 조사내용이 너무 허접하여 "차라리 국민들에게 다 이걸(자료) 보여드리자고 했다."라며 최고위원회 회의내용을 공개하였다.[17]

(45) 당초 국민의힘당은 헌법기관인 소속의원들에 대한 부동산투기 등 거래에 대해, 문재인 대통령이 임명한 전현희 권익위원장(위원회)의 조사를 받겠다는 생각부터가 잘못된 결정이었으며[18], 제1야당으로 의원 수가 부족한 마당에 투기의혹을 받는 소속의원들에게 모두 탈당, 제명하자는 섣부른 주장은 당대표로서 할 수

---

17 정미경 최고위원은 8월 25일 CBS 라디오 〈한판승부〉에 출연하여 권익위의 부동산투기 의혹 격론에 관한 최고위원회 회의에서 이준석 대표의 발언을 공개하였다

18 국민의힘당은 소속의원들에 대하여, 권익위에 부동산투기 전수조사를 의뢰해야할 법적근거나 사유 및 그 결정과정 등을 면밀히 점검해 볼 필요가 있다. 필자의 판단은 김종인 비대위원장 시절에 정부 여당과 짠 것이 아닌가 한다. 잘못하면 국민의힘당과 의혹대상 의원들만 어려운 상황에 몰릴 수 있다. 바로 그 예가 윤희숙 의원이 의원직을 사퇴하는 결과를 초래한 일이다.

없는 해당행위이다.

(46) 그런데 정작 이준석 대표는 자신의 부친 농지법 위반 사실이 후에 드러났지만, 자신은 모르는 일이라고 발뺌했다. 이율배반적 행동이다.

◇ 윤희숙 의원의 살신성인의 정신 – 좌파에게는 없는 염치와 상식

그런데 윤희숙 의원은 본인의 일도 아님에도 국회 소통관에서, 의원으로서의 염치와 상식을 지키고자 "현역 국회의원직을 서초갑 지역구민과 국민들께 돌려드리겠다, 이 시간부로 대선후보 경선을 향한 여정을 멈추겠다."하면서,

"저희 아버님은 농사를 지으며 남은 생을 보내겠다는 소망으로 2016년 농지를 취득했으나 어머님 건강이 갑자기 악화하는 바람에 한국농어촌공사를 통해 임대차계약을 했다. 저는 26년 전 결혼할 때 호적을 분리한 이후 아버님의 경제활동에 대해 전혀 알지 못하지만, 공무원인 장남을 항상 걱정하고 조심해온 아버님의 평소 삶을 볼 때 위법한 일을 하지 않았을 것이라고 믿는다. 독립관계로 살아온 지 30년이 지난 아버님을 엮은 무리수가 야당 의원의 평판을 흠집 내려는 의도가 아니고 무엇이겠나? 권익위의 끼워맞추기 조사이다."라며 상식에 반한 권익위를 강력히 비판하였다.

필자의 판단은 윤희숙 의원의 의원직 사퇴가 진심이고, 소명 내용이 사실로, 더불어민주당의 마타도어식 또는 아니면 말고 식의 정치행태에 대해 온몸을 던져 싸우는 결기로 보인다.

권익위의 의도된 부동산투기 의혹 문제제기에 국민의힘당은 또 당할 뻔한 것인데, 그나마 윤희숙 의원은 신속히 자신을 던져 국민의힘당을 지키는 살신성인의 의지를 보여 어물쩍 넘기려는 여당을 깜짝 놀라게 하였다.

그러자 더불어민주당은 윤희숙 의원이 쇼를 한다고 비방하면서, 김어준의 뉴스공장과 이재명 후보, 김두관 김남국 김용민 의원과 대변인 등 많은 의원이 윤 의원이 한 발언을 꼬투리 삼아 이혼하여 혼자 사는 사람이 친정아버지 찾는다, 6배의 시세차익, 30억원 투기이익, 나도 국회의원직을 던지겠다는 등 계속 윤희숙 의원을 집중공격하고 있었다.

이에 윤희숙 의원은 8월 27일 다시 기자회견을 열어,
"아버님의 농지매입은 투기 의혹으로 비칠 여지가 있다는 점을 부정하지 않고 변명하지 않겠습니다. 저희 아버님은 성실히 조사를 받고 결과에 따라 적법한 책임을 지실 것입니다."

(그러면서 부친이 보낸 편지라며 울먹이며), "…출가외인인 딸자

식에게 이렇게 큰 상처를 주게 되어 애비된 마음은 천 갈래 만 갈래 찢어집니다. 딸자식이 못난 애비 때문에 숱한 모욕을 겪으면서도 자식된 도리를 다하고자 하는데 애비된 자가 어찌 애비된 도리를 다하지 않을 수 있겠습니까? 이번에 문제가 된 농지는 매각되는 대로 그 이익은 사회에 환원하겠습니다. …"라는 편지 내용을 밝혔다.

그리고는 다만, KDI 재직 시절 미공개 정보를 이용해 공모했다는 의혹들은 터무니없다며 "내부자 정보를 이용한 투기라는 심각한 범죄를 타인에 씌울 때는 구체적인 근거가 있어야 한다는 상식조차 내다 버린 것입니다. 평생 공작정치나 일삼으며 입으로만 개혁을 부르짖는 (더불어민주당) 정치 모리배들의 자기고백이라 할 수 있습니다."

(자신의 통장내역, 부친의 토지계약서를 공개하며) "지금 저 자신을 공수처에 수사하겠다. 공수처가 못하겠다면 정부합동특별수사본부에 다시 의뢰하겠다. 대신 내가 무혐으로 밝혀지면 의혹을 제기했던 이재명 지사는 사퇴하고 김어준도 공적인 공간에서 사라져라. 김두관 우원식 김용임 김남국 등은 의원직을 사퇴해야한다."라고 맹공을 퍼부었다.

윤희숙 의원이 의원직을 던지는 대단한 용기와 결기는 그동안 국민의힘당 의원들에 대한 국민의 답답한 심정을 오랜만에 확 풀어 주었다. 만일 그녀가 계속 국민의힘당 의원으로 남는다면, 대선과정에서 윤희숙 의원은 엄청난 대여 공격수 역할을 할 수 있을 것이다.

그런데 윤희숙 의원이 여당의 집중포화를 맞고 있는데도 당대표 중진의원 대변인들은 윤 의원을 위해 왜 나서주지 않을까?

투쟁하는 윤희숙 의원이 혼자서 거대 여당을 상대하기엔 역부족으로 살신성인의 정신이 물거품이 될 수 있음을 유념해야 한다. 즉 윤희숙 의원을 껄끄럽게 보는 여당은 윤의원의 사퇴의 건을 그대로 가결시킬 것이기 때문이다.

제1야당으로 의원 수가 부족한 마당에 투기의혹을 받는 자당의원들에게 해명절차도 없이 모두 탈당 또는 제명시키자는 설부른 주장과 대처는 대표로서 할 수 없는 언행이고 결과적으로 여당을 돕는 해당행위일 뿐이다.

(47) 의원직 사퇴성명을 발표하는 윤희숙 의원에게 의원직을 던져 안타깝다라고 눈물을 흘리며 말하는 이준석 대표의 행동은 필자의 눈에는 자신은 당대표로 살아남겠다는 여당과의 야합을 덮기 위한 비겁한 행동으로만 보일 뿐이다.

2) 공작정치, 고발사주, 수사사주의 목적과 미숙한 당대표 처신

◇ 윤석열 X파일 내용은 누가 작성한 것이고 그 목적은 무엇인가?

새누리당 전 대표 김무성 보좌관 출신 야권 인사인 장성철 소장은 "윤석열 X파일이 있고 그 파일을 보면, 윤석열 전 검찰총장은 방어가 힘들겠다, 안 되는 것은 빨리 포기하는 게 낫겠다 싶어서 X파일 존재에 대해 이준석 당 대표에게도 알렸다. 그런데 이준석 당대표는 아무런 반응이 없어 내가 페북에 올렸다."라고 밝혀 과거 김대엽 같은 공작정치(아니라면 X파일을 제출하고 사실여부를 밝히면 된다)를 하거나, 의혹부풀리기에 나서고 있다.

이에 대해, 윤석열 후보 캠프는 윤석열 X파일은 마타도어이며 불법사찰로 만들어진 허구라고 강력하게 대응하고 있다.

그러자 장성철 소장은 X파일을 파기할 것이라며 책임회피와 꼬리 자르기를 하고 있다. 과연 윤석열 X파일은 어디에서 누가 만들었으며, 그 목적은 무엇일까?

◇ 고발사주일까? 윤석열 후보를 찍어 내리려는 공작수사, 공작정치일까?

송영길 더불어민주당 대표는 9월 2일 국회에서 열린 최고위원회의에서 "윤석열의 검찰이 수사 대상을 임의로 선정하고 고발을 종용해서 고발장 접수를 받아 수사를 한다는 건 완전히 검찰권 남용이다[19],

백번 양보해서 사회 중대범죄나 조직폭력 문제라면 그나마 이해할 일도 있을진대 지난해 4월 총선 바로 직전에 일어났다. 손준성 당시 대검 수사정보정책관은 동기 검사인 야당의 총선 출마자(김웅 현 국민의힘 의원)에게 우리 민주당 소속 정치인들을 고발해달라고 청부 고발을 할 뿐 아니라 고발장까지 다 써줬고[20] 그 수신처도 자신이 통제하는 대검이 직접 수사를 하기 위해서 수신처까지 적시해서 전달했다는 건 충격적"이라고 말하며, 윤석열 후보를 맹비난하였다.

더 나아가 이진동 〈뉴스버스〉 발행인은 3일 TBS라디오 〈김어준의 뉴스공장〉에 출연해 "당연히 윤 총장이 모른다고 할 것으로 예상을 했었다. 그러나 검사나 검찰을 취재해 본 기자들이라면 손준성 검사가 있던 수사정보정책관이라는 자리가 어떤 자리인지 다 안다. 그 자리의 속성상 검찰총장 지시 없이는 움직일 수 없는 자

---

19 고발장이 당시 미래통합당에 접수되어 검찰에 고발하여 수사한 사실도 없다. 그러나 윤석열 후보를 탈락시키기 위한 정보기관 여당 또는 자당 다른 후보의 공작인지 여부에 관하여는 그 폐해가 크므로 신속히 수사하여야 한다.

20 고발장의 고발내용은 윤석열 후보의 처 김건희의 도이치모터스 주가조작 연루의혹 보도 등에 유시민 노무현재단 이사장과 최강욱·황희석 당시 열린민주당 비례대표 후보 등이 개입해 윤석열 전 총장과 김건희 등의 명예를 훼손했다는 것이다. [출처: 윤석열 청부고발, 文정부 잠을 깨야! | 작성자 삼보]

리라는 것을 다 잘 알고 있다"고 사실인 것처럼 발언하였다.

김어준은 "정황을 종합해 볼 때 (윤)총장이 인지하지 않았겠나? 라고 판단하시는 거냐"라고 묻자, 이진동 발행인은 "저는 그렇게 보고 있다, 처음 고발장 제보를 접할 때 한동훈 개인 차원의 일로 봤으나 고발장을 보니 '윤석열 김건희 한동훈' 이름이 들어 있었다. 이는 사익을 위해 검찰권을 행사한 것"이라고 사실인 것처럼 비난했다.[21]

과연 윤석열 후보(당시 검찰총장)가 당시 야당 미래통합당 의원 출마자 김웅에게 고발을 사주한 것이 사실일까? 아니면 여당이나 정보기관 수사기관 등의 공작정치일까?

필자의 판단으로는, 윤석열 후보를 경선에서 낙마시키기 위해 누군가가 공작정치를 한 것으로 보이는바, 과거 민주당이 한나라당 이회창 후보를 낙선시킨 김대엽 병역공작 사건[22], 더불어민주당 안민석 의원이 박근혜 전 대통령을 탄핵을 선동하기 위해 최순실 명의로 300조 원 해외자금은닉 언론선동공작 사건, 박지원 전 대

---

21 [출처: 이코리아(http://www. ekoreanews. co. kr)].
22 김대엽은 2002년 당시 허위사실을 폭로하여 접전이었던 대통령선거의 판세를 바뀌어 놓았다. 즉 유력 후보였던 한나라당 이회창 후보가 낙선했다. 이후 김대엽은 증거조작으로 1년 10개월의 실형을 받았으나, 노무현 대통령의 당선이 무효로 되지는 않았다. 그 후 박근혜 전 대통령에 대한 탄핵도 결국 공작정치에 의한 것으로 그 성격은 동일하다.

표와 새누리당 김무성 의원과의 야합 공작정치, 윤지오를 동원한 버닝썬 공작증언 사건과 유사해 보인다.

그런데 공작의혹이 증폭되는 가운데, 공수처는 좌파성향 시민단체의 고발을 신속히 받아들여 참고인 김웅 의원 사무실을 압수수색하더니 실상은 윤석열 후보만을 피의자로 지목하고, 대검찰청은 제보자 조성은을 공익신고자로 신속히 선정하여 보호했으며 윤석열 후보 등을 신속집중 수사 공격하는 이상한 양상으로 치닫고 있다.

(48) 신중해야 할 이준석 대표는 공수처를 믿고 있는 듯 "자당 김웅 의원 등에 대한 신속한 수사를 해야 한다."라는 발언을 하였다. 정말 한심스러운 대처방법이다. 다만, 최재형 후보는 윤석열 후보를 응원 지원하였다.

최재형 후보는 "공수처의 대선개입은 민주주의에 대한 폭거입니다. 공수처가 야당의 후보를 피의자 신분으로 입건한 것은 묵과할 수 없는 대선개입 행위로써 민주주의를 위협하는 폭거이자, 유권자인 국민을 모독하는 처사입니다. … 더구나, 국가안보를 책임지는 위치에 있는 국가 최고정보기관의 수장의 수상한 만남은 한 점의 의혹도 남김없이 철저히 규명되어야 합니다.

정권교체를 향한 국민의 열망을 꺾으려는 근거 없는 정치공작이 계속될 경우 강력한 국민적 저항에 부딪칠 것임을 강력히 경고합니다. 결코 좌시하지 않을 것입니다. …우리 두 사람은 정권의 대선개입을 분쇄하고 국민의 열망인 정권교체를 위해 최선을 다하겠습니다."라고 공개발언을 하였다.

이 문제는 조속히 사실대로 밝혀야만 한다. 최초 발설한 〈뉴스버스〉 이진동 발행인, 김웅 의원[23], 손준성 대검 검사, 제보자 조성은(의문의 정치적인 인물이다)[24], 조성은이 제보 전후에 만난 박지원 국정원장 등 사건 관련인들은 그 진실을 국민 앞에서 거짓 없이 소상히 밝혀야 한다.

한편 윤석열 후보는 제보자 조성은, 그녀와 만난 박지원 국정원장, 실명 미상의 1명을 공수처에 고발했는데, 공수처 등 수사기관은 즉시 엄정하고 공정하게 수사하여 한 점 의혹 없이 밝혀 이들 사이에 청와대 여당 정보기관 수사기관 또는 국민힘당 내부자의 공작정치 고발사주라면 공정한 대선관리를 위해 관련 인사들은 즉시 처벌을 하고 해임하여야 한다. 그러나 공수처는 수사결과를 아직도 내놓지 못하고 있다.

---

23 유승민 후보의 대변인이었는데 그는 고발사주 사건으로 대변인을 사퇴했다.

24 제보자 조성은은 현 국정원장 박지원을 수차례 만난 사실이 공개되었다. 김정은, 문재인 대통령을 찬양하였다. 박원순 선거참모로 일하다가 국민의당(안철수) → 민주평화당(박지원) → 미래통합당(황교안)으로 당적을 옮겨 공천관리위원(박형준, 정병국 전 의원에 의해) 선관위 부위원장 중책을 맡았다. 그녀는 현재 여당의 이재명 후보를 찬양하고 있다.

◇ 이준석 대표의 고발사주 사건에 관한 언행

고발사주 의혹을 〈뉴스버스〉 이진동 편집인이 처음 보도하고 송영길 더불어민주당 대표가 언론에 발표하자, 이준석 대표는 한 언론과의 인터뷰에서,

(49) "이것이 (고발사주) 진실이라면 심각하다, 공작인지 아닌지 단언하기 어렵다. 김웅 의원이 해명을 명확히 하지 않아 당무감사를 통해 파악하겠다.[25]

(50) 그래서 내가 후보검증단을 설치하자 했는데, 이제라도 후보검증단을 만드는 것을 고민하겠다."라며 윤석열 검찰총장이 고발사주를 할수도 있었겠다는 취지의 발언을 하였다. 이준석 대표의 후보검증단 설치이유는 무엇일까?

그 후 이준석 대표는 정홍원 선관위원장에게 후보검증단 설치의견을 구하였으나, 정홍원 선관위원장은 검증단이 잘못 운영되면 특정인을 공격할 수도 있고 이 때문에 당내분란이 발생할 여지가 있다고 판단하여 이준석 대표의 의견을 거절하였다. 이대표는 자기 마음 대로 후보선정을 하려 한 것이다.

---

25 이 사안은 정치 공작적이라서 당무감사로는 제대로 밝혀지기 어려운 상황이다.

카. 좌파 면접관에 의한 국민시그널 공개면접의 실패

이준석 대표는 당 후보들에 대해 국민시그널 공개면접을 하기로 하고 박선영 전 동국대 교수, 좌파 성향의 진중권 전 동양대 교수 (정의당 소속이다)와 경향신문 출신 김준일 〈뉴스톱〉 대표를 면접 관으로 선정하고, 12인 후보들에 대한 9월9일~9월 10일 이틀 동안 공개면접을 실시하였다.

국민의힘당 경선 공개면접을 마친 홍준표 후보와 유승민 후보는 면접방식에 불쾌감을 표현하였다.

홍준표 후보는 9월 10일 페이스북에 "26년 정치하면서 대통령 후보를 면접하는 것도 처음 봤고, 또 면접하면서 모욕 주는 당도 생전 처음이다. 공천관리위라면 이해가 가지만 공천관리위가 아 닌 경선관리위는 문제 있다."라며

"세명 면접관 중 두 명을 반대진영 사람을 앉혀 놓고 외곬 생각으 로 살아온 분들의 편향적인 질문으로 후보의 경륜을 묻는 것이 아 니라 비아냥대고 조롱하고 낄낄대는 22분이었다."라고 불만을 표 출하였다.
이어 "이런 행사는 더는 참여하기 어렵다, …대통령 선거는 전국 을 돌아다녀야 하는 선거다, 지방 일정에 분주한 후보들을 발목

잡는 이런 행사는 더는 자제해 달라. 토론 없는 경선관리는 무의미하다."라고 쓴소리를 하였다.

면접관 진중권 교수는 유승민 후보에게 '여성가족부 폐지' 공약을 집중적으로 캐물으며 "안티페미니즘에 편승해 (표심) 드라이브를 걸기 위한 게 아니냐"고 질문하였다.

이에 유승민 후보는 면접관 진중권 교수와 윤석열 후보를 함께 겨냥해 "진 교수는 윤석열 전 검찰총장을 공개적으로 지지한 사람인데, 당 선관위가 어떻게 저런 분을 면접관을 모셨는지 모르겠다."라고 의아해 했다.

황교안 후보의 「자유대한민국 지키기」 공약 중 '4·15 총선은 무효이다, 특검을 통해 밝혀야 한다'라는 세부실천 공약에 대해, 진 교수는 "유시민 등은 180석을 얻는다고 예측까지 했다"라면서 일부 유튜브가 부정선거 의혹을 제기한 보도만을 가지고 실제인 것처럼 주장하는 것은 문제라고 하였다.

좌편향의 면접관 김준일 대표, 심지어 박선영 전 동국대 교수도 4·15 총선의 부정선거 자체가 아예 존재하지 않는다는 취지로 부정선거 재검표현장을 직접 참관하고 증거를 확인한 황교안 후보를 조롱하고 비하하는 발언을 하였다.

면접관들의 태도에 국민적 비난이 일자, 진중권 교수는 "국민면접관 제의를 받아들이면서 두 가지 조건을 내걸었다. 하나는 매우 까칠할 것이니 딴소리하지 마라. 둘째는 이편저편 가리지 않고 까칠하게 할 것이니 나중에 누구 편을 들었느니 이따위 말하지 말라고 했다. 이 두 조건을 받지 않을 거면 (면접관)을 안 하겠다고 했는데 이 얘기가 후보들에게 전달이 안 됐나 보다."라며 변명하였다.

위와 같은 야당후보들의 압박공개 면접에 대해, 함슬옹 전 미래통합당 청년위원회 부위원장은 "아무리 흥행이 필요하다지만, 제1야당의 대통령 후보 면접을 왜 정의당적을 가진 좌파논객(진중권 교수)이 해야 되나? 이것 저만 이해 안되나요? 웬만한 후보가 아니면 이번 압박면접 프로젝트에서 주로 주목 받는 건 면접자(후보)가 아닌 면접관 특히 진중권 교수가 된 것 같군요.

…우파 대통령 후보검증은 당원과 국민이 하는 것이지 좌파가 하는 것이 아닙니다."라고 부정적인 글을 올렸다. 위와 같은 국민압박 면접은 이런 상황이 전개될 것이 이미 예정된 것이다.

면접관이 자신들보다 나이나 경험이 많은 후보들을 비아냥거려 품격을 잃게 하고, 편향된 좌파사고의 두 면접관은 원래 근본적으로 야당후보들과 생각이 너무 달라 공감할 수 없는 질문을 많이 하였다.

더 나아가 국민의힘당 후보들의 전략과 문제점을 상대방에서 노출시킬 뿐만 아니라 후보가 실수한 발언이 있는 경우 상대당 후보들이 이를 역이용할 가능성이 있다.

(51) 결론적으로, 이준석 당대표가 결정한 후보들에 대한 좌파면접관에 의한 면접은 시청자들을 짜증스럽게 하고 각 후보들은 소중한 시간을 낭비한 것으로써 국민시그널 공개면접은 실패한 것이다. 국민공개 압박면접을 할 경우라면, 경륜이 많은 보수성향의 면접관을 선정하고 품격있게 진행했어야만 했다. 면접 및 토론의 요체는 경력의 진위여부와 본선에서 토론을 잘 할 수 있는 실력 배양이 중요한 것이다.

타. 김종인 전 위원장의 언행과 정체

1) 선거 패배, 자신의 잘못을 인정하지 않은 비굴함과 노욕

황교안 후보는 2020년 4월 15일에 실시된 제21대 총선 당시 미래통합당 대표로서 정치 1번지 서울 종로구에서 국회의원 후보로 출마하였다.

이 무렵 황교안 미래통합당 대표는 더불어민주당 전 비상대책위원회 대표(2016. 1.~2016. 8.)였으며, 그 당의 비례대표의원이었던 김종인을 총괄선대위원장(2020. 3.~4. 15.)으로 위촉하여 그와 함께 4·15 총선을 지휘하였다.

그러나 총선결과는 황교안 대표, 김형오 공천위원장의 공천실패와 김종인 위원장의 전략부재 및 더불어민주당의 부정선거로 미래통합당(미래한국당 포함) 현 국민의힘당은 103석을, 여당 더불어민주당(더불어시민당 포함)은 180석을 얻어 야당은 20대 총선 122석보다 19석이 적은 참담한 실패를 하였다.

4·15 총선 참패 후 당시에는 여당과 중앙선관위의 부정선거를 몰랐던 황교안 후보는 공천실패와 선거패배의 모든 책임을 지고 당대표직에 물러나고 반성의 나날을 보냈다.

ⓚ 그러나 이와는 반대로 김종인 총괄선대위원장은 공동의 공천실패와 선거패배의 원인을 차명진, 김대호 두 후보의 막말로 돌렸고[26], 당시 주호영 원내대표에 의해 어떤 경로에 의한 것인지는 알려지지 않았으나 2020년 6월부터 2021년 4월까지 다시 비상대책위원장으로 추대되어 당대표를 하였다. 그가 비대위원장 재임 시 야당역할을 제대로 하지 못하고 당명을 그의 뜻대로 지금의

---

26 판세분석과 당일선거에서는 야당이 참패할 수 없는 상황인데도, 미래통합당 김종인 위원장은 "차명진, 김대호 후보의 막말로 지역구 50석이 날아갔다"라고 자체분석 결과를 내놓고, 4·15 총선패배의 책임을 두 후보에게 돌렸다.

'국민의힘'으로 변경하였다.[27]

이후 당 지지율이 오르지 않고 소속의원들과의 갈등과 국민 여론에 밀려 오세훈 시장 후보와 안철수 국민의당 대표와의 합당 전제로 2021년 4월 7일 서울·부산시장 보궐선거에서 승리하였음에도 ① 그는 안철수 국민의당 대표와의 합당을 끝까지 거부하였다.

그는 2021년 4월 14일 비대위원장을 사퇴하면서까지 "국민의힘으로 차기대선을 해 볼 도리가 없다."라면서 자신의 리더십 위기를 인정하지 않고 노골적으로 자신이 속했던 국민의힘당을 폄하하였다. 그는 국민의힘당에 애초부터 애정이 없었다. 당 분열을 노리고 온 것이라 봐야 한다.

ⓜ 윤석열 전 검찰총장의 국민의힘 입당가능성에 대해서는 "국민의힘 당엔 안 갈 것 같다. 저 아사리 판에 가서 무슨 이득이 있겠는가?"라며 국민의힘당을 평가절하했다. 아울러 "(윤석열 전 총장이) 금태섭 전 의원[28]이 말한 새로운 정당(제3지대 신당)으로 가는 상황이 전개될지도 모른다."라고 '야권신당론'을 띄우며 분열을

---

27 국민의 힘은 탄핵세력들이 광장에 모여 '박근혜 물러나라'라고 했을 때 그들이 썼던 표현이다. 김종인 전 위원장의 이념과 정체를 알 수 있는 대목이다.

28 금태섭 전 의원은 2021년 12월. 6일 김종인 중앙선대위원장에 의해 윤석열 캠프의 중앙선대위 전략실장에 추천된 듯하다

기도하기도 했다.

김종인 전 위원장의 발언이 충고의 선을 넘어서 차기 대통령선거를 주도하려는 의도로 읽히자,

ⓝ 국민의힘 장제원 의원은 4월 14일 밤 페이스북에 글을 올려 김종인 전 위원장의 행태에 대해 '노욕(老慾)에 찬 기술자', '알량한 정치기술자', '희대의 거간꾼' 등의 가시 돋친 표현으로 비난하였고, 더 나아가 "훈수를 가장한 탐욕에 현혹된다면, 그의 함정에 빠져드는 꼴이 될 것이다. 대선국면을 분열과 혼탁에 빠질 수 있다"라고 강하게 비판했다.

ⓞ 김병준 전 자유한국당(국민의힘 전신) 위원장도 4월 15일 김종인 전 위원장의 행태에 대해 "윤석열 전 검찰총장을 향해 손짓을 보내고 있는 것 같다. 하지만 공정의 가치를 중시하는 윤 전 총장이 30년 전, 그때 돈으로 2억 1000만 원, 그 어마어마한 돈의 뇌물을 받은 전과자[29]와 손을 잡겠나?"라고 반문하였다.

그는 2021년 4월 7일 서울·부산시장 보궐선거 승리에 대해 "서울·부산시민들은 그(김종인 전 위원장)를 보고 찍은 것은 더욱 아

---

29 김종인 전 위원장은 동화은행 비자금 사건으로 당시 홍준표 검사에 의해 기소되어 1993년 2억 1000만 원의 뇌물을 수수한 혐의로 유죄판결을 받았다.

니다. 누가 뭐래도 문재인 정부에 대한 정권심판, 그것이 주요 요인이었다."라고 직격탄을 날렸다.

ⓟ 또 이재오 국민의힘당 상임고문도 11월 17일 KBS라디오 〈최경영의 최강시사〉에 출연 "윤석열 후보 주변 사람들을 '하이에나', '파리떼', '자리사냥꾼'이라고 말한다면 그렇게 말한 사람도 거기에 해당한다는 것밖에 더 되겠느냐"며 김 전 위원장을 겨냥해 비판했다.

그는 "그런 이야기를 하는 사람은 인격도 문제지만 리더십의 문제가 생긴다."라며 "속으로 그런 생각이 있어도 어떻게 대놓고 그렇게 말하느냐"라고 지적했다. 이어 "어떻게 대선 후보 주변 사람을 '하이에나'나 '파리떼'라고 하는지 이해가 안 간다. 후보가 전권을 갖는데 후보 말고 또 선거관리 전체에 전권을 갖는 사람이 들어온다면 선거 준비 체제에 맞지도 않고 위험하다"라고 강조했다.
필자도 김종인 총괄선거대책위원장 임명과 그 효과는 매우 부정적으로 보고있었다.

2) 두 전직 대통령에 대한 대신 사과

ⓠ 김종인 전 위원장은 2020년 12월 15일 국회에서 박근혜, 이명박 두 전직 대통령이 문재인 정부 하에서 사법처리된 것과 관련하여 두 대통령의 책임으로 돌리기 위해, 당은 반성하고 앞으로 잘

하겠다는 사과문을 발표했다.

『존경하는 국민 여러분!
2016년 12월 9일 박근혜 전 대통령에 대한 탄핵소추안이 국회에서 가결되었습니다. 그로부터 4년이 지난 지금, 대한민국의 전직 대통령 두 명이 동시에 구속 상태에 있습니다. 저는 오늘 이 문제와 관련해 국민 여러분께 간절한 사죄의 말씀을 드리려고 이 자리에 섰습니다.

대통령을 배출한 정당은 국가를 잘 이끌어가라는 공동경영의 책임과 의무를 국민으로부터 위임받게 됩니다. 대통령의 잘못은 곧 집권당의 잘못이기도 합니다. 저희 당은 당시 집권여당으로서 그러한 책무를 다하지 못했으며, 통치 권력의 문제를 미리 발견하고 제어하지 못한 무거운 잘못이 있습니다.
대통령을 잘 보필하려는 지지자들의 열망에도 제대로 보답하지 못했습니다. 오히려 자리에 연연하며 야합했고[30], 역사의 목소리에 귀 기울일 지혜가 없었으며, 무엇보다 위기 앞에 하나 되지 못하고 분열을 했었습니다.

헌정사상 최초로 대통령이 탄핵받아 물러나는 사태가 발생하였으며, 국민을 하늘처럼 두려워하며 공구수성(恐懼修省)의 자세로 자숙해야 마땅했으나, 반성과 성찰의 마음가짐 또한 부족하였습니다.
그러한 구태의연함에 국민 여러분께서 느끼셨을 커다란 실망감에 대해서도 고개 숙여 사죄의 말씀을 드립니다. 아울러 탄핵을 계기로 우리 정치가 더욱 성숙

---

30 당시 김종인 더불어민주당 대표가 새누리당 의원들과 야합한 사실은 인정하는 듯하다.

하는 기회를 만들어야 했는데 민주와 법치가 오히려 퇴행한 작금의 정치 상황에 대해서도 책임을 느끼며 깊이 사과를 드립니다.

두 전직 대통령의 과오에는 정경유착의 어두운 그림자가 짙게 깔려있습니다. 특정한 기업과 결탁하여 부당한 이익을 취하거나 경영승계 과정의 편의를 봐준 혐의 등이 있습니다.[31]

또한 공적인 책임을 부여받지 못한 자가 국정에 개입해 법과 질서를 어지럽히고 무엄하게 권력을 농단한 죄상도 있었습니다.[32] 국민과의 약속은 저버렸습니다. 다시는 우리 역사에 이러한 일이 발생하지 않도록 하여야겠습니다. 쌓여온 과거의 잘못과 허물에 대해 통렬히 반성하며, 정당을 뿌리부터 다시 만드는 개조와 인적 쇄신을 통해 거듭나겠습니다.

역사를 돌아보면 헌정사의 모든 대통령이 불행한 일을 겪었습니다. 외국으로 쫓겨나거나, 측근의 총탄에 맞거나, 포승줄에 묶여 법정에 서거나, 일가친척이 줄줄이 감옥에 가거나, 극단적인 선택을 하는 등 우리나라 어떤 대통령도 온전한 결말을 맺지 못했습니다.

그리고 지금 두 전직 대통령이 영어의 몸이 되어있습니다. 국가적으로도 참담하고 부끄러운 일입니다. … (중략) …

---

31 삼성그룹 이재용 부회장의 구속과 사법처리는 당시 문재인 대통령이 임명한 윤석열 검찰총장과 김명수 대법원장 체제 하의 정치재판의 결과로 보인다.

32 최서원(최순실)이 대통령의 오랜 지지자로서 박근혜 대통령을 팔아 국정에 개입한 죄를 말하는데 그 구체적 행위가 무엇인지? 과연 그러한 불법행위가 존재하는지 의문이다.

지난 몇 번의 선거를 통해 국민 여러분께서는 저희 당에게 준엄한 심판의 회초리를 들어주셨습니다. 국민의 뜻을 겸허히 받들며 언제나 반성하는 자세로 임하겠습니다.

이 작은 사죄의 말씀이 국민 여러분의 가슴에 맺혀있는 오랜 응어리를, 온전히 풀어드릴 수는 없겠지만, 다시 한번 진심을 담아 고개 숙입니다. 저희가 이 역사와 국민 앞에 큰 죄를 저질렀습니다. 용서를 구합니다.

2020년 12월 15일 국민의힘』

김종인 비대위원장이 굳이 자신이 나서 왜 이런 발언을 할까? 박근혜, 이명박 두 전직 대통령에게 책임이 있는 것처럼 단정한 것은 어떤 의미일까?

헌법과 형법, 법치주의 이론을 아는 국민은 박근혜 전 대통령에 대한 탄핵과 22년 징역, 벌금 180억 원, 추징금 35억 원의 무리한 사법처리가 잘못된 점을 알고 있었고, 연약한 박근혜 전 대통령은 현재 감옥에서 무언의 투쟁을 하고 있는 중이다.

ⓡ 당시 김종인 비대위원장은 제1야당 대표로서 문재인 정부에 대해 투쟁하지 않는다고 많은 애국시민으로부터 비난을 받고 있었다.

따라서 그는 두 전직 대통령에 대한 대국민 사과를 함으로써 자신을 대통령의 반열에 올리고, 문재인 정부의 공보관처럼 나서 박근혜 전 대통령은 국정농단과 기업과 결탁하여 국민으로부터 탄핵을 받았고, 이명박 전 대통령은 정경유착 문제로 사법처리는 적법하고, 이로써 문재인 정부가 탄생한 것은 정당한 것처럼 포장하며 국민을 기망하였다.

즉, 문재인 정부는 김종인 전 비대위원장을 입을 빌려 박근혜 이명박 전 두 대통령에게 한 사법처리가 정당한 것처럼 발언함으로써 마치 두 전직 대통령의 책임으로 돌리고 문재인 정부의 탄생이 정당한 것처럼, 여당이 부정선거로 많은 의석을 차지한 것을 마치 국민이 더불어민주당이 잘해서 뽑아준 것처럼 착각하게 만드는 기막힌 속임수이다.
결론적으로, 잘못되어도 한참 잘못된 김종인 비대위원장의 대국민 사과이다.
필자의 눈에는 당시 더불어민주당 비대위원회 김종인 대표는 자신과 소속 더불어민주당 의원들이 당시 일부 새누리당 의원 등과 야합해서 거짓 탄핵을 주도했다는 사실을 스스로 자백한 것으로 보일 뿐이다.

3) 이승만 건국대통령의 공적에 대한 부정평가

김종인 전 비대위원장은 이당 저당을 옮겨 다녔다. ⑤ 더불어민주당 문재인 대표(2015. 12.~2016. 1) 후임으로 더불어민주당 비대위원장이 된 그는 2016년 1월 28일 오전 현충원을 찾아 참배하면서 이승만 건국대통령에 대해, "자기 스스로 건국하면서 만든 민주주의의 기본적인 원칙을 소위 3선 개헌이라든가 3·15 부정선거로 파괴했다."라고 사실과 다르게 부정평가를 하였다. 부정선거는 이기붕일당이 저지른 것이고 그 책임을 지고 이승만 전 대통령은 물러난 것인데, 건국대통령의 지대한 공적을 인정하지 않는 오류를 범하였다.

그는 이날 4·19 민주묘지 참배 직후에도 "(이 전 대통령이) 결국 불미스럽게 퇴진을 해서 망명 생활 끝에 돌아가셨기 때문에 현실대로 받아들여야 하지 않나 생각한다. 나라를 세운 사람을 국부라고 그렇게 흔히 얘기하는데, 나라를 세우신 이런 측면에서는 그렇게 생각하는 사람들이 있을지 모르지만 결과를 나쁘게 만들었다."라고 폄하했다. 이 발언의 배경은 무엇일까? 바로 문재인 대통령 등 좌파들의 인식과 동일한 것이다.

이날 참배는 더불어민주당 이종걸 원내대표와 비서실장 박수현 의원, 비대위원인 박영선·우윤근·변재일 의원, 이용섭 전 의원, 표창원 전 경찰대 교수, 김성수 대변인 등이 참석했다.

그러나 민심은 싸늘했다. 조사기간 중 관련기사에 표시된 표정을 분석한 결과 '좋아요'는 평균 32.0%, '화나요'는 평균 64.4%로 집계되며 부정감성이 우세한 것으로 나타났다.[33]

4) 4. 15. 부정선거에 관한 잘못된 인식과 김종인 선대위원장의 이념과 정체

김종인은 신군부 전두환 보안사령관, 중앙정보부장이 1980년 5월 31일 발족한 국보위의 자문위원으로 임명받고 전두환 노태우의 민주정의당 창당발기인으로 참여하였다. 노태우 정부 때는 경제수석을 역임했다. 1988년 관악구에 출마했으나 낙선하였다. 김영삼 정부 때는 1992년 민주자유당 소속의 제14대 비례대표 의원이 되었다. ⓣ 그러다가 1993년 동화은행 비자금사건에 연루되어 구속되었다.

그 후 2004년 3월경 김대중 전 대통령의 눈에 들어 새천년민주당에 영입되었다. 그 결과 제17대 비례대표 의원이 되었다. 2007년 17대 대선에서는 정동영 후보를 적극적으로 도왔다.

그런 그가 2012년 9월 제18대 대선 때는 새누리당 박근혜 후보의 국민행복추진위원장을 맡았다. 박근혜가 제18대 대통령 (2013.2.~2017.3.)에 당선되자 갈라섰다. ⓤ 그 후 그는 더불어

---

33 [출처] 빅터뉴스(http://www.bigtanews.co.kr)

민주당 선대위원장(2016.1.~2016.4.)을 하였고, 문재인 후임의 더불어민주당 비대위원장(2016.1.~2016.8.)을 거쳐 제20대 비례대표 의원(2016.5.~2017.3.)을 지냈다. 비례대표 의원으로 문재인 대통령과 함께 박근혜 전 대통령 탄핵에 앞장섰다.

그런 그가 비밀스럽게 2020년 3월 황교안 미래통합당 대표에 의해, 4·15 총선거를 위해 미래통합당 총괄선대위원장(2020.3.~2020.4.15.)에 임명되었다. 하지만 4·15 총선결과는 대참패였다. 황교안 대표는 총선패배의 책임을 지고 당대표에서 물러났다.

그러나 김종인 선대위원장은 미래통합당 주호영 전 원내대표 등에 의해 다시 2020년 4월 20일 비대위원장으로 추대되었다. 선거에 참패하고도 제1야당의 대표(2020.6.~2021.4.)에 오른 것이다. 이런 일이 있을 수 있는가 통탄하는 국민이 많았다.[34]

---

34 [출처] 주동식 "김종인 비대위원장 추대 반대, 선거참패 책임자의 '전권' 요구는 대한민국 역사상 최악의 파렴치", 미증유의 선거참패를 겪은 미래통합당이 위기를 헤쳐나갈 비상대책위원장으로 김종인 전 선거대책위원장을 추대한다고 합니다. 저는 그 결정을 반대합니다. 이유는 다음과 같습니다.
1. 김종인씨는 선거참패의 책임을 져야 합니다. 김종인씨는 미래통합당 총괄 선거대책위원장으로서 21대 총선을 지휘했습니다. 김종인씨가 통합당의 총선 지휘를 맡으면서 공동 선대위원장 제안에 불쾌감을 드러내고 말 그대로 전권을 행사하는 총괄 선대위원장을 요구해 관철시켰다는 사실은 잘 알려져 있습니다. 총괄 선대위원장을 요구했다는 것은 선거의 책임을 오롯이 자신이 짊어지겠다는 의미입니다. 통합당은 21대 총선에서 대한민국 건국 이래 최악의 참패를 당했습니다. 그렇다면 김종인씨는 참패에 대한 책임도 지는 게 맞습니다. …(중략)… 저는 김종인씨가 정계은퇴와 함께 향후 어떤 정당의 선거 지휘도 맡지 않겠다고 선언하는 것이 정치원로로서 최소한의 도리라고 생각합니다.

ⓥ 이날 김종인 비대위원장 내정자는 추대인사에서, 민경욱 의원 등이 이번 총선에 부정선거 의혹을 제기하는 것에 관한 질문에 대하여는 "별로 신빙성을 두지 않기 때문에 특별히 얘기할 게 없다."라고 평가절하 했다.

ⓦ 그는 비대위원장이 되고서 2020년 12월 24일 당무감사와 공천관리위원회를 구성한다는 핑계로 부정선거소송을 제기한 더불어민주당과 중앙선관위와 힘겹게 싸우는 민경욱 당시 인천 연수구을 당협위원장과 '달님은 영창으로~'라는 슬로건으로 여당을 공격하며 부정선거 원고 대리인 김소연 변호사 겸 대전 유성구을 당협위원장 등 24개 원외 당원협의회 위원장(당협위원장) 교체를 의결했다.

이에 대해, 민경욱 전 의원은 12월 24일 자신의 페이스북에 "야당이 부정선거 얘기를 안 하면 누가 하느냐? 본인의 해명을 듣겠다기에 (미국에서) 귀국했는데 이렇게 등 뒤에 칼을 꽂나?"고 비

---

2. 김종인씨는 국정파탄의 책임을 져야 합니다. 저는 이번에 광주서구갑에 출마하면서 첫 번째 공약으로 '경제민주화 조항을 철폐하는 개헌'을 내걸었습니다. 경제민주화는 정치민주화의 시대적 조류에 편승해 경제논리를 정치적으로 왜곡하는 헌법조항이라고 판단했기 때문입니다. 더불어민주당과 좌파 정치세력이 무분별한 포퓰리즘과 기업활동 규제, 노조편향적 정책을 밀어붙이는 이념적 근거가 경제민주화 논리입니다. 그런 점에서 스스로 경제민주화의 발의자임을 주장하는 김종인씨는 무거운 책임감을 느껴야 마땅합니다. …(중략)… 김종인씨는 선거과정에서도 "문재인 정권 탄생에 기여한 것에 무거운 책임감을 느낀다"고 인정한 적이 있습니다. 그 책임감은 선거참패와 함께 더 무거워져야 마땅합니다. 하지만, 김종인씨는 마치 책임 논란 따위와는 무관한 신성불가침한 존재처럼 행세하고 있습니다. …(중략)…
3. 정당의 위기는 당원이 해결해야 합니다. 이하 생략.

판했다. 그러면서 "김종인(국민의힘 비상대책위원장)은 당장 조치를 철회하기를 바란다."라고 촉구했다.

"이제 김종인은 야당에서 문재인(대통령)이 아파하는 가시를 제거한 것"이라며 "유승준씨가 말하는 것 못 들었느냐. 아직도 미국 대선에 100% 부정이 있었다는 걸 알지 못하느냐?"라고 반문했다. "…김종인은 각오하기 바란다. 대체 무엇을 근거로 저를 당무 감사 과정에 당협위원장 자리에서 내쫓겠다는 것입니까?"라고 물었다. 그러면서 "자격이 없는 자가 전권을 휘두르는 걸 용납할 수는 없는 일이다. 정의와 진실을 사랑하는 자유민주 우파시민들의 응원을 부탁드린다."라는 의견을 올렸다.[35]

한편 김소연 변호사도 같은 날 페이스북에 "오늘부터 당권 행보를 시작한다. 저에게는 당협위원장이란 그릇이 너무 작다"라고 꼬집었다. 그러면서 "제가 당대표가 되면 원외위원장들에게 통보나 고지 한마디 없이 언론에 발표부터 하는 싸가지 없는 중앙당 관행을 제일 먼저 뜯어 고치겠다."라며 목소리를 높였다.

장제원 의원은 페이스북을 통해, "(김종인 위원장은) 참 잔인하다. 낙선의 아픔을 겪은 원외 당협위원장들이 '피갈이'와 '피의 숙청'

---

35 출처 [저작권자 ⓒ 시사우리신문 무단전재 및 재배포 금지]

대상이다. 아직은 위로가 필요한 시기에 누구를 위한 당무감사인지 모르겠다."라고 격하게 비판했다.

차명진 전 의원도 "지금 국민의힘은 김종인이 진리요 길이다."라며 "실체도 없고 들쭉날쭉한 중도, 실용이 승리를 갈구하는 자들에게 복음처럼 자리 잡고 있다. 중도니 뭐니 애매한 소리를 하니 마치 포용력 있는 것처럼 보인다."라고 쏘아붙였다. "국민의힘은 당내 민주주의가 죽어 있다."라며 비판했다.

이처럼 김종인 비대위원장은 실제 여당과 싸울 수 있는 소속 유력인사를 극우 또는 당무감사라는 핑계로 내쫓았다. 김종인 위원장은 진정 우파인사가 아니다. 가면을 쓴 무늬만 우파인 사람이다.

5) 5·18 광주민주화운동의 숭배

5·18 광주민주화 운동은 사실관계에 있어 일부 국민들은 "군부독재에 항거한 광주시민(민중)의 자발적인 민주화운동이다."라고 하면서도, 대부분 유공자들은 자랑스런 자신들의 공적조서와 명단 등을 공개하지 못하고 있다.[36]

---

36 국가유공자 업무는 국가보훈처에서 주관하고 있음에 비해 5·18 광주민주화 운동 유공자 선정과 관련자보상심의는 광주광역시에 '광주민주화운동관련자 보상심의위원회(5·18 보상법 제4조)'를 두어 심의·선정하도록 되어 있는 것은 공평성과 형평성, 지역 편중적인 문제

또 다른 일부 국민은 "김대중 전 대통령과 남한에 침투한 북한의 특수군과 남한 내의 고정간첩 등 600여 명이 광주의 시민들을 선동하여 일으킨 내란이다."[37]라는 상반된 주장이 첨예하게 대립되어 왔다.

또한 1980년 5월 18일 사건 발발 당시 160여명 내지 400명도 안 되는 광주시민군 피해자들에 비해, 현재 약 15배 내지 40배가 넘은 6,000명~7,000명에 이르는 유공자 명단은 허구의 유공자들 - 특히 문재인, 이해찬, 추미애, 한명숙, 김경수, 설훈, 서영교, 민병두 등 광주 5·18. 사건과 관련이 없는 여당정치인들이 다수 포함되어 있는바 원인과 이유 등을 소상히 밝혀야 할 것이다.

그런데, 노태우 정부 때에는 1990년 8월 6일 법률 제4266호로 제정된 「광주민주화운동관련자보상 등에 관한 법률(약칭: 5·18

점을 안고 있다.

37 지만원 박사의 여러 논문 등과 발표문 참조, 그는 '5·18 북한군 개입설'을 수년간 주장하다가 지난해 2월 징역 2년을 선고받고 항소심이 진행 중이다. 재판부는 지만원 박사가 고령인 점 등을 고려해 법정 구속은 하지 않았다. 육군사관학교 22기 출신인 지만원 박사는 대령으로 예편한 뒤 2002년 <동아일보>에 '김대중 전 대통령이 북한 김일성 주석과 짜고 북한군 특수부대 600명을 광주에 투입했다'라는 내용의 광고를 실으며 5·18단체로부터 첫 번째 고소를 당했다. 당시 지만원 박사는 징역 10월에 집행유예 2년을 선고받았다. 2008년에도 같은 주장을 펼쳐 두 번째 고소를 당했지만, 대법원은 피해자가 특정되지 않았다는 이유로 무죄를 선고했다. 이후 그가 북한군이나 공산주의자로 지목한 5·18항쟁 참가자들은 수도 없이 지만원을 고소했다. 서울중앙지법은 지난해 2월 그를 유죄로 판단해 징역 2년을 선고했지만, 고령 등을 이유로 법정 구속은 하지 않았다. 이 사건은 현재 항소심이 진행 중으로 이달 12일 결심 공판을 앞두고 있다. [출처] 한겨레 김용희 기자 kimyh@hani.co.kr

보상법, 시행 1990. 8. 17. 시행)」에 근거하여 1980년 5월 18일 당시 피해를 입은 희생자들인 유공자와 유족들에 대해 나름의 직접 금전보상(제5조)과 의료보상(제6조) 생활지원(제7조)을 보조하여 왔었다.

그러다가 김영삼 전 대통령은 1995년 12월 21일 법률 제5029호로 「5·18 민주화운동등에 관한특별법(약칭: 5·18 민주화운동법)을 제정하여 즉시 공포 시행하였다. 그런데 학자들과 국민들은 입법과정과 절차, 법리에 많은 문제점이 있다고 주장한다. 그 입법동기와 입법과정, 법리를 살펴본다.

1995년 10월경 당시 김영삼 대통령은 노태우 전 대통령 시절 민주정의당이 조달한 거액의 부정한 선거자금이 후계자였던 자신에게 1992년 대통령 선거기간 중에 전달된 비자금 사건이 폭로되어 궁지에 몰렸다.

당시 야당 김대중 총재는 "나는 노태우 전 대통령으로부터 비자금 중 극히 일부인 20억 원을 전달받았다."라는 사실을 공개하면서, "김영삼 대통령은 노태우 전 대통령으로부터 받은 비자금이 얼마인지를 공개하라."라고 하면서 12·12 사건과 5·18 사건을 재평가하도록 김영삼 정부를 압박하였다.

그리하여 김영삼 대통령은 '역사 바로 세우기'란 성명을 발표하고 여당인 민주자유당과 김대중이 총재가 이끈 야당 민주당과 투합하여 1979년 12월 12일 사건과 1980년 5월 18일 사건에 대해, 재평가하여 국회는 1995년 12월 21일 「5·18 민주화운동등에관한특별법」(약칭: 5·18 민주화운동법)을 즉시 제정하여 5·18사건을 국가기념일로 격상시키고, 두 사건을 헌정질서 파괴범죄와 반인도적 범죄로 규정하며 이에 대한 공소시효를 정지함으로써 전두환 노태우 전 대통령 등을 처벌하는 소급입법을 하였고, 두 대통령 등을 감옥에 보냈다.

그 후 좌파정권인 김대중 정부는 '햇볕정책'을 표방하고 북한에 거액의 현금과 생필품 등을 지원하면서 국가정보원의 대공정보 기능을 대폭 축소하였다. 그러면서, 2002년 1월 26일 법률 6650호 「광주민주유공자예우에 관한 법률(약칭: 5·18 유공자법, 2002. 7. 27. 시행)」을 제정하고 지원 대상을 크게 늘렸다.

김대중 정부는 그들을 지지하는 광주와 호남지역의 좌파인사들에게 5·18유공자라는 명목으로 교육지원(제11조~18조), 취업지원(제19조~32조, 채용시험 만점의 10% 가점 제25조)[38], 의료지

---

38 제21조 (취업지원실시기관) 취업지원을 실시할 취업지원실시기관은 다음과 같다.
    1. 국가기관 · 지방자치단체 및 초 · 중등교육법 제2조 및 고등교육법 제2조의 규정에 의한 학교. 다만, 기능직공무원 정원이 5인 미만인 경우와 교원을 제외한 교직원 정원이 5인 미만인 사립학교의 경우를 제외한다.
    2. 일상적으로 1일 20인 이상을 고용하는 공 · 사기업체 또는 공 · 사단체. 다만, 생략

원(제33조~38조) 대부지원(제39조~54조, 주택분양 및 임대지원 제47), 기타지원(제55조~63조, 양로, 양육, 수송시설 이용, 주택의 우선분양 등)이 부여되는 등 수 많은 혜택을 부여하였다.

이렇게 가짜 5·18 유공자와 유족들이 대거 늘어나면서 국가의 많은 예산과 지원을 받으면서 민주주의와는 양립할 수 없는 사회주의, 공산주의 세력이 사회 곳곳에 공공연히 뿌리내렸다.[39]

문재인 정부에서는 5·18사건의 여러 의문점과 문제점 등에 관하여 민간단체나 학술단체의 연구나 사실규명을 위한 노력에도 불구하고, 1980년 5·18 민주화운동 당시 국가권력에 의한 반민주적 또는 반인권적 행위에 따른 인권유린과 폭력·학살·암매장 사건 등을 조사하여 왜곡되거나 은폐된 진실을 정부기관(5·18민주

제25조 (채용시험의 가점) ①취업지원실시기관이 그 직원을 채용하기 위한 시험을 실시할 경우에 취업지원대상자가 그 채용시험에 응시하는 때에는 필기시험의 각 과목별 득점에 각 과목별 만점의 10퍼센트를 가산한다.

39 공비출신 김신조 목사가 "남한에 빨갱이 너무 많다"라고 발언했고 2008년 망명한 황장엽 비서도 "남한에 5만 명이 넘는 고정간첩이 활약중에 있다"라고 하였다. 장성택 처형 후 2014년 한국에 망명한 대남공작기관 정찰총국 고위탈북자 김국성은 〈펜앤드마이크〉의 천영삼 대표와 김영삼 대기자와의 2021년 12월 16일 자 국내 최초의 인터뷰에서 "남한엔 간첩 너무 많아… 청와대, 국정원, 국방부, 국회가 활동무대이고 한국 정치는 북한에 예속(최첨단의 전산화 등으로 대남전략의 꽃밭이다)되어 있다. 1960년부터 지금까지 60년간 북한은 핵개발을 해왔기 때문에 비핵화 종전선언 등은 말장난 허구에 불과하다. 미·북 정상회담은 위장된 비핵화전략으로 트럼프의 적대적 정책을 끝내려는 담판(전술)에 불과한 것이고 북한이 정치 강국으로 세계중심에서야 한다고 선전하며 그 핵심은 핵무력을 완성했을 때 힘의 균형론에 기초한다. 문재인 정부의 대북정책은 엉터리이며 소대가리처럼 무시되고 있다. 대한민국 국민은 북한 적화통일의 전술을 모르고 자유의 소중함을 잊고 산다."라고 증언하였다.

화운동진상규명조사위원회)이 이를 규명한다는 목적으로 2018
년 3월 13일 법률 제15434호로 「5·18 민주화운동진상규명을위
한특별법 (약칭: 5·18 진상규명법)」을 제정하였다.

그런데, 조사규명할 5·18 민주화운동진상규명조사위원회(법 제
3조, 제4조)는 어떤 인사들이 위원회의 위원에 임명되고, 언제 어
떠한 방법으로 어떻게 기술할지 두고 볼 일이다. 위의 조사위원회
에는 다양한 학자들이 참여하여 군, 검찰 기록물과 법원 판결문,
증언, 당시의 사진, 언론보도 내용, 미국 정보기관의 기록물 등을
종합하여 정확하게 재조명할 필요가 있다고 할 것이다.

ⓧ 그럼에도 불구하고 김종인 전 비대위원장이 섣불리 5·18. 광주
민주화운동을 숭배시 하는 것은 영남을 기반으로 한 국민의힘당
지지국민들을 무시하고 호남인들을 중시하는 문재인 정부와 궤를
같이하는 것인데, 과연 그의 처신이 옳은 것인지 국민들과 역사학
자들의 평가를 받아야 할 것이다.

6) 문재인 정부와 여당을 제대로 비판한 적 없어

ⓨ 김종인 전 비대위원장의 정체성은 무엇일까? 여야를 넘나들며
비례대표만 5번을 하고, 여러 정부의 장관이나 대통령 수석, 비대
위원장 등을 두루 한 철새정치인 대표적 인물은 아닌가? 경선승

리를 위해 윤석열 후보를 돕는 자당 의원들과 정치인 및 정치지망생을 '파리떼', '하이에나'라고까지 했는데, 그가 이렇게 말할 자격은 있는가? 반문하지 않을 수 없다.

미래통합당 황교안 대표가 그를 총괄선대위원장으로 임명하여 제21대 총선을 진두지휘 패배하였으나, 자신의 패배를 인정하지 않고 차명진 김대호 두 후보의 막말 책임으로 돌리는 교활한 방법을 썼음에도 그가 미래통합당 비대위원장으로 추대된 비결은 무엇인가? 이런 점에서 그는 연구대상이다.

ⓩ 당시 국민의힘 야당 비대위원장(대표)으로서 문재인 정부와 당시 여당 추미애 전 대표 등을 제대로 비판한 적이 있는가? 그는 문재인 정부와 여당을 비판하며 거리에 나선 태극기시민들을 극우라 표현하였다. 자가당착이다.

서울·부산시장 보궐선거 때나 홍준표 의원의 국민의힘당 입당 신청 때에 김종인 비대위원장은 그토록 안철수 국민의당 대표, 홍준표 의원을 비난하고, 폄하하지 않았는가? 그를 총괄선대위원장으로 임명하는 경우 윤석열 후보는 안철수 국민의당 대표와 홍준표 후보의 도움을 받을 생각을 접어야 할 것이다. 이 점 명심하여야 할 것이다.

파. 소결론

1) 이준석 대표의 표리부동한 행동과 리스크

이준석 대표를 유승민 전 의원이 하버드대학교의 국비장학생으로 추천해 준 점, 새누리당 청년최고위원으로 추천해 박근혜 대통령이 임명하여 고위직 정치입문의 기회를 주었고, 이번 당대표 선거에서도 유승민 김무성 김종인 하태경 등이 적극 밀어준 것이 분명하다. 이준석 대표는 유승민 김무성 김종인 등 이들 회색정치인과 어울렸고 많은 빚을 졌다.

(52) 때문에 이준석 대표는 유승민 후보가 대통령이 되는 것이 꿈일 것이며, 이러한 태도로 봤을 때 대통령 후보 선출을 위한 경선 절차와 방법(역선택 방지문제), 발표회, 공개면접, 선관위원 선임, 중앙선관위의 국민여론조사 방법 등이 유승민 홍준표 원희룡 하태경 후보에게는 유리하게 작용할 것이고 윤석열 최재형 황교안 (박진 장기표 등) 후보에게는 불리하게 작용할 것이다.

솔직히 필자는 이 점을 매우 우려하고 있었다. 작금의 이준석 대표의 표리부동한 발언과 행동, 중차대한 시기에 계속 헛발질만 하는 판단, 그를 둘러싼 회색정치인들의 행보, 당대표 당선의혹과

(53) 재산형성 과정[40], 불공정 경선의도와 후술하는 재검표과정에서도 엄청난 부정선거의 증거가 쏟아지고 있는데도 계속 부정선거는 없었다고 발언하고 있고 당 분열행위도 계속하고 있다.

(54) 야당이 정권과 국회를 탈환하기 위해서는 반드시 야권통합이 필수적인데 안철수 대표는 11월 1일 제20대 대통령선거에 재도전할 의사를 밝히며 '독자 노선출마'를 선언하였다. 그 원인을 살펴보면 4월 7일 서울특별시장 보궐선거 당시 국민의힘과 국민의당 사이의 당 통합의 결렬책임을 국민의힘 이준석 당 대표와 김종인 전 위원장에게 두고 있음이 분명하다.

(55) 이에 대해 이준석 대표는 11월 3일 "이번에 우리 후보가 누구로 결정될지는 모르겠지만, 결정되는 순간 그다음 날부터 어느 누구든지 당 지도부나 후보와 미리 상의하지 않고, (안철수 대표 측과 단일화) 거간꾼 노릇을 하는 사람은 해당행위자로 징계하겠다."라고 격하게 반응하였다. 안철수 대표에게 알러지 반응을 보이는 비상식적 언행이다.

(56) 또한 윤석열 캠프의 정치인들은 하이에나와 같다는 폭언 등에 비추어 통합과 정권교체를 바라는 우파국민과는 너무나도 동

---

40 국회의원 선거에서 3번 패배한 이준석이 아파트와 차량 고액예금을 소유한 것은 일반상식에 반한다. 그는 비트코인으로 돈을 벌었다고 하지만 객관적인 증거를 제시한 적 없다.

떨어져 있다. 이준석 대표의 어리석은 판단과 언행, 그리고 이를 지켜보는 당원들과 국민의 반감으로 빚어진 이준석 대표에 대한 탄핵과 국민소환제 분위기 등을 종합하여 보면,

절체절명의 정권교체기에 나라를 구할 수 있는 제1야당의 지도자가 될 수 없다는 점이 드러났다. 따라서 이준석 대표가 사퇴하지 않거나 백의종군하지 않는다면, 국민의힘당은 이준석 리스크로 지지율은 계속 떨어져 결국 윤석열 후보는 차기 대통령선거에서 큰 위기에 봉착할 것이다.

2) 김종인 전 위원장의 표리부동한 행동과 노욕

전술한 바 제1장 자. 대한민국 위기를 다시 맞이하다 ⓐ항부터 ⓩ항까지 김종인 전 비대위원장의 언행과 과거의 행적을 살펴볼 때, 김종인 전 위원장은 진정 국민을 위한 정치를 하는 것이 아니라 자기자신과 회색정치인들을 위한 노회한 정치, 즉 대선 후 개헌을 하여 의원내각제 등을 통해 자신들의 권력을 탐하려는 이준석 대표와 김무성 전 대표, 유승민 후보들과 연합하여 국민의힘당 총괄선대위원장 자리를 노리고 있음이 분명하다.

김종인 전 위원장은 2020년 3월 「영원한 권력은 없다」라는 책에서 개헌을 주장했다. 그는 "지속을 위한 파괴가 필요한 시점이다.

정치에도 창조적 파괴, 파괴적 혁신이 필요한 시점이다. 제왕적 대통령제를 바꿔야 한다. 그래야 대한민국이 산다. 50년 정치인생을 통틀어 말하는 대답이다."라고 밝혔다.

그는 12월 7일 〈연합뉴스〉와의 인터뷰에서도 "민주·통합 정부를 만들지 않으면 안 된다. 홀로 모든 걸 독식해야 한다는 사고를 버리고 협치 내지는 통합적인 사고방식으로 다양한 사람을 다방면에서 골라 써야 한다. 윤석열 후보가 당선되면 자연적으로 종전과 같은 정치 형태는 존재하지 못할 것이다. 지금은 민주당이 국회를 장악하고 있어서 윤석열 후보가 대통령이 된다고 할지라도 제왕적 대통령을 할 수가 없다. 당선된다 해도 정치환경이 녹록지 않다. 과연 순수하게 (윤석열) 정부가 출발해서 (차기 총선까지) 2년 동안 정책을 제대로 이행할 수 있을지의 문제가 있다."라고도 했다.

나아가 김종인 전 위원장은 2022년 1월 3일 이준석 대표를 제외한 김기현 원내대표, 상임선대위원장 등 당직자들이 사퇴했음에도 이준석 대표와 전화 후 자신의 사퇴를 번복하면서 "(내가) 비서실장 노릇 할 테니 선대위가 해준 대로 尹은 연기 좀 해 달라"라는 공개 발언을 하였는데 이는 윤석열 후보와 국민을 깔보는 망언이다.

이유는 현행헌법인 대통령중심제 하에서 더불어민주당과 연정(聯政)을 하자는 말로서 혼란을 야기하는 잘못된 말이고 또한 이번 대선 및 차기총선에서 윤석열 후보의 장점을 보여 야당이 승리하면 될 일인데 미래를 보지 못하는 김종인 전 위원장 개인의 욕심일 뿐이다.

따라서 윤석열 후보는 필자의 우려와 김종인 전 위원장을 제대로 알고 있는 장기표 후보, 김영환 전 의원, 인명진 김병준 전 비대위원장, 박찬종 전 의원들과 캠프 참모들의 충언을 깊이 새겨 현명한 판단을 하여야 할 것이다.

결론은 만일 김종인이 총괄선대위원장이 되어 윤석열 후보의 2022년 3월 9일 대통령선거를 총 지휘하는 것은 지지율이 떨어져 제21대 2020년 4·15 국회의원 선거처럼 패배할 것으로 우려된다. 윤석열 후보의 제갈공명과 같은 지략이 필요할 때다

제 3 장

4·15 총선, 당대표 당선 등에서의
부정선거 사례와 재검표 검증

우리나라 언론은 문재인 정부와 민노총 등 자신들이 원하는 세력에 대해, 과분하게 친절하고 여론 띄우기의 선수들이므로 우리는 언론보도에 대한 과학적 분석과 사실검증이 필요하다.

우리는 광우병사태, 탄핵정국, 세월호사건 때의 여당이나 언론의 선동적인 전술이나 공작에 편승하거나 속지 말고 '부정선거 없었다', '이준석 돌풍으로 국민의힘당 당원이 갑자기 늘었다', '지지도 40%가 넘었다'는 등의 언론선동과 공작, 거짓 술책에 대한 대비책을 세워야 한다.

'탄핵이 옳았다', '부정선거 결코 없었다', '김종인 전 비대위원장을 총괄선대위원장으로 모셔야 한다'는 등, 자신들의 정치적 이익과 여당과 궤를 같이하는 언행 등으로 국민을 속이는 정치평론가 수준의 이준석 대표 체제로는 국민의힘당 지지도는 떨어질 것이다.

수습책이 시급히 마련되어야 한다. 다행스럽게도 윤석열 후보를 비롯한 국민의힘당 후보들과 이재명 후보의 대장동 특혜부패 사건이 국민의힘당 지지도를 이끌어주고 있다.

가. 4·15 총선 등에서의 부정선거 사례와 증거

1) 부정선거 의혹을 전면 부인하는 이준석 대표의 언행

이준석은 당대표 후보 출마 시에는 "부정선거쟁이와는 결별하겠다."라고 하였고, 당대표 취임 후에는 "4·15 부정선거는 없었고, 이를 주장하는 자는 야만인이다. 만일, 4·15 부정선거 재검표를 주장했다면 보수야당은 한방에 갔을 것이다."라고 취임 전과 후가 상반된 발언을 했다.

또한 9월 9일 그는 대장동 사건에 대한 거리시위 중 4·15 총선의 부정선거 여부에 대한 한 시민의 질문에 "부정선거 얘기를 하면 안 됩니다. 그걸 얘기하면 온종일 토론하셔야 합니다, 토론에서 저를 이기지 못합니다."라며 명백히 드러난 부정선거 증거와 범행사실 등을 토론으로 논쟁하자는 이해할 수 없는 말을 함부로 하였다.

결국, 이를 보다 못한 민경욱 전 의원이 이준석 대표에게 "당당히 토론을 하여 결론을 내자"고 제의했으나 그는 발뺌하였다.

취임 100일을 맞이한 이준석 대표는 "···여론조사는 조작됐다, 부정선거를 심판하라 등 비과학적이고 주술적인 언어로 선거를 바라보는 사람이 늘어날수록 정권교체는 요원해진다, ···결국, 보고 싶은 것만 보기 위해 모인 100만 구독자 유튜브 시청자들은 인구의 2%가 채 안 됐던 것"이라고 하면서 우파유튜버를 폄하하였다.

정권교체가 최우선 목표이며 2022년 3월 9일 대통령선거의 무결성과 투명성이 확보되어야 하고, 4·15 총선의 사전투표 득표율 통계를 믿을 수 없으며 재검표 과정에서 부정선거 증거가 엄청 드러났음에도 그는 부정선거 주장은 말이 안 된다는 반복된 발언으로 국민들을 속이고 있다.

즉, 미래통합당 민경욱 후보의 6월 28일 연수을, 나동연 후보의 8월 23일 양산을, 박용찬 후보의 8월 30일 영등포을 선거구 재검표 과정에서 인쇄된 투표지와 증거를 인멸하려는 선관위와 대법관의 비상식적 은폐태도에 관한 유튜브의 언론보도 등을 보면, 4·15 총선은 부정선거가 명백하다는 것을 쉽게 판단할 수 있음에도 이를 부인하거나 우파 유튜브를 비방하는 이준석 대표의 태도로 판단해 볼 때 더이상 그에게 희망을 가지는 것은 무리이다.

2) 이준석 대표의 부정선거 없었다는 거짓 주장

4·15 총선에서 부정선거가 결코 없었다는 이준석 대표의 위험한 언행은 수많은 부정선거 정황증거와 그동안 확인된 구체적 부정선거 사례가 명백히 있는데 이를 방송하는 유튜버를 극우로 몰고 있어, 오히려 여당을 돕는 야합행위로밖에는 볼 수 없는 중범죄의

공모범죄행위로 보인다.

만일 2022년 3월 9일 대통령선거 전까지 야당이 부정선거를 밝히지 못하면, 이번 대선에서 사실상 야당은 투표에서 이기더라도 결국 전자개표기 조작과 사전투표지 집어넣기 등의 부정선거로 패배할 것이다.

앞으로 정부·여당은 부정선거를 주장하는 국민들의 시위를 봉쇄하는 「방역예방법」·「코로나19 방역수칙」 시행과 함께 「변이코로나19 확대정책」으로 전자투표 확대 등 「공직선거법」개정, 대법관들의 편파적 선거소송의 재판지연, 증거조작[01], 재판 깔아뭉개기 등 헌법상 권리인 참정권행사를 방해하여 헌법가치를 훼손하면서 부정선거가 드러나지 않게끔 엄청 노력할 것이다. 그러나 부정선거 문제를 인식하는 국민이 더 늘어나 그에 대한 저항은 커질 것으로 보인다.

필자가 이 글에서 **부정선거 문제를 강조하는 것**은 야당 대선후보들과 국민들이 부정선거의 실체를 아직도 인식하지 못하거나 대항하지 않는다면, 이번 2022년 3월 9일 대통령선거와 2022년 6월 1일 지방선거 등에서 야당이 또 패배해 우리나라는 공산화되고 결국 예

---

01 증거로 보존해야할 일명 배춧잎 투표지를 대법관 조재연에 의해 변조되었고, 재판진행 중인 증거물인 투표지를 피고 선관위에 반환하는 행위를 했다고 원고들은 주장하였다.

전의 막강한 부자나라 베네수엘라가 망한 것과 같은 결과가 예상되기 때문이다.

이 장에서는 선거가 주권재민의 실현인 참정권의 행사이고 민주주의 꽃으로 매우 중요한 만큼 지난 2020년 4월 15일 총선, 2017년 5월 9일 제19대 대통령선거, 미국의 2020년 11월 3일 대통령선거에서의 구체적 증거를 들어 부정선거 사례를 설명하고자 한다.

3) 4·15 총선이 부정선거임을 확인해 주는 정황증거들

지난 4·15 제21대 국회의원 총선거가 조직적인 부정선거였다는 정황증거는 아래 (1)항부터 (32)항까지 32개가 있다. 우선 이를 살펴본다.

(1) 더불어민주당의 싱크탱크 격인, 선거전략 연구소의 역할을 한 양정철 전 민주연구원장과 서훈 전 국정원장과의 2019년 5월 21일경 4시간의 밀담사건이 있었고[02], 양정철 전 원장이 더불어민주당 전체 의원들에게 일본과 타협하지 않고 단호하게 맞서는 것이 1년 후의 총선에 유리하다는 「선거전략 보고서」를 메일로 발송한 사건,

---

02 위의 밀담에 대해 자유한국당은 "정보권력자와 민주당 최고 공천실세 만남에서 선거공작 냄새가 난다"며 맹공을 퍼부었고, 더불어민주당은 "사적 만남자리에 불과하며 기자가 동석했는데 총선얘기를 하겠느냐"며 무리한 정치공세라고 반박하였다.

민주연구원장 자격으로 2019년 10월 9일부터 10월 12일 사이 중국공산당 당교와 정책협약을 체결한 사실(사진 15)은 대표적 부정선거 정황이다.

(2) 또한 양정철 전 원장은 더불어민주당이 180여 석을 얻은 4·15 총선 결과에 대해 "무섭고, 두렵기도 하다"라면서 죄인이 된 것처럼 아무런 직책을 맡지 않고 총선 직후 돌연 한국을 떠났다. 그는 더불어민주당 전략기획위원장 이근형과 함께 선거전문가, 선거전략가로 알려져 있다.

(3) 4·15 총선 하루 전 유시민 노무현재단 이사장[03]과 이근형 전 더불어민주당 전략기획위원장은 범여권 포함 180석이 된다는 기막힌 예상의석표 숫자발표를 흘렸는데, 사전투표의 출구조사는 법률상 금지되어 있었고 당일투표 역시 아직 투표를 하지 않았는데 어떤 방법을 사용하여 예상의석표 숫자가 그리 똑같았을까? 이들은 예상의석 발표과정과 근거를 소상히 밝혀야 하고 검찰은 예상의석표의 입수과정과 작성과정을 수사해야 한다.

(4) 하태경 미래통합당 해운대갑 의원 후보가 총선 하루 전인 4월

---

03 유시민 노무현재단 이사장은 "저는 민주당에서 어떤 데이터도 귀띔받은 적이 없으며 제 말은 개인적 견해"라며 "집권세력의 대표 스피커처럼 받아들여지고 그 말이 악용당할 때의 책임을 질 수가 없다"라는 점을 강조하였다.

14일 "민주당 180석을 반드시 막아주셔야 한다."라고 호소하면서 180석을 기정사실화 한 발언,

⑸ 4·15 총선 출구조사 결과 더불어민주당이 예상했던 180석을 얻는다고 보도되었을 때, 그 결과에 환호해야 했음에도 꿀 먹은 벙어리처럼 있었던 사실,

⑹ 더불어민주당 남영희 후보가 인천시 미추홀 선거구에서 무소속 윤상현 후보에게 사전투표에서는 3,920표 차로 이겼으나 본투표까지 합친 최종결과 171표 차이(0.15%)로 낙선하여 재검표를 신청했다가 4월 20일 포기한 사실,

⑺ ⓧ 미래통합당 김종인 전 선대위원장은 미래통합당 차명진, 김대호 후보가 총선 전 4월 6일 후보자 방송토론 중 한 말에 대해, 더불어민주당의 막말프레임 주장을 받아들여 대국민 사과를 하여 패배한 거짓 근거를 만들었다.[04]

⑻ ⓨ 당시 여론조사에 의한 판세분석과 당일선거에서는 오히려

---

04 차명진 후보는 2020년 4월 6일 후보자 방송토론에서 "세월호 자원봉사자와 세월호 유가족이 텐트 안에서 말로 표현할 수 없는 문란한 행위를 했다는 기사를 이미 알고 있다", 김대호 후보는 "30, 40대는 논리가 없고, 나이 들면 장애인이 된다"는 발언을 하였는데, 김종인 선대위원장과 황교안 대표는 "막말을 했다"라며 두 후보를 제명하고 대국민사과를 하였다. 두 후보의 발언이 막말이라면 두 후보에게만 영향이 있지 다른 후보에게는 영향이 거의 없어야 했다.

야당이 유리한 점을 봤을 때, 야당이 참패할 수 없는 상황인데도 김종인 전 선대위원장은 "차명진, 김대호 후보의 막말로 지역구 50석이 날아갔다"라고 자체분석결과를 내놓고, 4·15 총선패배의 책임을 두 후보에게 돌렸다.[05] 김종인 전 위원장의 정체가 심히 의심되는 부분이다.

(9) 나아가 미래통합당(당시 대표 황교안)은 ⓩ 김종인 선대위원장 등의 의견대로 막말을 했다는 차명진 후보(전 의원)의 당원 지위를 박탈하였다. 심지어 김종인 전 위원장과 김형오 공천위원장은 홍준표 후보 등 유력후보자를 공천에서 배제하고 사상이나 정체가 불분명한, 검증되지 않은 인사를 공천하거나 활동한 지역 연고를 배제하면서까지 막장 공천을 하였다.

이는 매우 잘못된 선거 전략이었으며 그 결과 4·15 총선은 참패를 하였다. 선거 막바지에 후보자격을 박탈당할 뻔하고 낙선 후 확실히 당원자격을 박탈당한 차명진 후보는 당원·제명결정 무효 확인 소송을 제기하여 2021년 11월 3일 항소심에서 승소하였다. 이처럼 김종인 위원장은 정당정치를 유린하였다.

(10) 각 방송사의 개표상황이 더 많이 진행되었다가 마지막에 중

---

05 양산을의 6차례 여론조사에서는 야당 나동현 후보가 모두 상당한 격차로 이겼다. 이처럼 당일투표처럼 전국적인 판세는 결코 야당인 미래통합당이 불리하지 않았다.

앙선관위의 보도내용과 맞춘 사실(출처: 2021.7.18. 공병우 박사와의 〈바실리아TV〉 대담프로에서),

(11) 부정선거가 없었다면 대법원(선관위)은 소 제기일로부터 공직선거법 제225조 규정의 180일 내에 판결을 과거처럼 엄수해야 하는데 4·15 총선에 대해서는 해당 선관위 모두 법을 어겼다. 이는 부정선거 외에는 특별히 다른 사정이 없다.

(12) 중앙선관위는 증거로 보관해야 할 중앙서버의 기억장치를 중앙서버를 수리해야 한다는 이유로 교체 또는 데이터를 삭제했다고 스스로 주장하였다.

(13) 또한 계획적으로 전자개표기 컴퓨터 등 전산장비(서버포함)를 임차사용하고 임대업체에 반납하여 원본파일이 없다고 거짓 주장했다.[06]

(14) 특이하게 4·15 총선이 끝난 후 선거관련 장비 투표지 등을 집중 보관한 군포(E동), 이천, 남양주 등 물류창고에서 계속 화재가 발생하였다. (사진 1-1 물류창고 화재발생 현황) 이는 결코 우연한 일이

---

06 근거 없는 거짓주장이다. "임차 사용한 전산장비에 의한 원본파일은 모두 중앙서버에 의원임기 4년 동안 보관한다"라고 KBS 토론(2021.5.1.)에서 선관위가 밝혔다(출처 2021.9.6.자 〈손상대TV〉, 「투표지 이미지파일 없다더니, 물류센터에서 이 짓을?」)

아니며, 실질 투표지를 인멸하려는 세력이 있다는 것이다.

(15) 충남 부여 공주 청양 선거구의 사전투표지 1장이 경기 시흥시의 폐지 야적장에서 발견된 사실이 있다. (사진 1-2 쓰레기장에 버려진 사전투표지)

(16) 2020년 12월 15일경 위 군포 물류창고(C동)에서 뭔가 밤샘 작업을 한 사실이 있다.

(17) 최초 부정선거를 제기한 대전시 중구, 부산시 중구, 인천시 연수구 선거구의 투표지 바꿔치기 작업한 듯한 표지가 위의 군포 물류창고에서 발견된 사실[07]

(18) 사전투표지함 봉인지의 선거관리인의 서명이 위조되거나 찢어진 사례와 증거를 보전할 투표지함 법원 보관사무실을 개문한 사실이 있다. (사진 2-3)

(19) 시흥 고물상에서 청양지역구 관외사전투표지가 다수 발견된 사례[08]

---

07 3곳의 선거구는 부정선거 소송을 제일먼저 제기한 곳인데, 선관위는 투표지를 바꿔치기 위해 이곳에서 작업을 했던 것으로 추정된다. 이후 미래통합당 이언주, 이은권 후보는 누군가(?)의 압박과 방해에 의해 소 취하를 하였다. 소송을 방해한 자들은 누구일까?

08 [출처] [시흥 고물상에서 발견된 청양 지역구 관외사전투표용지는 부정선거의 스모킹건입

(20) 경기 구리시 개표소 현장에서 발견된, 있어서는 안 될 잔여 사전투표용지 6매가 발견된 사례[09]

(21) 선관위 직원이 대한민국 국민이 아닌 성이 새씨, 개씨, 히씨, 힉씨, 힝씨, 들씨, 깨씨 등으로 허위 기재된 사실[10] (사진 11)

(22) 선거구마다 달라야할 투표관리관이 경주시 양남면 제2사전투표소와 경주시 보덕동 제2사전투표소의 관리관이 김준오로 동일한 사실, 서울특별시 노원구 공릉2동 제2사전투표소와 경기도 용인시 처인구 남사면 제2사전투표소의 투표관리인이 송수원으로 동일한 사실이 있다.

(23) 선관위는 사전투표지 투표함을 CCTV가 없는 곳에 당일투표일까지 보관했는데 문제가 되자 CCTV가 설치된 장소에 보관해야 하고 그 정보는 선거일 후 6개월까지만 보관하도록 뒤늦게

니다]| 작성자 애국멸공 2020년 10월 17일 13:15

09 2021.년 9월 5일자 〈이봉규TV〉 권요용 변호사와의 대담프로에서, 이종원 구속 결정적 증거(감정서) 유효한가?), - 참관인 이종원은 사전투표 잔여투표용지 6매에 대해 "모르는 개표소 요원으로부터 투표용지를 건네받은 뒤 기표되지 않은 투표용지가 개표소에서 발견되어 그 자체가 공직선거법 위반 범죄의 증거라고 생각해 보관한 것을 민경욱 의원에게 전달했다"라고 하였다. - 민경욱 의원은, 2021년 5월 11일 국회 의원회관에서 "공익제보자가 전달한 부정선거의 증거"라고 투표용지를 공개하였는데, 이 사건으로 제보자 이종원은 투표지를 훔친 자로 몰려 수감되어 유죄를 선고받고 상고심 판결을 기다리고 있다.

10 「공직선거법」 제181조(개표참관) ⑪ 다음 각 호의 어느 하나에 해당하는 사람은 개표참관인이 될 수 없다. 1. 대한민국 국민이 아닌 사람 〈개정 2015. 8. 13.〉

2021년 3월 26일 「공직선거법」을 개정한 사실[11]

(24) 믿지 못할 여론조사업체가 난무하고 있고 당대표 당선 전에 이준석 당대표 후보에 관한 조작된 여론조사가 언론에 검증, 증거 없이 발표된 사실[12]

(25) 중국공산당과 북한은 대한민국의 선거에 개입(우마우당, 청주간첩단 사건의 김정은 지령문)하여 한국을 속국으로 만드는 정책을 추진하고 도지사 시장 군수가 여당인 경우 지자체와 깊숙하게 연결되어 있다.

(26) 이준석 대표 등 일부 정치인들은 부정선거는 없었다고 손사래 치고 방해하는데 이런 일은 중국이나 정부 여당에게서 이익을 받지 않고서는 일어날 수 없는 일이다.[13]

(27) 한국산 전자개표기 등 전산장비에 대해 UN안전보장이사회가 콩고 정부에게 도입중지를 경고하였고, 콩고, 이라크, 키르기스스탄이 한국산 전자개표기를 부정선거에 사용함으로써 결국 전국적인 시위가 일어났으며,

---

11 「공직선거법」 제176조 제3항
12 이준석 당대표 경선과정에서 거짓 여론조작 사실이 언론에 수차례 발표되었다.
13 8월 30일자 박대석 칼럼니스트(한국경제)가 페이스북에 발표〈공병우 TV가 방송〉하였다.

특히 키르기스스탄은 작년 11월 4일 국회의원 총선거가 부정선거로 대통령이 사퇴하고 총선거가 전면 무효가 선언됐으며 재선거를 실시하기로 했다.

(28) 2021년 7월 8일 (현지시각) 워싱턴포스트지에 따르면, 자이르 보우소나루 브라질 대통령은 이날 "깨끗한 선거를 치르거나 아니면 치르지 말거나"를 주장하며 투표방식을 바꾸지 않으면 내년으로 예정된 대선이 취소될 수도 있다"는 발언[14]을 했다.

"브라질의 사법부와 선거시스템이 다 무너졌고 사법부가 법치로 나라를 운영하는 것이 아니라 부정선거 의혹을 말하는 대통령을 없애기 위해서 그렇다."라고 호소하여 국민들이 대법원에 진입한 브라질 부정선거 시위가 있었다.[15]

(29) 아래 〈표 1〉의 7개 국가의 부정선거사례 분석표와 같이 아프리카 말라위에서는 2019년 5월 치러진 대선에서 무타리카 대통령이 3% 포인트 승리해 재선에 승리했지만 곧이어 부정선거 논란

---

14 보우소나루 대통령은 지난 몇 주 동안 2018년 대선이 부정선거로 치러졌다면서 1996년 도입된 브라질 전자투표시스템의 안정성에 대한 의문을 제기하며 투표방식 변경을 요구해 왔었다. 2018년 대선은 보우소나루 대통령의 승리로 끝났지만, 1차 투표만으로 승부가 나지 않아 2위인 노동자당 페르난두 아다지 후보와 결선투표까지 가야 했다고 주장하였다.

15 [출처] 브라질의 트럼프 보우소나루 대통령, 브라질 부정선거 논란 속 대규모 시위 폭발 중 작성자 wisdomk

에 휩싸여 말라위 헌법재판소와 대법원은 대선무효 결정과 판결
을 내렸다. 재선거는 2020년 6월 23일 치러졌고 새롭게 야당 대
표 라자루스 차퀘라 후보가 당선되었다.[16]

(30) 아래 〈표 1〉은 7개 국가의 부정선거사례 분석표이다.[17]

〈표 1〉 7개 국가의 부정선거사례 분석표

국가(선거) 시기	야권의 반발	국민 저항	사법부/선관위의 개입	결과(효과)
미국(대선) 2020. 11. 03.	공화당의 반발	저항중간	주마다 다름	재검표감사 진행 공화당지지 확대
케냐(대선) 2017. 08.08	강력반발	강력저항	대법원 선거무효판결	재선거 (정권유지)
민주콩고(대선) 2018. 12월	미미	저항미미	미개입	변화 없음
말라위(대선) 2019. 5월	강력반발	강력저항	헌재/대법원 선거무효판결	재선거 (정권교체)
볼리비아(대선) 2019. 10월	강력반발	강력저항	미개입	대통령사임 재선거
벨라루스(대선) 2020. 08. 09	강력반발	강력저항	미개입	변화 없음
키르기스스탄(총선) 2020. 10. 04	강력반발	강력저항	중앙선관위 선거무효결정	대통령사임 재선거 실시

(31) 투표소 인근에 2020년 2월부터 선거가 끝난 직후까지 해당

---

16   김형철, 「4·15 부정선거 비밀이 드러나다」, 도서출판 대추나무, 2021, 22, 23쪽 참조
17   김형철, 위의 책, 24쪽 참조

선관위와 연결되는 행정망 사용신청을 하는 등 중앙선관위 임시 사무실 9곳을 개설하여 운영한 사실(사진 2-1 임시사무소 운영 임대차 계약서 사본 참조)[18]

(32) 4·15 부정선거에 관한 국제보고서(영문판, 한글판, 일본어판, 중국어판)가 작성된 사실이 있다.[19]

4) 4·15 총선이 부정선거임을 증명하는 구체적인 증거들

더 나아가 4·15 총선이 부정선거임을 증명하는 구체적 사례와 증거들 및 유사한 외국 사례들이 다음 (1) 부터 (211) 까지 총 211여 개가 확인되었다.

그러나 지금 세상에 부정선거가 어디 있어? 라고 반문하는 국민들이 많은데 이는 우리나라 선거시스템에 관한 국민들의 이해가 부족한 점과 게다가 이준석 국민의힘당 대표, 김종인 전 비대위원장, 하태경 (후보)가 스스로 "부정선거가 없었다"라고 국민들을 속이거나 피해자인 야당이 침묵하고 있기 때문이다.

(1) 지난 4·15 총선에서, 당일투표 득표율은 여당 대 야당이

---

18 김형철, 위의 책, 94쪽부터 98쪽 참조
19 민경욱 전 의원의 발표내용이다.

123:124로 야당(당시 미래통합당)이 이겼는데, 야당의 사전투표 득표율이 당일투표 득표율 대비 모두 낮아져 최종 163:84로 패배하였다. 이러한 확률은 당일투표 승률(123:124 ≒ 1:1, 50%)을 그대로 적용했을 때, 253개 선거구 수만큼 동전 253번을 던졌을 때 계속 같은 면이 나오는 확률(0)과 같다.

(2) 이준석 대표는 사전투표는 여당지지자들이 많았다고 주장한다. 거짓이다. 경험상 보수야당을 지지하는 어른들이 준비성이 많아 더 일찍 투표를 하고, 지역선거구 선거로 각 후보들의 능력과 지역특성에 따라 다르기 때문에 당일투표 득표율보다 낮아질 수 없다. 중앙선관위의 선거통계자료를 분석한 결과 50대미만에 비해 코로나19 문제로 건강이나 전염에 걱정이 많은 50대 이상 보수성향의 어른들이 사전투표를 89 : 100으로 더 많이 하였다.

따라서 일률적으로 야당의 사전투표 득표율이 당일투표 득표율보다 전 선거구마다 낮아진 것은 거의 불가능하다.

〈표 2〉 4·15 총선 연령별 사전투표율수 참조

20대 미만: 263,505명, 20대: 1,720,002명, 30대: 1,494,267명, 40대: 2,074,663명, 50대: 2,576,527명, 60대: 2,152,575명, 70대 이상: 1,461,138명으로 50대 미만은 5,552,437명이고 50대 이상은 6,190,240명이다. **(50대 미만 : 50대 이상 = 89.7 : 100)**

(3) 또한 총 유권자수 43,994,247명, 총 투표자 수 29,126,396명 (66.2%) 중 당일투표자 수(1,738만명, 39.51%)와 사전투표자 수 (1,174만명, 26.69%)[20]의 집단이 커서 당일투표나 사전투표의 성향이 거의 같은바, 전 지역구에서 야당의 사전투표 득표율이 모두 낮을 확률 역시 불가능(0)에 가깝다.[21]

이 점에 대해, 2020년 4월 20일경 수학천재 명지대학교 물리학과 박영아 교수는 4·15 총선 결과를 보면 통계적으로 불가능한 일이 일어났다. 서울특별시 49개 지역선거구를 동별로 보면 424동인데 이 모든 424개 동에서 여당은 사전투표 득표율이 당일투표 득표율보다 12%가 높고 반면 야당은 비율이 −11%로 낮은바 이런 일이 일어난 확률은 2의 424승분의 1이다.

그리고 경기와 인천지역 73개 선거구의 700여 개 동에서 동시에 일어났으니, 확률은 2의 1,000승분의 1보다 작을 것이다. 이런 사건이 현실세계에서 일어나는 것은 불가능하다. 따라서 인위적인 조작이 분명히 있었을 것으로 본다."라고 밝혔다.

그럼에도 4·15 총선에 낙선한 이준석 후보와 하태경 의원 등이 비난하자, 박영아 교수는 2020년 6월 1일 "대한민국 가치를 지킬

---

20 중앙선관위의 선거통계시스템에 의한 내용이다.

21 서울대학교 박성현 통계학 교수와 명지대학교 박영아 물리학 교수의 의견이다.

의지가 없는 미래통합당(현 국민의힘당)을 탈당한다"라며 결별을 선언하였다.

(4) 그리고 사전투표결과 선거인(유권자)수 보다 투표자수가 많은 곳은 지역구 10곳, 비례대표 27곳으로 합계 37곳에서 있을 수 없는 일이 일어났다.

(5) 4·15 총선의 당일투표에서의 부정선거 사례는, △전자분류기(실제 기능은 전자개표기이다) 사용 △중앙선관위가 스캔한 원본 이미지 파일 훼손 △선거소송이 제기되었음에도 피고의 투표증거를 보존할 투표정보가 수록된 중앙서버 수리교체와 원본 이미지 파일의 훼손이 있었다(피고 연수구을 선관위는 2021년 6월 28일자 재검표검증 절차에서 이렇게 진술했다).

(6) 사전투표에서의 부정선거 사례는,
△「공직선거법」을 위반한 바코드가 아닌 부적법한 QR코드 사용[22]
△부족한 사전투표지를 새로이 인쇄하는 과정에서 파란색으로 나타난 투표지를 재투입한 것으로 보이는 점(일명 배춧잎 투표지, 사진 6-1, 6-2, 6-3) △사전투표지함 봉인지 훼손, △사전투표지함 봉인지 선거관리관 서명상이 △특히, 관외 사전투표지는 우편봉투를

---

[22] QR코드를 사용한 것은 헌법이 보장한 비밀투표를 위반한 불법행위로, 개인신상 정보뿐만 아니라 투표성향을 알게 되어 여론조사대상의 모집단으로 악용될 수 있다.

사용해야 하므로 투표지를 접어야 하는데 접은 흔적이 없는 완전 빳빳한 사전투표지 뭉치(사진 3-1, 3-2, 3-3), △사전투표관리관 란에 이름 없는 일장기가 날인된 1,000여 장의 투표지(사진 4-1), △투표관리관 확인도장이 없는 백지투표지(사진 4-2), △투표관리관의 선거구 이름이 틀린 투표지(사진 4-3) △접착제로 붙어 있는 사전투표지(사진 5-1), 접착제로 붙어 있는 자석식 사전투표지(사진 5-2) △정식규격 기표도장이 아닌 위조된 기표도장으로 날인된 3,000여 장의 투표지(사진 9-1, 9-2), △정식규격 기표도장보다 큰 위조된 기표도장으로 찍힌 투표지(사진 9-3) 등 대대적인 부정선거 사례가 있었다, 정식규격 기표도장(사진 9-5, 9-6)을 대조하면 잘 알 수 있다.

특히 사전투표는 무엇보다도 투표자의 신원을 확인하지 않는다는 맹점이 있으며 정확한 사전투표 인원을 파악하지 않고 4박 5일 동안 아무도 감시하지 않은 비공개장소에 투표함을 보관하는 과정에서 문제가 발생한다. 사전투표, QR코드, 전자개표기 등이 함께 어우러진 대한민국의 선거시스템은 부정선거를 위해 설계된 토탈시스템(Total System)이라 할 수 있다.[23]

"투표한 사람은 아무것도 결정하지 못한다. 표를 세는 사람이 모든 것을 결정한다."라는 스탈린이 남긴 이 말을 되새겨 보아야 할

---

23 김형철, 앞의 책, 37쪽 참조

것이다.

다음 부정선거 시스템 체계도를 살펴보면 아래 표와 같다.

〈표 3〉 부정선거 시스템 체계도[24]

A. 선거구별 부정선거 설계

- 유리한 선거구
- 경합 선거구
- 전략적 선거구

B. 여론조작 및 야권지지자 혼돈과 착각

- QR코드 활용한 투표성향 파악, 모집단 조작, 여론조작
- 국민들 착각현상, 여론조작 투표지지 바꿈
- 야권지지자 탄압

C. 부정선거 실행, 특히 사전투표지 조작

- 사전투표일수 늘림: 표 바꾸기를 할 수 있어서 부정선거용이
- QR코드 활용, 차후 여론조사 때 모집단 악용
- 선거인 수 조작, 투표자수 조작 특히, 사전투표지 바꿔치기

D. 개표조작 및 개표상황표 조작

- 전자개표기에 의한 개표조작
- 원본이미지파일 삭제, 통갈이

E. 대법원 장악 및 선거소송지연 또는 뭉개기

- 각급 선거관리위원회의 위원장은 지방법원장 또는 (수석)부장판사가 맡음
- 법정 선고기일(180일) 안 지킴, 검증기일 지연, 특정 법무법인이 피고대리를 함

또한 4·15 부정선거 의혹을 제기하고 우편투표 전수조사를 실시

---

24 김형철 앞의 책, 38쪽 참조

한 박주현 변호사 등의 주장에 따르면,[25]

(7) 관외사전투표지(우편투표)의 우체국 등기발송·접수과정에서, 관외사전투표지 2,727,843표를 전수조사 한 결과 △수신날짜가 없는 것 138,860건, △배달완료 되지 못한 것 138,851건 △불가능한 순간이동 배송 328,723건, △접수가 취소되고 다시 접수된 것 30,063건, △출발-출발, 도착-도착 과정이 수상한 것 99,772건 등 635,386건이 관외사전투표 과정에서 부정의혹이 있었다고 밝혔다.

또한 (8) △미래통합당 후보가 2명씩 짝을 이뤄 전국 18개 지역구에서 동일한 관외사전 득표수가 발생한 사례(성남 중원구 신상진 4,220표와 서울 송파갑 김웅 4,220표, 경기 광명 김용태 1,980표와 인천 강화 배준용 1,980표, 경기 남양주 주병덕 4,725표와 경북 경주시 김석기 4,725표, 서울 동대문갑 허용범 3,713표과 울산 남구을 김기현 3,713표, 안산 단원구 김명현 2,070표와 경남 사천시 하영재 2,070표, 용인시 처인구 정찬민 4,850표과 평택시을 유의동 4,850표 등) 등이 있다.[26]

---

25 2020년 9월 21일 자 한국경찰일보 기사내용이다.

26 예컨대 성남 중원구 신상진 후보와 서울 송파갑 김웅 후보 2인이 동일한 관외사전득표수가 발생할 확률은 적어도 1/ 신상진 총득표 수 × 1/ 김웅 총득표 수 = 1/4,220 × 1/4,220 = 1/17,808,400이 된다. 더 나아가 18곳이 동일할 확률은 불가능한 일이다.

5) 여당후보들은 똑같은 사전득표수가 없고, 야당후보만 사전득표수(비율)가 정해진 이유, 통계적으로 발생할 수 없는 증거들

쉽게 표현하면, 야당후보의 득표수는 전자개표기로 한계값를 정한 후 초과된 득표수를 빼고 그 수만큼을 여당후보에게 더한 것이라는 판단된다.

⑼ 화성시 봉담읍의 관내사전투표 결과(집계)가 통째로 사라진 사례와 선거인명부 보다 실제 투표자가 많은 사례(파주시 진동면),

⑽ 인천시 연수을 선거구 3인 후보들의 관내 사전득표율 대비 관외 사전득표율이 모두 0.39로 일치한 사례(사진 10-6),

⑾ 서울·인천·경기 지역구 100곳의 여야 사전투표 득표비율이 63 : 36으로 동일한 사례[(10), (11)은 통계상 있을 수 없는 일이다.(사진 10-6)]

⑿ 또한 부천 신중동 투표소는 관내사전투표수 인원이 18,210명으로, 실제 투표시간은 1일 12시간씩 24시간이었다. 즉 1분당 12.6명, 5초 내에 1사람이 연속적으로 투표를 해야 한다. 이는 현실적으로 불가능한 일이다.

(13) 이에, 판사와 함께 법원결정문을 들고 해당선관위에 증거보전 집행에 나서도, 선관위는 사전선거인 명부를 내놓지 않는 등 상당한 부정선거 의혹이 있음을 우리와 같은 평범한 사람도 알고 있다.

(14) 그럼에도 불구하고 하버드공대 컴퓨터학과를 나왔다는 이준석 대표나 하태경 후보의 더불어민주당이나 중앙선관위를 대변하는 4·15 총선에서 결코 부정선거는 없었다"라는 확신에 찬 발언은 매우 잘못된 것이다.

이준석 대표나 하태경 후보는 정부 여당이나, 중앙선관위와 분명 특별한 이해관계가 있거나, 남에게 말하지 못할 특별한 사정이 있다고까지 여겨진다.[27]

(15) 낙선한 후보자, 기독자유통일당[28], 국민들이 4·15 총선거는 부정선거라며 제기한 126여 건이 되는 소제기 사건과

---

27 2013년 8월경 이준석 최고위원은 대전지검의 수사기록에 의해, 2차례의 성상납과 현금을 받은 사실이 있고 이 사실을 더불어민주당이 알고 있다는 사실을 〈가로세로연구소TV〉 강용석 변호사가 2021년 12월 27일 폭로하였다. 필자가 예측했던바 사실이 밝혀졌다. 분명 여당과 거래를 한 자이다. 자금출처 등에 관한 조사를 하여야 한다.

28 현재 국민혁명당으로 당명이 바뀌었고 비례대표선거 관련 지역구에 선거무효 소송을 제기하였으며, 대법원에 수차례 기일지정신청을 한 바 있으나, 2021년 12월 중순까지 재검표 검증 기일이 지정된 바 없다.

(16) 낙선한 후보들과 많은 애국민의 고소·고발(17건?) 사건[29] ,

(17) 통계상 조작 없이는 이루어질 수 없는 사전투표 득표율, 그리고 당일투표의 여·야 비교표 및 여러 과학적 증거와 통계(사진 10-6, 10-7, 10-8),

(18) 직전 20대 총선과 이번 21대 4·15 총선과의 여·야 사전투표 득표율 등에 관한 저명한 통계학자, 수학자, 컴퓨터 공학자 및 정치학자의 분석과 연구결과도 있다.[30]

6) 사전투표 전자개표분류기 오류 사건

(19) 충남 부여·공주·청양 선거구 4·15 사전투표지에 대한 전자개표분류기에 오류(사실상 조작이란 표현이 맞는 듯하다)가 있었다는 경찰의 공식발표 사례도 있다.

이를 구체적으로 설명하면, 충남 부여·공주·청양 선거구는 국민의

---

29 4·15 부정선거국민투쟁본부(국투본), 부정선거감시단 등 시민단체와 국민들이 대검찰청(윤석열 검찰총장)에게 고발하자, 대검찰청은 이를 모두 서울중앙지방검찰청에 이첩하였고, 이첩받은 서울중앙지방검찰청검사장 이성윤은 모두 기각처리 하였다. 직무유기, 직권남용 혐의로 당시 이성윤 서울중앙지방검찰청검사장(현 서울고등검찰청검사장)을 직무유기로 고소, 고발하여야 할 것이다.

30 미시간대학교 월터 미베인 정치학 교수가 발표한 4·15 부정선거에 관한 논문도 있다. 부정선거에 관한 그의 논문과 기고문에 의해 대상국가는 다 부정선거로 밝혀졌다.

힘당 정진석 의원이 출마한 곳인데, 당일투표에서는 정진석 후보가 이기던 중 갑자기 사전투표에서 결과가 뒤집어졌다.

이에 정진석 후보 측 참관인이 즉시 재검표 요구를 함으로써 선관위 직원들은 당초 출력된 개표상황표를 찢고 재검표 후 변경된 개표상황표에 의해, 정진석 후보가 당선되었다(사전투표에서 패배한 다른 선거구도 검증하면 똑같을 것이다.[31]

이러한 개표과정의 문제점에 대해 대전의 김소연 변호사가 선관위 직원들을 경찰에 고발하였고, 경찰 수사결과 전자개표분류기에 오류(조작 표현이 맞는 듯하다)가 있었다는 피의자(피고발인) 선관위 직원의 진술이 있었다. 이런 수사상황을 경찰이 확인·발표하였다.

---

31 2020년 5월 15일자 중앙일보 김방현 기자의 보도내용이다. 부여군 선관위 관계자는 "재검표를 한 것은 맞다"라고 인정했다. 하지만 선관위는 "A씨의 주장처럼 1·2위 표차가 많이 나서 재검표를 한 게 아니고 다른 선거사무원이 재확인용 투표용지함(59표)과 바로 옆에 있던 무소속 정연상 후보(3표 득표)의 투표지를 섞어 놓은 것을 발견하고 투표용지 전체를 모아 재검표한 것이다"라고 해명했다. 선관위는 또 "재검표를 하기 위해 노트북 컴퓨터에 있던 옥산면 개표 데이터만 지운 것일 뿐 컴퓨터를 재부팅한 것은 아니다"라고 설명했다. 투표지 분류기와 노트북 컴퓨터를 담당했던 개표사무원은 "A씨가 화를 냈고, 재검표가 이루어진 것은 맞지만, A씨가 왜 화를 냈는지는 기억나지 않는다"라고 말했다. 반면 다른 개표사무원 C씨는 "기계(분류기)가 이상해서 재검표 한 것으로 알고 있다"라고 했다. 이날 미래통합당측 또 다른 참관인 D씨도 A씨와 유사한 주장을 했다. 그는 "관내 사전선거와 관외 사전선거 투표지를 읍·면 단위로 개표했는데 1번 후보의 득표함에 2번 표가 쌓이는 장면을 여러 차례 목격했다"라며 "게다가 2번 후보는 유독 재확인용(미분류)으로 처리되는 경우가 많았다"라고 증언했다. D씨는 "그때마다 항의해서 분류기를 재가동해 2번 후보의 표를 읍·면 단위별로 많게는 30~60장씩 되찾아 왔다"라며 "이런 현상은 사전투표지를 개표할 때 자주 발생했다"라고 했다. 그는 "개표기가 워낙 빨리 작동해 유심히 관찰하지 않으면 개표가 어떻게 진행되는지조차 알기 어렵다"라고도 했다. 부여=김방현 기자 kim.banghyun@joongang.co.kr [출처: 중앙일보] [단독] "부여개표소 분류기 이상했다" 선관위 "기계 이상 없다" 중앙일보 종이신문에는 나오지 않는다. 네이버 기사도 사라졌다.

민경욱 전 의원의 인천 연수을 지역구 선거무효 소송에서, 오랜 투쟁 끝에 대법원(재판장 대법관 천대엽)의 재검표기일이 2021년 6월 28일자 등이 지정되어 재검표결과를 지켜보고 판단해도 늦지 않는데,

(20) 이준석 대표가 "부정선거를 주장하는 자는 야만인이며, 4·15 부정선거 재검표를 주장했다면, 보수야당은 한 방에 갔을 것이다."라는 발언을 한 원인과 이유는 무엇인지 도무지 이해가 되지 않는다.

이는 의도된 발언으로서, 부정선거와 중앙선관위의 일괄위탁 여론조사에 대한 자신의 당대표 부정경선 의혹을 잠재우기 위한 것으로 필자는 보고 있다.

나. 이준석 당대표 당선에 관한 중앙선관위의 국민여론조사 부정의혹

아울러 중진도 하기 어려운 당대표 선거에서 정치경험이 없고 리더십을 보여준 적도 없는 젊은 이준석이 국민의힘 당대표에 당선된 사실에 대한 의혹을 필자가 제기한 이유는 앞에서 언급한 56개 항의 이유(제2장 나. 이준석 당대표 당선에 관한 강한 의구심 (1)항 ~ (56)항)와

중앙선관위의 역선택 방지 등 근거가 없고 검증 불가능한 조작된 국민여론조사에 관한 다음 10개 항[(21)항 ~ (30)항] 추가 이유 총 66개가 있다.

(21) 2021년 6월 11일 국민의힘당 전당대회 시 당대표 선거에 대해, 형식적으로는 당선관위 조직이 있으나 당원 및 국민여론조사를 중앙선관위에 일괄 위탁함으로써 이준석 대표 후보와 같은 목적(야당이 스스로 부정선거 없었다는 주장을 해주는 관계)이 있는 중앙선관위에 의한 모바일 투표, ARS 투표, 일반여론조사 결과의 검증 불가, 여론조사기관 신뢰도 문제와 역선택을 허용하였다.[32]

---

32 이영작 박사가 '역선택'에 관하여 8월 22일 국민의힘당에 고언을 하였다. "국민의힘당 지도부는 민주당 지지자들이 국민의 힘 대선주자 선택에 참여하는 기회를 열어주겠다는 주장을 하고 당의 일부 예비후보들은 이를 지지하는 모양이다. 경선이 무엇을 하는 것인지조차 모르는 것 같다. 우파 유권자들이 가장 지지를 하는 정치지도자가 국민의 힘 후보가 될 것이고 더불어민주당 후보는 좌파 유권자들이 결정하는 것이 원칙이다. 미국에서는 후보의 역선택이 있을 수 없다. 민주당과 공화당이 같은 날 primary 투표를 하므로 자신이 지지하는 정당 primary에 참여를 함으로써 역선택의 여지가 없다. (… 중략 …) 그러나 한국은 경선이 모두 다르기 때문에 역선택을 할 수 있고 이는 후진적인 정치형태다. 우파 유권자의 뜻을 가장 잘 대표하는 후보가 국민의힘 후보가 되고 좌파 유권자들의 뜻을 가장 잘 대표하는 후보가 더불어민주당 후보가 되는 것이 정치의 원칙이다. (… 중략 …) 더욱이 국민의힘 후보는 우파 정강정책을 대표하고 더불어민주당 후보는 좌파 정강정책을 대표하고 정강정책의 대결을 벌리는 것이 선거라는 것을 알아야한다. 역선택을 조장하는 경선은 있을 수 없다. 역선택을 허용하여 더불어민주당과 중도와 국민의힘의 지지를 가장 많이 받는 후보를 대통령 후보로 하자는 주장은 황당무계하고 괴상하고 어불성설이다. (… 중략 …) 국민의힘당 지도부와 이준석 대표와 일부 예비후보들이 국민의힘 지지자들의 지지뿐 아니라 민주당의 지지를 가장 많이 받는 국민의 힘 후보가 되어야 한다는 주장을 한다는 언론보도가 있다. 사실이라면 정치의 근본도 모르고 민주주의적 선거의 원리도 이해 못한다는 것을 인정하는 것이다. 아니면 가장 유력한 우파후보를 낙마하게 하려는 일부 국민의힘 지도부의 얄팍한 음모라고 보아야 할 것이다. 필자는 선거조작을 위해 역선택이 가능하기도 하지만 지지정당의 후보가 적

1) 국민여론조사 대상 모집단을 객관적으로 선정했을까? - 역선택 문제

(22) 국민의힘당 선관위에서는 2021년 5월 26일부터 27일 사이의 여론조사 결과를 28일에 발표했는데, 당 대표 후보 컷오프에서 통과한 후보 다섯 명만 발표해야 하나, 실제는 조작된 것으로 보이는 지지도까지 발표하였다.

(23) 이번 전당대회 선거는 당원에 대한 모바일 투표, 당원에 대한 ARS투표 뿐만 아니라 국민여론조사를 중앙선관위에 위탁한 소위 K- voting은 문제점이 큰 것으로 알려져 있다. 검증절차 문제를 제기한 도태우 변호사의 '모바일투표 관련 로그기록 및 집계현황 등 제출에 관한 가처분신청' 확인결과,

위탁받은 중앙선관위는 ARS조사나 국민여론조사를 직접 이행하지 않고, 중앙선관위가 다시 여론조사기관을 지정(도급)하여 실시한 사실이 확인되었다.[33] 여당 지지자들이 많은 모집단을 선정한 경우 이준석 후보를 역선택하거나 여론 지지율을 의도적으로 조작함으로써 당심을 크게 왜곡할 가능성이 농후하기 때문이다.

절하지 않거나 중도층일 경우까지 역선택으로 볼 것인가에 대해 의문이 있다고 할 수 있다.

33 갑, 을 계약관계이므로 "ooo을 유리하게 하라."하면 하도급받은 여론조사기관은 그렇게 할 수밖에 없을 것이다. 이런 사유로 여론조사기관이 중앙선관위로부터 제재를 받은 사실이 드러났다.

(24) 그 증거로 당원에 대한 모바일 투표율과 ARS 투표율이 오차범위 밖의 극심한 차이를 보이는 점도 눈여겨볼 필요가 있다. 여론조사라면 오차범위 내에 있어야만 신뢰할 수 있기 때문이다. 즉, 모집단이 국민의힘 당원이라는 동일한 모집단이므로 통상적으로 ±3% 내외이다.

그러나 나경원 후보는 모바일과 ARS가 -7.82%의 차이가, 이준석 후보는 +10.92%가 차이가 나는 것은 통계상 도저히 믿을 수 없는 결과이다. 이를 검증하려고 해도 불가능하도록 중앙선관위의 결과만 통보받고 여론조사 내용과 진실을 사후검증할 수 없도록 노예계약을 하였다.[34] (도태우 변호사의 방송 대담과 제2·3차 합동토론회 황교안 후보 발언)

(25) 전당대회일인 6월 11일 당원 득표율에서 나경원 후보 40.9%, 이준석 후보 37.4%로 나경원 후보가 3.53% 승리했음에도 불구하고, 2일 전 6월 9일까지 국민여론조사와 당원여론조사에서도 이준석 후보의 지지율이 나경원 후보의 3배이고, 이준석 후보의 지지율이 나경원 후보를 포함해 4인의 지지율의 합계보다 더 많다고 모든 언론들이 여론을 조작하여 국민들을 속였다.

---

34 도태우 변호사가 국민의힘당과 중앙선관위에 대한 가처분소송 과정에서 얻어낸 결과이다.

⑵⑹ 여론조사업체와 전 언론과 전 방송과 전 종편에서 특히 당 대표 후보 컷오프 후인 5월 28일부터 여론조사업체가 발표하면 언론에서는 받아쓰고, 방송사에서는 시간마다 계속되는 이준석 열풍으로, 정치의 새로운 바람으로, 젊은 층의 정치참여로, 기획적으로 여론을 조작하였다. 즉, 이준석 후보의 당선에 대해 의심하지 못하게 거짓 발표한 것이다.[35]

⑵⑺ 특히, 국민의힘당에서 국민여론조사 위탁관리를 맡은 중앙선관위가 자신들의 부정선거 의혹을 덮거나 위기를 넘기기 위해서는 "부정선거 결코 없었다."라는 이준석 대표 후보의 당선에 협조했을 것임을 추론할 수 있다.

반대로 "4·15부정선거 문제를 특검으로 밝히겠다."라는 황교안 후보, 안상수 후보를 경선에서 탈락시켰을 것이다. 수십 년 동안 여론조사의 노하우가 있는 중앙선관위에서 특정인을 당선·탈락시키는 것은 식은 죽 먹기이다.

⑵⑻ 6월 11일 전당대회 때 최고위원 후보로 출마한 도태우 변호사가 중앙선관위 및 국민의힘당 선관위에 국민여론조사결과 등에 관하여 검증할 수 있는 자료를 요구했으나 거부하고 가처분신청(소

---

35 [출처] 뉴스타운(http://www.newstown.co.kr)

송)을 제기했음에도 서로 미루며 자료제출을 거부하고 있다. 아울러 최근 부정경선 문제를 제기한 황교안 후보의 경선 검증자료 요구에도 국민의힘당(선관위)은 공직선거법에 위배된다며 마찬가지로 거부하고 있다.[36] 법치와 공정선거, 정당정치는 사망하였다.

(29) 이준석 대표는 정상 정치인들과의 교류가 있는 것이 아니라 유승민, 김무성, 하태경, 김종인, 지상욱(현 여의도 연구원장) 등 전·현직 노회한 정치인들과 교류를 해왔고, 이들은 이준석 대표를 에워싸고 있으며, 이준석 대표 등은 4·15 총선에서 부정선거가 없었다고 주장한다. 이들은 당을 현실적으로 장악하고 당 선관위와 중앙선관위 함께 이준석 대표의 당선을 도왔다.

선거에 있어서 자기편을 지지하는 것은 어찌 보면 당연한 일이지만, 공정선거에 관한 원칙과 기본룰은 지켜져야 한다. 이 점에 관해서는 중앙선관위가 자행한 4·15 부정선거에 관한 각 선거구 후보들의 소송과 재검표 검증결과 등을 더 지켜보면 명확히 드러날 것이다.

(30) 황교안 후보는 2차 방송토론에서 "당대표와 최고위원 선출을 중앙선관위에 일괄 위탁하였다는 놀라운 사실이 있다. 부정선거

---

36 거짓이다. 오히려 경선검증자료는 최소 선거 후 6개월간 보존해야 한다.

주범인 중앙선관위에 우리당의 경선을 맡기는 것은 도둑에게 집 열쇠를 맡기는 것과 마찬가지이다."라고 강조하였는바,

이에 힘입어 도태우 변호사 등 책임당원 1,800여 명은 9월 30일 당을 상대로 '경선위탁관리중지 가처분소송'을 하였다. 부정선거를 밝히려는 도태우 변호사의 뜨거운 가슴과 예리한 눈, 당원들의 애국심은 남달라 보인다.

2) 법에 어긋난 QR코드 투표용지 사용에 집착하는 중앙선관위

중앙선관위는 공직선거법 제151조 제6항의 규정에도 불구하고 현실적으로 QR코드 투표용지를 사용해 왔고 문제를 제기하자, 아무런 잘못이 없다고 발뺌한다. 2017년 3월 10일 대선에 사전투표 용지에 QR코드를 사용하였는데, 이와 관련한 소송이 제기(대법원 2017수61)되어 있다. 상식적인 국가기관이라면, 더욱이 자신들이 법규정을 잘못 적용하여 소송을 당하고 있는 경우라면 법규에 맞도록 시정하는 조치를 취할 것인데 중앙선관위는 사실과 법리에 어긋난 괴이한 주장을 하며 QR코드 사용에 대해 아래 세 가지 이유를 들어 정당한 것처럼 주장하고 있다.[37]

---

37 김형철, 앞의 책, 77쪽, 83쪽 참조

첫째 이유로 QR코드는 제2차원 바코드이고 2차원 바코드의 동의어는 2차원 막대부호이므로 QR코드는 법에 규정된 바코드라 주장한다. 그런데 문제는 2차원 바코드는 암호화가 가능하다는 것이다. 즉 QR코드에 투표자의 주민등록번호를 암호화하고 전용스캐너가 있으면 모든 투표지는 어느 누가 투표했는지를 알 수 있다는 것이다. 명백히 헌법상 비밀투표의 원칙을 위반하고 있는 것이다.

둘째 이유는 사전투표용지의 폭이 10㎝로 좁아서 바코드 대신 QR코드를 사용한다고 주장한다. 그럴싸한 거짓말이다. 사전투표지 용지의 폭은 10㎝이므로 바코드가 용지에 충분히 들어갈 수 있다. 문제는 4·15 총선에 사용된 사전투표용지는 QR코드에 31자리 숫자를 담고 있다는 점이다.

셋째 이유는 QR코드는 복원력이 있어서 어느 정도 훼손되어도 정보 확인이 가능하다. 중앙선관위가 복원력을 최하위인 L로 설정한 이유는 31자리 숫자 이외의 정보를 더 담아야 하기 때문으로 풀이된다.

QR코드 사용은 「공직선거법」을 위반한 것이다. 특히 선거인 정보와 QR코드 사용과 관련하여 가장 우려되는 사안은 QR코드로 인하여 투표자의 투표성향이 유출될 수 있다는 점이다.
사전투표용지의 QR코드에는 일련번호, 선거명, 선거구명, 관할

선관위명만 들어가고 선거인의 개인정보는 어떠한 내용도 들어 있지 않다고 중앙선관위는 주장한다. 그러나 이런 주장은 다음과 같이 거짓임이 입증된다.

QR코드 등의 대표적인 기업은 일본의 덴소 웨이브사이고 총선에 사용된 코드 역시 덴소 웨이브사의 제품이었다. QR코드에는 일반정보와 암호정보를 저장하는 SQRC(Secrete-function equipped QR Code, 암호화 QR코드)가 있다.

따라서 SQRC인 경우 투표자의 주민등록번호 13자리 숫자를 암호화하여 넣을 수 있다. 이렇게 숨겨 넣은 투표자의 주민등록번호를 인식하기 위해서는 주민등록번호를 암호화할 때 사용한 키(key)값을 전용스캐너 프로그램에 입력해야 한다.

2020년 12월 24일 김상환 대법관 입회하에 검증기일이 열렸다. 이 자리에서 중앙선관위는 사전투표를 한 선거인의 정보를 서버에 보관하고 있다고 밝혔다. 따라서 중앙선관위는 누가, 언제, 어디서, 사전투표를 했는지에 관한 정보데이터를 보관하고 있다는 것이다.[38]

2020년 4월 15일 총선투표가 끝난 후 모든 투표지는 전자개표기

---

38 김형철, 앞의 책, 81쪽 참조

를 거쳐 개표되었다. 이때, 전자개표기를 지나가는 투표지는 고속 스캐너에 의해 이미지 파일로 만들어진다. 이렇게 만들어진 이미지 파일은 노트북에 저장되고 개표가 끝난 후 이미지 파일의 사본을 USB에 담아서 각 선관위가 보관하고 있다고 한다.

그렇다면 의문이 생긴다. 중앙선관위는 왜 이 자료가 필요할까? 아래에서 설명하는 바와 같이 선거결과를 좌지우지할 수 있는 여건조성과 그들이 원하는 것을 얻기 위하여 이 자료는 반드시 필요하다.[39] 중앙선관위는 여론조사심의위원회를 두고 선거여론조사 업무를 관장한다.

여론조사가 이루어지는 과정을 살펴보면, 2,000명 이상 대상의 여론조사를 위해서 통신사로부터 30배에 달하는 6만 명의 데이터베이스(모집단)를 공급받게 되는데 여론조사기관에 제공되는 데이터베이스에 오염되지 않았다고 누가 확신할 수 있을까?[40]

이와 같은 맥락에서 2021년 6월 11일에 열린 국민의힘 전당대회 때 이준석 후보의 당대표 당선이 중앙선관위의 도움에 의한 것이 아닌가 하는 의문을 갖는 국민들이 많은 것이다.[41]

---

39   김형철, 앞의 책, 86쪽 참조
40   김형철, 위의 책, 87쪽 참조
41   김형철, 위의 책, 88쪽 참조

3) 부정선거 의혹을 방해, 묵인하는 것은 여당과 결탁되었거나 보수야당, 수권정당으로서의 역할과 기능을 상실한 것

이준석 대표의 언행 등 의심스러운 점과 여야를 넘나드는 행보, 노회한 회색정치인의 행동과 가치관, 선관위의 불공정한 선거관리, 대법원의 재판 뭉개기 행태를 보면, 충분히 부정선거로 의심받을 객관적 요소가 많다.

한편 당원투표에서 승리한 2위 나경원 후보는 왜 침묵하고 있을까? 당에 분란을 일으키는 것이 걱정되어서 그런가? 이런 점에서 국민의힘당은 투쟁력과 선명성 정통성이 없어 보수야당, 수권정당이라고도 할 수 없다.

4) 국민의힘당 지도부의 부정선거소송 방해 행위

(31) 여당은 조용한데 오히려 이를 밝혀야 할 국민의힘당 이준석 대표나 하태경 후보, 김종인 전 위원장의 부정선거는 없었다는 억압에 눌려 부정선거 의혹을 제기한 민경욱 전 의원과 김소연 변호사에 대한 출당주장과 당협위원장 직위를 박탈한 조치, 나아가 낙선한 자당 후보들에게 소송을 제기하지 말라는 선거소송방해 행위는 도저히 이해할 수 없으며 황당하기까지 하다.

(32) 국민의힘당은 선거에 낙선한 자당 후보나 국민이 부정선거 혐의 있다며 증거, 통계자료 등을 첨부하여 소송과 고소·고발을 하면, 당연히 법률지원단을 만들어 자당 후보들을 돕는 등 적극 대처해야만 했다.

그러나 김종인 전 비대위원장이나 이준석 대표, 하태경, 한기호 등 국민의힘당 의원들은 부정선거는 없었다는 억지주장을 하며 오히려 재판 중인 선거소송을 방해하거나 여당이나 중앙선관위에 동조하고 있는 것이다.

(33) 국민의힘당 이준석 대표, 하태경, 김종인 전 비대위원장, 그리고 조갑제, 정규재 등 일부 언론인들과 카이스트 이병태 교수의 증거나 논리가 없는 부정선거 없었다는 주장은 거짓이었음이 사실관계 및 법리, 재검표검증에서 밝혀졌다.

(34) 이와같이 말도 안되는 태도는 정치에 관심이 없거나 남의 말을 잘 믿는 국민들은 속일 수 있어도 웬만한 통계지식과 확률을 아는 국민들에게 먹혀들 리 없다. 이준석 대표 등 당 집행부는 자유민주주의의 신성한 주권행사에 대한 부정선거 의혹검증을 포기하라고 강요한다.

(35) 낙선한 후보들과 애국시민들은 증거와 물증(통계분석, 도표,

영상물, 사진 등)을 가지고 소송, 고소·고발을 하였음에도 이준석 대표는 하태경, 김종인, 조갑제, 정규재 등과 함께 "부정선거는 없었다, 선관위 공무원은 정치적 중립을 지켜야 하는데 그걸 문제 삼으면 바로 그것이 음모론이다."라며 역공을 하고,

(36) 한성천 중앙선관위 전 노조위원장의 "과거에도 부정선거가 있었고, 4·15 총선에서는 대대적인 부정선거가 있었다."라는 놀라운 내부폭로가 있었음에도 여전히 부정선거는 없었으니, 국민들은 국민의힘당(집행부)을 믿으라고 강요하고 있다. 진실과 정의를 가치로 하는 보수야당이 할 말인가?

다. 이준석 대표의 정체는 무엇일까?

이러한 위기시국에서 국민들은 절대 방심해서는 안 된다. 문재인 정권은 초헌법적인 탄핵과 부정선거로 정권을 획득했고 이준석 제1야당 대표의 행보는 문재인 정권과 궤를 같이 하고 있기 때문이다. 이제 그의 정체를 밝혀내야 할 중차대한 시점이다.

작금의 그의 행보를 종합하면, 여론조작 및 '**역선택**'으로 인한 당대표 당선의혹과 "박근혜 전 대통령에 대한 탄핵은 옳았다" 총선에서 떨어진 직후 바로 "부정선거 절대 없었다", "아군인 우파 유튜버들은 극우이며 시청자는 2%밖에 안 된다. 자신 때문에 20,

30대 청년들이 국민의힘당을 지지한다", 국민의당 안철수 대표와의 합당결렬, 윤석열 안철수 최재형 등을 낙마시키려거나 이용하려는 분열 행동, 권익위의 부동산투기 의혹에 대한 수상한 대처로 윤희숙 의원 잃음,

김어준 진중권 이정희 김종인 등 좌파인사들과의 밀접한 관계, 좌파 면접관 선정으로 대선 후보들을 면박한 사례, 이준석 대표가 사퇴위기에 몰렸을 때 여당이 돕는 이상한 행태, 여당을 공격하지 않은 수상한 태도, 언론의 조직적인 이준석 띄우기, "이런 상황이면 국민의힘당 후보는 5% 차이로 대선에 진다, "탄핵당한 박근혜 전 대통령은 대장동개발 폭리특혜사건의 이재명 후보와 단 1원도 안 받았더라도 죄는 같다"는 언행,

선관위의 부정선거를 밝히려는 황교안 후보에 대한 2번의 비밀권고장, 그를 '악성종양'이라 일컫고 "(부정선거론자들을) 당 언저리에 발을 못 붙이게 하겠다"는 발언, 부정선거론을 펼친 황교안 안상수 후보들의 탈락의혹, 3번이나 국회의원에 낙선과 상관없는 듯한 이준석 대표의 재산형성 의혹, 국민의힘당 최종 후보가 결정되지 않았을 때나 이후 윤석열 후보가 당선되었는데도 계속 김종인 전 비대위원장을 총괄선대위원장으로 모셔야 한다는 발언,

이재명 여당후보를 전혀 공격하지 않고 윤석열 후보의 표를 떨어

트리는 언행 등이 심히 의심되는바, 야권을 분열시켜 정권교체의 가능성이 없게 만들고 있는 형국이다.

필자의 판단으로는 이준석 대표는 유승민 후보를 지원하다가 그의 지지율이 배신과 거짓 탄핵으로 반등하지 못해 결국 눈치를 보며 유력 후보(윤석열 후보)를 돕는 척했으나 사실은 여당이나 이재명 후보를 위해 윤석열 후보를 디스하거나 자신을 돋보이기 위해 행동하는 것이다.

결국 이준석 대표는 대표직을 계속 유지하려고 온갖 거짓말로 책임회피를 할 것이다. 그러나 그간의 해당행위나 불법행위가 계속 드러나 자신의 힘만으로는 당대표 유지가 어려워 여당의 송영길 대표 등과 연합하거나 김종인 전 위원장에게 도움과 지원을 요청할 것이다. 막바지엔 유승민, 하태경, 홍준표 (후보)들의 지원도 요구할 것이다.

다행스럽게 많은 국민은 이미 이준석의 정체를 알아버렸다. 스스로 사퇴하고 백의종군해야 한다.

라. 4·15 총선의 재검표검증에서의 부정선거 사례와 증거

1) 대법원, 선관위의 위법행위와 국민의 재판받을 권리 묵살행위

중앙선관위나 여당의 부정선거 의혹이 없다면, 대법원은 과거처럼 공직선거법이 정한 바대로 재검표, 포렌식 조사, QR코드 조사 등을 통해 소송제기일로부터 6개월 이내에 소송절차를 통해 밝히면 된다. 아니 밝혀야만 한다. 이런 소송절차나 법을 따르는 것이 법치이며, 자유민주주의 기본질서이다.

(37) 대법원과 선관위는 공모하여 국민주권주의에 관한 헌법과 법률규정을 위반하고 있다. 이에 대하여 기독자유통일당(현재의 국민혁명당)은 대법원판사 14인 전원을 직무유기 혐의로 검찰에 고발하였다.

(38) 문재인 정부 하에서는 법치가 실종됐다. 우리법연구회 출신 좌파 김명수 대법원장이 「공직선거법」 제225조가 정한 180일 이내에 선고해야 할 국민의 재판받을 권리를 뭉개는 이유와 그 의도는 무엇일까?

2) 인천시 연수을 선거무효 소송의 2021년 6월 28일 재검표 검증

◇ 대법관 천대엽의 불공정한 재판진행과 선관위의 부정선거 개요

다음은 민경욱 전 의원이 제기한 인천시 연수을 선거구의 부정선거(선거무효소송) 의혹에 관한 6월 28일 자 재검표 과정에서 새로이 발견된 부정선거 사례이다.

대법원은 공직선거법에서 규정한 6개월 이내에 선고를 마쳐야 함에도 1년 3개월 동안 뭉개버리고(부정 투표지를 교체할 시간을 번 것으로 추정할 수도 있다), 재검표 검증을 할 때 원고에게 지연 사유에 대해 한마디도 하지 않고

(39) 민경욱 전 의원의 선거무효 소송의 주심 대법관 천대엽은 전자투표기, 전자개표기, 웹서버, 개표기 프로그램 등 10여 개의 증거보존 신청을 이유 없이 기각하였다.

(40) 헌법 제9조 및 공직선거법 제182조(개표관람)[42]의 취지에 따라 선거재판 및 재검표 검증은 공개재판을 해야 했음에도 불구하

---

42 공직선거법 제182조(개표관람) ①누구든지 구·시·군선거관리위원회가 발행하는 관람증을 받아 구획된 장소에서 개표상황을 관람할 수 있다. ②제1항의 관람증의 매수는 개표장소를 참작하여 적당한 수로 하되, 후보자별로 균등하게 배부되도록 하여야 한다.

고 "CCTV나 동영상, 사진 촬영은 안 된다"는 결정, 100표 단위
의 표본조사만 하자. QR코드 검증만 하자[43]"는 인천시 연수구 선
관위(위원장은 인천지방법원 부장판사)의 반복되는 주장을 대변
하는 듯한 재판 태도를 봤을 때 대법관 천대엽의 태도는 선관위의
부정선거 의혹을 벗어나기 위한 형식적 절차가 아닌가 하는 불길
한 생각이 들었다.

(41) 대법관 천대엽은 지금 강력히 부정선거 의혹을 제기한 민경
욱 전 의원과 많은 국민, 전광훈 목사의 국민혁명당 등 야당 눈치
를 보고 있으며, QR코드와 일부 투표지에 대해 부정선거증거 검
증을 아직도 뭉개고 있다.
선거무효 소송을 제기한 민경욱 전 의원과 소송대리인 문수정 변
호사, 재검표현장에 참석한 구주와 변호사 등과 40년 경력 인쇄
업자의 발표에 따르면,
(42) 현재 선거소송이 제기되어 있으므로 2021년 6월 28일 자 재검
표 과정에서 당초 투표지에 대한 디지털 원본이미지 파일이 없다
는 피고 인천 연수구을 선관위의 주장은 도저히 믿을 수 없는 일이
다.[44] 즉, 선관위가 부정선거를 자행했기에 디지털 원본이미지 파
일을 파기하고(숨기거나) 제출하지 않은 것으로 해석되는 것이다.

---

43 대법원과 선관위는 실제 QR코드 검증도 이행하지 않았다.

44 재검표기일에 원고 대리인이 이미지원본 파일을 제출할 수 있는지를 묻자 피고는 이미지
원본파일은 삭제하여 없다고 진술했다.

피고 선관위가 선거 시 불공정·위법행위를 한 증거를 파기하면 패소할 뿐만 아니라, 증거인멸죄에 관한 형법을 적용받을 수 있으므로 이를 파기하였다는 것은 상식에 반한다. 그런데 그렇게까지 해서라도 부정선거 증거를 인멸한 것이다.

(43) 현재 대법원이 피고 선관위로부터 제출받은 이미지 파일사본은 재검표대상 투표지(부정투표수 만큼을 새로 인쇄한 투표지로 바꿔놓은 것으로 보여진다)를 스캔하여 맞춰 놓을 수 있으므로 일치할 것으로 보인다.

◇ 투표지를 스캔한 원본이미지 파일과 선관위가 대법원에 제출한 사본이미지 파일을 대조하고, 그런 다음 재검표 투표지를 대조·확인해야

현행의 사전선거 투표지는 사전투표자에게 잉크젯 프린터(엡슨 롤 프린터, 사진 6-5)로 출력하여 1장씩 교부한다. 따라서 프린터로 교부된 투표지와 외부 평판인쇄 투표지는 재질(한국 모조지와 중국 모조지의 차이), 규격, 글씨체, 잉크(지용성, 수용성), 망점의 규칙성 여부, 접착제(본드) 여부, 선관위도장 인영, 색깔 등이 서로 엄격히 달라 과학적, 실체적으로 검증할 수 있다.

따라서 이번 민경욱 전 의원의 재검표 과정에서 사전선거 투표지 중 인쇄된 투표지 여부를 확인하는 것이 가장 중요한바, 인쇄 후

투표지함에 넣은 것이 확실하다는 부정선거 의혹 사례들이다.

(44) △재검표 시 현장에 참석한 40년 이상 경력의 인쇄업자는, 사전투표지는 모두 인쇄된 투표지라 하였다. △그는 인쇄된 것과 프린터에서 출력된 사전투표지는 엄연히 차이가 나 인천 연수을의 투표지는 인쇄된 투표지임을 금방 한눈에 알았다고 하였다. (2021년 7월 23일자 〈이봉규 TV〉에서 발표)

즉 △프린터출력은 모조지에 잉크를 뿌리는 것이고, 인쇄는 인쇄기로 잉크를 묻히는 것이며 △재단 시 접착제(본드)가 묻어 있어 투표지가 위 아래 중간 옆 등이 붙어 있는 자석식 투표지(사진 5-1, 5-2), 붙어 있지 않더라도 성분검사로 접착제가 묻어 있는 것은 모두 새로 인쇄한 부정 사전투표지이다.

(45) 또한 △인쇄과정에서 발생한 것으로 보이는 파란색(일명 배춧잎 투표지)의 인천 연수을 지역구 선거를 비례대표 국회의원 선거라고 잘못 표시된 투표지(사진 6-1) △100장 묶음이 적게 묶인 것 (이는 부정투표지를 빼고, 대신 새로 만든 인쇄 투표지로 교체한 것으로 보여진다),

(46) △빳빳한 투표지("관외 사전투표지의 90% 이상이며, 당일 투표지에서도 빳빳한 투표지가 상당히 많았다"라고 민경욱 선거소

송을 참관한 구주와 문수정 유승수 변호사가 〈너알아TV〉'부정선거 결과?! 국민혁명당이 밝혔다'에서 공표했다), △일부 QR코드 일련번호 불일치 사례 등이다.

(47) △또한 선관위 도장의 글씨가 없는 일장기 모양의 빨간 원의 선관위란에 날인된 1,000여장 투표지(사진 4-1), (48) △재검표 시 발표된 민경욱 후보의 득표수가 300표가 더 늘어나 애초부터 틀린 사실,

(49) 그러나 대법원은 대부분 유효 처리하고 극히 일부만 279표만을 무효라고 언론에 흘려 "더불어민주당의 정일영 후보의 당선에 영향 없다"라고 발표하면서(중앙일보), 대법원과 선관위의 구색 맞추기, 부정선거 의혹을 잠재우기를 시도하였다.

◇ 변조된 통합선거인 명부 제출

원고 민경욱 전 의원은 인천시 연수을의 선거무효 소송에서, 선거의 가장 기본이 되는 선거구의 선거인 총수와 투표자 수 등 투표 현황을 대조 확인하기 위해, 피고 인천시 연수을 선관위에 통합선거인 명부를 제출하라고 대법원을 통하여 요청하였다.

(50) 그런데, 피고 선관위는 통합선거인 명부 원본을 제출하지 않

고 변조된 명부를 법원에 제출하였는데 선관위가 얼마나 두려우면 변조된 통합선거인 명부를 증거로 제출하는지 도대체 이해할수가 없다.

(51) 그런데 제출된 통합선거인 명부에는 허위의 134세 2명, 100세 이상 130명이 발견되었다.(사진 13)

◇ 부정선거를 은폐하려는 대법관 조재연의 재검표 검증조서

(52) 그 후 대법관 조재연이 작성한 6월 28일 인천 연수을 재검표 검증조서에는 편파적이고 선관위의 불법행위가 빠진 상태의 부실한 검증조서가 작성되어 있다. 그 주요 내용을 요약하면 다음과 같다.

△원고는 불리하고 피고는 유리하게 편파적 부정직하게 작성되어 있음.

△선관위의 원본이미지파일 삭제하여 없고, 제출된 이미지파일은 사본이라는 사실에 대해, 기술하지 않고 USB로만 칭함.

(53) △원고 측은 통합선거인 명부를 제출하라고 대법원을 통하여 요청한 내용기재 누락.

(54) △대량인쇄 투표지라는 원고 측 주장에 대해 아무런 내용기재가 없음. 인쇄된 투표지에 관한 증거 내용들을 빼버림. △QR코드의 일열 번호만 확인하고 나머지 가장 중요한 디지털검증 제외 사실에 대해서는 언급이 없음.

(55) △중요한 투표지 인쇄증거물이 위와 같이 대량임에도 이를 증거로 보존하지 않고 이를 거꾸로 피고 선관위에 반납하도록 조치, 이는 이제 증거를 맞춰라, 또는 조작해도 된다는 취지이다.

(56) △투표록에 가짜투표자가 2건이 나왔는데도 이후 조치가 없는 것 등이다.

3) 경남 양산을 선거무효 소송의 2021년 8월 23일 재검표 검증

◇ 대법관 조재연의 불공정한 재판진행과 해당 선관위의 부정선거 개요

(57) 지난 2020년 4월 15일 총선에서, 6번의 여론조사는 미래통합당의 나동연 후보가 모두 더불어민주당 김두관 후보보다 우세하였고, 당일투표에서는 나동연 후보가 약 10,000표 차 이상이 더 많았다. 그런데 사전투표에서는 김두관 후보가 그 이상 더 많아 결국 1,523표 차이로 당선된 경남 양산을 선거구 선거무효 소송에서의 2021년 8월 23일 자 재검표가 울산지방법원 대회의실

에서 실시됐다.

재검표 과정에서는 부정선거 사례와 부정선거증거물 확인에 경험
이 많은 민경욱 전 의원이 참관하였고, 4·15 총선에서 총체적인 부
정선거가 있었다는 황교안 후보, 부정선거 의혹을 제기하며 증거
보전에 참여한 김소연 변호사, 부정선거를 주장하는 원고 나동연
후보의 변호인단 대표변호사 강용석[45] 등이 출석했다. 현성삼 변호
사, 유튜버 가세연 김세의 대표 및 도태우 변호사, 경험이 많은 프
린트 전문업체 대표 등이 참관한 가운데 재검표가 진행되었다.

(58) 재검표 결과를 아직 대법원이 정식 발표하지는 않았으나, 참
관한 민경욱 전 의원과 김소연, 강용석 등 변호인단, 및 공병우 이
봉규, 조슈아 등 유튜버, 김성진 부산대 교수 등에 의해 인천시 연
수을과 비슷한 패턴의 비정상 투표지가 대량 발견된 사례가 또 발
견되었다.

(59) △사전투표 보관함이 CCTV가 없는 체육관(헬스클럽)에 보관
된 사실, △관외 사전투표지가 부산 연제우체국에서 부산 금정우
체국까지 5분 만에, 대전우체국에서 금정우체국까지 우편 발송
접수에 4분이 소요되었다고 기재된 사실 등(사진 14),

---

45   강용석 변호사는 재판시간에 다소 늦게 도착하여 원고 및 참관인의 사진촬영 신청 등 변론
     도 없이 이 사건 재검표 재판이 시작되었다. 또한 참관인의 명단이 갑자기 교체됐다. 뭔가
     재판진행의 불공정성이 느껴진다.

(60) △전국적으로 동일한 원형의 정식 기표 도장이 아닌 위조된 타원형 손가락형, 한쪽이 더 뾰족한 모양, 길쭉한 모양 등 45개 종류의 기표 도장이 찍힌 투표지[46]가 3,000여 장 발견된 사실(사진 9-1),

(61) △프린트업자가 재판부의 허가를 받아 실제 무게 확인한 결과 투표용지는 정식 무게($100g/㎡$ 모조지(100장이면 $154g$ 정도)가 아닌 비규격 $150g/㎡$ 정도(100장이면 중량이 $264g$) 투표지(중국제작 추정, 사진 8-1, 8-2), △따라서 투표지가 전자개표기를 지날 때 많은 오작동이 발생한 사실(사진 8-3),

(62) △앱슨롤 프린트에서 출력된 것이 아닌 대량 인쇄, 절단한 것으로 보이는 투표지 즉, 덜 잘려 붙어 있거나 접착제로 붙어 있는 투표지(사진 5-1, 5-2),

(63) △옆구리 붙임이 남아 있는 '이바리'투표지,

(64) △좌우여백 규격이 큰 차이가 난 투표지(사진 6-4),

(65) △바코드, 선, 글자가 빨간색으로 인쇄된 투표지(사진 7-1),

---

46 45명의 많은 사람이 개입된 증거이다.

(66) △찢어진 투표지를 종이테이프로 붙인 투표지(사진 12-1, 12-2) 등이 대량 발견되었다고 입회한 민경욱 전 의원, 변호사 등이 중간내용을 확인해주고 있다.

(67) 그러나 주심 조재연 대법관은 위와 같은 무효표를 대부분 유효 처리하고, 19개의 투표지만 무효 처리하였다.

(68) △따라서 민경욱 전 의원은 재검표를 주관한 조재연 대법관이 재검표 현장의 증거물에 대해 사진과 동영상 촬영도 금지시켰고 문제가 제기된 19개의 투표지만 대법원에 이관하였다는 것을 이유로 그를 고발하였다.⁴⁷

◇ 조재연 대법관에게 보낸 경고문, 내용증명과 고발

(69) 이에 대하여, 4·15 부정선거국민투쟁본부 대표 박주현 변호

---

47 조재연 대법관은 사법시험 22회에 합격한 사법연수원 12기이다. 문재인 대통령과 사법시험 동기이다. 그는 법무법인 대륙아주의 대표변호사였다가 문재인 대통령에 의해 대법관(법원행정처장 겸임)에 임명되었다. 그는 인천시 연수을 선거구의 재검표 검증에 있어서 매우 편파적인 검증조서를 작성하였다. 또다시 서울 영등포을 선거구의 미래통합당 박용찬 후보와 더불어민주당의 김민석 후보와의 선거무효 소송(당일투표에서는 박용찬 후보가 6% 앞섰으나, 사전투표에서는 무려 22% 차이로 낙선하였다)에서도 주심을 맡았다. 한편 피고 선관위의 소송대리인은 법무법인 대륙아주인데, 뭔가 수상한 느낌이 든다. 4·15. 부정선거국민투쟁본부 대표 박주현 변호사는 조재연 대법관에게 역사와 진실에 위배하지 말고 양심과 법률에 따라 공정하게 밝히라고 비판했다.

사는 8월 23일 조재연 대법관에게 아래의 경고문을 보냈다.

「문재인 대통령의 사법시험 22회(사법연수원 12기) 동기이자, 문재인 정권과 김명수 사법부 하에서 법원행정처장을 한 조재연 대법관!
혹시 퇴임식을 서울구치소에서 하고 싶은 것 아니겠지요?
대법관이 정의와 양심에 반하는 행동을 하면, 대한민국 국민들에게 극심한 고통을 줄 뿐 아니라, 대한민국과 대한민국국민, 대한민국 역사에 어마어마한 죄책을 짓게 되는 것이라오. 대한민국 국민들에게 고통을 주는 것뿐만 아니라 대한민국국민과 대한민국 역사에 어마어마한 죄책을 짓게 되는 것이라오. 개표할 때 일반참가인도 사진 찍고 영상 찍게 한다우!

대한민국 국민들의 주권을 침해한 이 어마어마한 범죄에 대해서 당신이 무슨 권리로 촬영을 막고, 국민들에게 공개하는 것을 막는단 말이오!
정의와 진실에 귀를 기울이고, 판사의 객관적 양심에 따라 재검표를 진행하시오, 다음 주에 있을 영등포을 재검표 또 당신이 주심이오! 대한민국 국민들이 모두 지켜보고 있다오!
(… 중략 …)

만약 이런 엉터리 투표지에 대해서 앞으로도 계속 유효를 인정한다면, 당신은 그때부터 대법관이 아니오!
그때부터는 범죄자요!!」라고 경고문을 발송하였다.

(70) △또한 클린선거시민행동 공동대표 이상로(프리덤뉴스 유튜브 운영자이다)는 조재연 대법관에게 불법투표지를 감정물로 지정하지 않은 이유에 관하여 내용증명을 2차례 보냈다.

(71) △4·15 부정선거국민투쟁본부(국투본/상임대표 민경욱)는 2021년 8월 27일 조대연 대법관을 인천시 연수을 및 양산을의 선거구 재검표 과정에서의 직무유기 및 직권남용 혐의로 공수처에 고발하였다.

◇ 민경욱 전 의원의 모두발언

재판기일은 적어도 1개월 이내에 지정되어야 함에도 민경욱 전 의원의 1차 변론기일은 4개월이 지난 10월 28일에 겨우 지정되었다. 이점 이해가 되지 않는다.

그럼에도 불구하고 원고 민경욱 전 의원은 울분을 참으며 부정선거에 항거하는 목적과 자신의 심정, 선거재판은 대한민국의 자유와 민주주의의 가치와 법치를 지키는 대법관들의 의무라는 점을 간곡히 호소하는 모두발언을 하였다. 이를 소개한다.

「존경하는 대법관 여러분,

저는 60년 가까운 인생을 살면서 법을 한번도 어겨 본 일이 없는 사람입니다. 세금이 밀린 적도 없고, 병역의 의무도 병장 제대로 마쳤습니다. 국회의원 출마를 할 때 경찰서에서 전과 기록을 떼와야 한다고 했습니다. 그 증명서가 발급될 때까지 저는 혹시 제가 살면서 무슨 죄를 지은 건 없는지 떨리는 마음으로 기다렸습니다. 누구의 발자국도 찍히지 않은 첫눈 내린 새벽길같이 새하얀 백지를 받아들었을 때의 그 기쁨은 컸습니다. 내가 대한민국의 선량한 모범시민으로 살아왔구나 하는 자부심이었습니다.

대법관님,

그랬던 제가 재판정에 서게 될 일이 생겼습니다. 지난 3월 15일 10시에 저는 이른바 패스트트랙 사건으로 재판을 받아야 했습니다. 그날은 저의 코로나 자택격리가 끝나는 날이었습니다. 저는 재판을 받기 위해 집을 나섰고, 판사님의 명령에 따라 12시까지 차에서 대기하고 있다가 재판을 받았습니다. 그런데 보건소에서 저를 고발했습니다. 그날 자택격리는 12시까지였는데 10시 재판을 받기 위해 그보다 일찍 집을 나섰다는 이유에서였습니다. 저는 그 사건으로 이제 전과자가 될 위기에 처해있습니다. 그 결과가 어떻게 되든 저는 사법당국의 현명한 판단에 따를 것입니다.

우리나라 최고의 양심인 대법관 여러분,

저는 우리나라를 자유민주주의 국가로 만드는 수많은 법률 가운데 가장 중요한 한 가지 법조문을 찾으라고 하면 주저 없이 공직선거법 225조를 꼽겠습니다. 선거무효소송은 다른 쟁송에 우선하여 180일 안에 처리하여야 한다! 바로 이 한 가지 조항 때문에 우리는 북한 독재체제와 다른 자유민주국가에서 생활할 수 있습니다. 국가의 힘은 국민에게서 나오고 국민이 그 힘을 주는 유일한 절차는 공정하고 투명한 선거에 있습니다. 그 선거에 문제가 있다고 느낀다면 주저 말고 이의를 제기하라. 그러면 국가는 가장 똑똑하고 믿을만한 대법관들로 하여금 가장 빠른 시일 안에 처리하도록 하겠다! 이렇게 해서 우리 대한민국의 자유와 민주주의, 법치는 굳건하게 지켜질 수 있었습니다.

존경하는 대법관님,
이 중요한 법조문은 여기 앉아계시는 대법관님들에 대한 법의 명령입니다. 대한민국의 자유민주주의 체제를 지키는 가장 큰 의무를 여러분들의 어깨 위에 내린 것입니다. 조재연, 이동원, 민유숙, 천대엽 대법관 여러분이 대한민국을 지킬 수호신이십니다. 그런데 과연 여러분은 국가가 부여한 그 숭고하고 중차대한 의무에 충실하고 계십니까?
여러분의 한 마디는 곧바로 이 사회의 정의가 됩니다. 그게 바로 영어로 대법관을 JUSTICE, 정의라고 부르는 이유가 아니겠습니까? 그 정의가 정의가 되기 위해서는 적시성을 갖춰야 합니다. 제가 만일 부정선거의 피해자라고 하면 지난 1년여 시간 동안 제가 국회에 들어가서 악법을 고치고 민심을 반영한 올바른 입법활동을 할 수 있는 기회를 바로 여러분 대법관들께서 박탈한 것입니다. 여러분들께서 입고 계신 그 장엄한 법복의 무게를 느껴주시길 간절히 소망합니다. Justice delayed is justice denied. 지연된 정의는 정의가 아닙니다. 정의를 지연시킨다면 그것은 정의를 부인하는 일입니다. 곧 부정한 일이 됩니다. 대한민국을 북한 독재정권과는 다른 자유민주주의 체제로 굳건하게 지켜온 공직선거법 225조는 대한민국 정부 수립 이후 지금까지 단 한 번도 고의에 의해 위반된 적이 없습니다. 오늘은 4·15 부정선거가 치러진 지 1년 6개월 반이 되는 날입니다. 우리가 이번 소를 제기한 지 526일이 지났습니다. 법이 규정한 180일이 지났으니 명백한 실정법 위반입니다. 여기 장엄한 대법정에 권위에 넘치는 법복을 입고 앉아계시는 대법관님들은 실정법을 위반한 분들이 아니십니까?

존경하는 대법관 여러분,

혹자는 이 같은 초유의 사건을 두고, 공직선거법 225조는 처벌조항이 없는 훈시조항이라고 했습니다. 한 발 더 나아가서 권유조항이라며 법체계를 농락하고, 유린하고, 조롱하고 있습니다. 그래서 묻습니다. 대법원은 훈시조항이나 권유조항은 어겨도 되는 것입니까? 육법전서의 어느 조항이 대법원은 훈시조항은 어겨도 된다고 가르치고 있습니까? …(중략)

존경하는 대법관님,

얼마 전 파이낸스투데이가 부정선거와 관련된 여론조사를 실시했습니다. 그 결과를 보면 충격적인 내용이 많습니다. 주요 언론이 숨죽인 듯, 마치 전쟁터의 지뢰를 피하듯 부정선거 관련 보도를 회피하고 있는 속에서도

(72) 전체 국민의 1/3에 가까운 32.3%가 부정선거가 있었다고 믿는다고 답했습니다. 저에게 더 큰 충격을 준 설문은 그다음에 있었습니다.

(73) 이번 4·15 부정선거의 가장 큰 증거가 무엇이냐고 물었을 때 첫 번째는 63:36 같은 비정상적인 통계 수치였고, (74) 두 번째 증거는 바로 대법원이 현행법을 어기고 판결을 하지 않고 있는 것이라고 했습니다. 현정부가 부정선거에 관여하지 않았다면 법에 명시된 재판시한을 대법원이 어길 일이 있겠느냐? 대법원이 판결을 1년 반이나 미루고 있는 것을 보면 부정선거였던 것이 틀림없다는 생각을 국민들께서 하고 계십니다.

존경하는 대법관 여러분,

여러분 가운데 세 분께서 23시간 동안 뜬 눈으로 지켜보시고, 부장판사님들을 비롯한 대법원 직원 여러분께서 직접 한장 한장 손으로 센 (75) 지난 6월 28일

재검표에서 무려 300장의 표가 제표에 더해졌습니다. 전자개표기로 셌기 때문에 단 한 장의 오차도 없을 것이라던 중앙선관위에 비상이 걸렸습니다.

그들은 대법원이 계산을 잘못해서 나온 결과라고 주장하며 재재검표를 요구하고 있습니다. 저는 그들의 요구대로 재재검표가 이뤄지길 바랍니다. 그렇게 되면 이제 온 세계는 지켜볼 것입니다. 과연 중앙선관위와 대법원 가운데 어느 쪽이 잘못된 것인지 분명히 가려야 합니다. 중앙선관위와 대법원, 모두 헌법기관입니다. 그 어느 쪽이 정의를 감추려는 자유민주주의의 적이 될 것인지 역사가 지켜볼 것입니다.

2021년 10월 28일」

4) 서울 영등포을 선거무효 소송의 2021년 8월 30일 재검표검증[48]

◇ 대법관 조재연의 불공정한 재판진행과 선관위의 부정선거 개요

박용찬 후보의 8월 30일 자 서울시 영등포을 재검표 검증과정에서의 아래와 같이 정상이 아닌 인쇄상태의 투표지에 관한 선관위의 부정선거 사례가 발견되었다. 박주현 변호사가 촬영한 사진만 공개되었다. 조재연 대법관에게 많은 변호사가 항의해서 어렵게 받은 것이다.

---

48 출처 : 민경욱 전 의원 페이스북 도태우 변호사 목격 증언, 영등포을 재검표현장에서 일어난 일의 일부 | 작성자 wisdomk

(76) 헌법 제9조의 공개재판 원칙에도 불구하고[49] 인천시 연수을, 경남 양산을 재검표 과정에서는 주심 조재연 대법관이 사진촬영을 허가하지 않았으나 영등포을 선거구 재검표에서는 조재연 대법관에게 법적 근거가 뭐냐고 강하게 항의하여 사진 촬영은 박주현 변호사 1인만 촬영이 가능했다고 한다.

(77) △투표지 함의 보관장소의 손잡이 봉인과 도장 날인 형태가 증거보전 할 때 최후로 촬영된 것과 다르다는 이의가 제기됨. 이 점에 대해 증거보전했던 판사의 해명(증거보전을 두 번 했다, 문이 두 개다 등)이 있었으나 쉽게 납득이 안 된다. (형태가 확연히 다르다는 점에 대해서는 다수의 목격 증인이 있음.(사진 2-3))

(78) △빳빳한 투표지 뭉치가 대거 발견됨.(사진 3-1, 3-2)

(79) △오전 이미지파일 생성작업 시 관외 사전투표함에서 발견된 것의 일부
- 관외 사전투표함 4박스 내에 개표상황표가 들어있지 않음(양산을 재검표에서는 한 박스의 개표상황표가 누락 됐는데 4박스 모두 누락 된 것은 처음 발생한 경우임. 이제껏 원본이 아닌 복

---

49 「헌법」제9조: 재판의 심리와 판결은 공개한다. 다만, 심리는 국가의 안전보장 또는 안녕질서를 방해하거나 선량한 풍속을 해할 염려가 있을 때에는 법원의 결정으로 공개하지 아니할 수 있다.

사본이 들어 있다고 항의해 왔는데, 이 4박스에는 복사본이란
것조차 들어 있지 않음)
- 세로로 기계 절단 형으로 직선 모양 찢어지고 투명 스카치테이
  프로 붙이고 게다가 두 장이 붙어 있는 투표지 발견
- 접착제로 떡칠이 되어 붙어 있는 투표지 발견(사진 5-1)
- 고동색 등 색깔 있는 두꺼운 종이테이프가 투표지 뒤에 엄지손
  가락 크기로 붙어 있는 것 다수 발견
- 귀퉁이, 옆면, 윗면 등 곳곳이 붙은 자석식 투표지 다수 발견
  (사진 5-2)
- 투표지 하단이 잘려나가 말발굽 형태로 된 투표지 발견
- 중간 부분 가위 모양이 파여져 나가 입 벌린 모양으로 된 투표
  지 발견

(80) △이미지파일 생성 작업 시 관내사전투표, 당일투표지에서 수
많은 기표인 이상 발견(사진 9-1, 9-2), 신길7동 4투표소의 경우 좌
우여백 맞지 않고 기표인 이상한 것 발견(사진 6-4, 9-1, 9-2), 모두
수검표 때 이의제기하라고 하여 일부만 사진 찍음
- 오전 이미지파일 생성 작업 끝나고 파일을 옮겨 담기 직전 모든
  노트북이 2020년 4월 15일로 세팅된 것을 발견하고 조서에 남
  겨달라고 했고, 조슈아의 조언에 따라 해시값과 로그인파일이
  모두 포함된 USB파일 전체를 다운받도록 함

(이하 수검표 때의 상황)

(81) △기표도장이 이상한 것(럭비공, 커피콩 모양, 끝이 뾰족한 모양 등 정상 기표도장을 날인한 것이라 보기 어려운 것. 사진 9-1, 9-2, 9-3)

- 신길1동 관내 사전 1표, 6동 관내 사전 7표 중 3표, 또 4표 중 1표 감정목적물 채택용 대법원 보관(이하 '감정목적물 채택'으로 줄임) 받아줌
- 땅콩모양 기표도장 감정목적물 채택 거부
- 대방3동 관내 사전 7표 중 1표 감정목적물 채택, 나머지 6표 채택 거부
- 기표인 이상 더이상 이의 받아주지 말고 대법관 앞으로 가져오지 말라고 단호히 말함(조재연 대법관)

(82) - 이후 신길6동 관내 사전, 대림1동 관내 사전투표지 등에서 수많은 기표도장 이상이 발견(사진 9-1, 9-2)되었지만 일부 사진촬영 외에 더이상 활발히 발견되거나, 이의제기 되지 못함 (재검표를 직접 담당하는 법원공무원에게 지침이 내려간 것과 마찬가지이기 때문)
- 변호사와 참관인들의 항의, 사진촬영은 끝까지 계속됨

(83) - 대림2동 관내 사전투표의 경우 15장 연속으로 기표도장 이상이 발견되어 이의 제기, 그 중 1표 감정목적물 채택

(84) - 여의동 6투표소 당일투표 사람눈 모양 투표지 등 기표인 이
상 5표, 감정목적물 채택 거부(사진촬영 후 조서기재 하기로)

(85) △투표지의 인쇄 모양이 비틀어져 나온 것
- 감정목적물 4호 채택

(86) △좌우여백 간격이 현저히 다른 것(사진 6-4)
- 2표 중 1표 감정목적물 채택
- 감정목적물 1표 추가 채택
- 우측으로 심하게 쏠린 투표지 3표 중 2표 감정목적물 채택

(87) △투명 스카치테이프 붙인 것
- 관내 사전투표 중 1표 감정목적물 채택

(88) △자석투표지(사진 5-2)
- 귀퉁이가 붙은 투표지 2조 감정목적물 채택
- 붙은 투표지 총 6조 감정목적물로 추가 채택(팔탄면 관외 사전 등)
- 우측이 붙은 투표지 3조 감정목적물로 추가 채택

(89) △100장 전체가 젖었다 마른 것처럼 변형된 모양
- 이유 없는 이의제기로 처리
* 신길6동 사전투표지 기표 모양이 이상하고 변형된 투표지가 1표

있어 이의를 제기했으나 유효 처리

(90) △찢어지고, 각종 테이프 붙인 것
- 관외 사전투표에서 뒷면에 종이테이프 붙인 것(사진 12-1, 12-2), 뜯기고 투명 스카치테이프 붙인 것 중 총 10표 중 3표만 감정목적물 채택
- 관외 사전투표함 2번째 박스에서 찢어지고 스카치테이프를 붙인 표가 나와 감정목적물 채택 (개표록에 이미 기록되었는지 제출해 보라고 했으나 제출하지 못함)

(91) △검정 선으로 나와야 할 것이 붉은 선으로 나온 것(사진 7-1)
- 여의동 관내사전투표에서 붉은 선 투표지 20표 정도 나옴. 그 중 1표만 감정목적물 채택

(92) △인쇄재단 흔적 보푸라기 달린 투표지
- 감정목적물 채택해주지 않음
- 사진은 확보

(93) △옆 절단면 이상
- 감정목적물 채택
- 소위 '이바리'를 칼로 잘라 우측 하단이 비뚤게 잘린 것 등 5장 나옴 (신길4동 1투표소), 그 중 '이바리'가 붙은 1표만 감정목적

물 채택 (우측 잘림, 윗면 테이프 붙고 찢어진 것, 왼쪽 잘림, 우측 하단 잘림 등 채택 거부)

(94) △접착제로 떡칠이 되어 심하게 붙은 투표지(사진 5-1)
- 감정목적물 채택 15. 관외사전, 관내사전 투표지 일체를 서울남부지방법원에 재보관

(95) 영등포을 통합선거인 명부를 확인해 보니, 1886년생인 134세인 할머니가 2분이 있고 100세 이상인 선거인 수가 130명이 확인된 사실(사진 13)

5) 기독자유통일당(국민혁명당)의 비례대표 선거무효 소송

(96) 기독자유통일당은 현재 국민혁명당으로 당명이 바뀌었다. 기독자유통일당은 비례대표선거 관련 전 지역구에 투표의 인위적인 조작 등이 있었고, 당일투표와 사전투표의 득표율은 상식에 반하고,

(97) 어떤 선거구에는 기독자유통일당 당원 또는 지지자 한 표도 나오지 아니한 곳이 10여 곳이 있어 선거무효 소송을 제기하였으며, 대법원에 수차례 재검표 검증기일을 신청한 바 있다. 그러나 대법원(주심 대법관 민유숙)은 1년 4개월이 지난 시기에도 재검표 검증기일을 아직 지정한 바 없다.

그러다가 재검표 검증기일이 아닌 변론기일이 9월 6일 자로 지정되었다. 재검표 검증기일이 언제, 지정될 것인지 어떻게 진행할 것인지 아직 아무런 통지가 없다.

(98) 그러나 변론기일조차 재판을 진행해야 할 주심이 아무런 일정을 정하지 않은 채 도망가듯 30분 만에 자리를 떠났다.

필자의 판단은 여태 검증기일조차도 지정하지 아니한 점 등에 비추어 비례대표 선거무효 소송의 주심 대법관 민유숙은 합당한 이유 없이 재검표를 하지 않고 그냥 뭉개 버리는 직무유기를 할 것이 분명하다.

6) 대법관 조재연이 양산을, 영등포을의 주심이 된 이유와 법무법인 대륙아주가 피고 선관위의 소송대리인이 된 원인은 무엇일까?

조재연은 법무법인 대륙아주에서 (공동)대표변호사로 근무하였고[50], 제22회 사법시험 동기이자 제12기 사법연수원 동기인 문재

---

50 조재연 대법관은 사법시험 22회에 합격하여 사법연수원 12기이다. 문재인 대통령과 사법시험 동기이다. 그는 법무법인 대륙아주의 대표변호사였다가 문재인 대통령에 의해 대법관과 법원행정처장에 임명되었다. 그는 인천시 연수을 선거구의 재검표검증에 있어서 매우 편파적인 검증조서를 작성하였다. 또다시 서울 영등포을 선거구의 미래통합당 박용찬 후보와 더불어민주당의 김민석 후보와의 선거무효 소송(당일투표에서는 박용찬 후보가 6% 앞섰으나, 사전투표에서는 무려 22% 차이로 낙선하였다)에서도 주심을 맡았는데, 피고 선관위의 소송대리인은 조재연 대법관이 근무했던 법무법인 대륙아주인바, 뭔가 수상한 느낌이 든다.

인 대통령에 의해 대법관으로 임명되고, 나아가 대통령, 대법원 장의 명을 받들어 인사업무 등의 사무를 총괄하는 법원행정처장 (2019.1.~2021.5.)으로 겸임 임명되었다.

(99) 특히, 주목할 사실은 박근혜 전 대통령 탄핵의 특검검사 박영 수는 법무법인 대륙아주 전(합병 당시) 대표변호사(그 이후에는 법무법인 강남의 대표변호사)였으며, 특별검사보 이규철 변호사 역시 법무법인 대륙아주 변호사로서 조재연 전 대표변호사의 후 임 대표변호사이다. 이들은 문재인 정부를 탄생시킨 공로자(공신) 들로서 문재인 대통령, 김명수 대법원장, 윤석열 전 검찰총장 등 권력 핵심부와 연결됐음이 확인된다.

7) 법무법인 대륙아주와 선관위와의 특별관계

(100) 그런데 법무법인 대륙아주의 전 대표변호사였고, 현재 고문 변호사인 최은수는 중앙선관위 방송토론위원회 위원장, 법무법인 대륙아주 경영총괄대표인 남동환 변호사는 중앙선관위 여론조사 심의위원회 위원, 법무법인 대륙아주 대표변호사 정승택은 중앙 선관위 자문위원, 대륙아주 구성원 이승택 변호사는 중앙선관위 비상임위원(대통령 임명)으로 임명되었다는 점에서 법무법인 대

4·15 부정선거국민투쟁본부 대표 박주현 변호사는 대법관 조재연에게, 역사와 진실은 위배 하지 말고 양심과 법률에 따라 공정하게 밝히라고 강하게 비판하면서 경고장을 보냈다.

륙아주 출신 변호사들이 중앙선관위를 포진하고 있고 이들이 피고 중앙선관위의 소송대리인으로서 선거와 관련 재판을 좌지우지하고 있다.

(101) 대륙아주 이승택 변호사는 국민의힘당 선관위 고문, 대륙아주 고문 문상부 변호사는 선관위원으로, 대륙아주 변호사이며 윤석열 캠프의 김재원이 공명선거추진단장으로 국민의힘당 이준석 대표와 하태경 의원, 선관위 위원 등이 부정선거, 부정경선을 덮으려는 이유가 무엇인지 추정된다.

(102) 이와 관련하여 원고 미래통합당 박용찬 후보가 제기한 영등포구 선거무효 소송은 대법관 천대엽이 주심판사로 당초 지정되어 있다가 갑자기 대법관 조재연으로 교체되었다.

(103) 이 사실은 대법관 천대엽이 연수을 선거무효 소송의 재검표 과정에서 부담을 느꼈거나 영등포을 선거무효 소송에서 올바른 판결을 할 것으로 예상되자 대법원장 김명수가 재판부를 조재연 대법관으로 교체한 것으로 추정되는바 이는 재판절차나 상식에 어긋난다.[51]

---

51 만약에 필자의 추론이 사실로 밝혀진다면 이는 범죄에 해당된다고 본다.

또한 조재연이 근무하였던 법무법인 대륙아주가 인천 연수을(확인됨), 경남양산을(추가 확인해 보아야 한다) 및 다른 선거구의 선거무효확인 소송의 피고 선관위의 소송대리인으로 선임된 여부(?)도 확인하고, 사실이라면 의도적으로 부정선거 관련재판에 개입하여 선관위에 유리하게 진행하려는 고도의 소송전략이라고 판단된다.

따라서 법무법인 대륙아주는 중앙선관위 및 조재연 대법관과 이해관계가 있으므로, 변호사법 제131조 제3항, 4항을 위반하여 법관 기피신청의 사유가 되는 것으로 보이고 양산을, 영등포을 선거소송을 맡게 된 배경에 대하여 국민들과 원고 측 소송대리인들은 이를 세밀히 관찰할 필요가 있다.

한편 법무법인 대륙아주가 다른지역 선거구의 피고 측 선관위 소송대리인이 되었는지도 원고 측 소송대리인들은 추가 조사해 볼 필요가 있다.

(104) 결론적으로, 대법관 조재연 판사는 공정한 선거재판을 위한 판사가 아니라 편파적인 피고 선관위를 위한 주심판사로 보일 따름이고, 이와 같은 객관적 증거는 그가 작성한 매우 편파적인 인천 연수을 검증조서, 양산을과 영등포을의 선거재판 진행의 불공정성에서 명확히 드러난다.

8) 경기 오산시 선거무효 소송의 2021년 10월 28일 재검표 검증

인천 연수을, 경남 양산을, 서울 영등표을 선거구 3곳에 이어 10월 28일(금) 9시 30분부터 노태악 대법관을 주심으로 수원지방법원에서 실시된 원고 미래통합당 최윤희 후보[52]와 더불어민주당 안민석 후보(당선되었다) 사이의 경기 오산시 선거구의 선거무효 소송 재검표 검증절차에서,

소송대리인 김소연 박주현 도태우 변호사들과 참관인 황교안 후보, 민경욱 전 의원 등이 참관한 가운데 다음과 같은 무효(가짜) 투표지가 또 무더기로 발견되었다.

(105) △투표관리관 도장 날인이 없는 백지 투표지 8장이 발견된 사실(사진 4-2),

(106) △각기 다른 지역에서 온 투표지 뭉치 1,725장이 옆으로 반듯하게 인쇄된 것으로 보이는 검정선이 그어진 사실(사진 6-6),

(107) △또한 부분적으로 초록색 인쇄된 다량의 투표지가 나와 부정선거를 입증할 증거 등이 대량으로 발견되었다.

---

52 최윤희 미래통합당 후보는 해군참모차장, 해군참모총장, 대한민국 합참참모본부 의장을 거쳐 현재 국민의힘당 국가안보위원회 위원장을 맡고 있다.

(108) 원고 대리인이 투표관리관 도장이 없는 투표지 등을 무효라고 주장하였으나 노태악 대법관이 유효표라고 선언하여, 원고 측이 이에 항의하여 전원 퇴장하기도 하였다.[53]

또한, 오산시 선거구 재검표 검증에 참관한 박주현 변호사의 10월 30일 발표〈박주현 변호사 TV〉에 따르면,

(109) △오산시 선거구의 투표지에 찍힌 기표도장 인영이 정규 기표도장(버려진 정규기표 도장을 박주현 변호사가 보관하여 대조해 보니) 보다 모두 커서 재검표 한 투표지가 거의 가짜라는 사실(사진 9-3),

(110) △또한 기표도장이 이상한 도장이 찍히거나 중복 찍힌 사실(사진 9-1),

(111) △관외 사전투표지(우편투표) 모두 일정한 모양으로 접혀서 나온 사실(다른 곳에서는 빳빳한 투표지뭉치가 많이 나왔는데 이와는 대조된다. 이는 누군가가 투표지에 다시 손을 댔음을 의미한다고 판단하고 있음),

---

53 [출처] 부정선거 오산 재검표, 이상한 투표지 또 나오다.| 작성자 호호탕탕

(112) △스카치테이프가 붙어 있는 수많은 투표지,

(113) △서로 붙어 있는 투표지를 선관위 직원이 떼는 사실이 발견된 사실,
△대법관 노태악은 투표관리관 도장이 없는 투표지 등을 유효 처리한 사실,

(114) △이 재검표 현장에서도 이미지 원본파일이 삭제되었다는 사실,

(115) △재검표 요원이 제3자가 아닌 선관위 직원인 사실,

(116) △이들은 현장에서도 증거인멸을 계속 진행했다는 사실,

(117) △전자개표기가 카운트되지 않은 사실이 발견되어 사진을 찍으려 했으나, 선관위 직원이 극렬하게 반대했다는 사실 등을 자신의 유튜브를 통해 보고하였다.

(118) △이를 현장에서 지켜본 황교안 후보와 원고 미래통합당 최윤희 후보, 소송대리인들은 노태악 대법관 등이 공정한 재판 심리를 하지 않아 보이콧을 선언하였다.

(119) 그리고 황교안 후보는 노태악 대법관 등에 대하여 협잡꾼이라는 단어를 써가며 신랄하게 비판하였다.

〈 백지도 유효표로 만드는 협잡꾼 대법관들 〉

수원지검(지법)에서 열린 오산시 재검표 진행이 조금 전 파행으로 끝났습니다. 대법원은 노태악 대법관 등이 투표관리관 확인도장도 없는 백지투표 용지에 대한 기표를 유효로 판정했습니다. 제정신입니까? 그래서 당사자와 변호인들이 그 시정을 강력히 요구했으나, 요지부동 거절했습니다.

이런 상태에서 도저히 계속하는 것이 아무 의미 없다고 생각했습니다. 그래서 중단하고 퇴장했습니다. 백지도 유효표로 인정하는 대법원, 선거정의가 완전히 무너졌습니다. 대법관은 협잡꾼에 불과했습니다. 끝까지 투쟁하겠습니다. 선거정의를 세워나가겠습니다.

9) 경기 파주을 선거무효소송의 2021년 11월 12일 자 재검표 검증

4·15 총선 경기 파주을 선거구의 선거무효소송 재검표가 11월 12일 오전 9시 30분에 시작된 재검표는 이날 밤 11시 30분경 마감되었다. 다수의 비정상 투표지가 발견된 가운데 종료됐다.

이날 박주현, 도태우 변호사 등을 비롯한 변호인단과 황교안 후보, 민경욱 전 의원 등 참관인들은 재검표를 마친 후 가진 기자회견에서, 현장에서 발견된 투표용지의 특징을 설명했다.

다음은 경기 파주을 지역구의 재검표에서 발견된 투표지에 대한 도태우 변호사의 설명을 요약한 내용이다. 부정투표가 다량으로 쏟아져 나왔으며 이번에는 새로운 패턴의 부정투표지도 나왔다.

(120) △관내·관외 사전투표지는 물론 당일 투표까지 빳빳한 새 투표지가 나왔다.(사진 3-1, 3-2, 3-3 참조)

(121) △기표인이 이상한 것은 너무 많아서 일일이 잡아낼 수도 없었다.(사진 9-1, 9-2 참조) 전체 투표지의 10%가 비정상적인 투표지였다.

(122) △붙어 있는 투표용지가 많이 나왔다. △먼저 개수 검표를 먼저 하고 그 후에 전자개표기를 통과하니까 비정상 투표지가 더 많이 노출된 것으로 보인다. (순서를 바꿈으로써 증거인멸이 줄어들었다고 판단)

(123) △좌우여백이 다른 투표용지가 나왔다. 100매 묶음 속에 21장이 좌우여백이 달랐다. 본 것만 해도 두 묶음이었다.

(124) △배춧잎 투표지 2개가 새로 나왔다. 특히, 상단에 빨간색 화살표가 인쇄된 배춧입 투표지가 발견되었다.(사진 6-2, 6-3) 비례

투표지의 윗부분이 찍혀진 것이 나왔고 비례투표지 중간 부분에 친박신당'이라는 문구가 찍혀 나왔다.

(125) △투표관리관의 도장이 동그란 모양 말고 럭비공 타원형 모양의 도장이 나왔다.

(126) △투표관리관란에 도장이 찍히지 않은 투표지가 11매가 나왔다.(사진 4-2 참조) 투표록과 개표록에는 이런 기록이 없었다.

(127) △선관위는 진동면 114장 투표지 중 진동면 면민 투표지는 44장에 불과하고 나머지 70장의 경로는 해명하지 못했다. 선관위가 적극적으로 해명을 해야될 사항을 원고에게 타지역 관외 사전투표가 섞여 있는 것을 파악하라고 떠넘겼다. 다행히 진동면에 관련해서는 당일 관내 관외 투표용지가 재보관되었다. 따라서 아직 유령투표의 정체를 밝히는 일은 끝나지 않은 셈이다.

(128) △파주시을 선거구의 진동면 관내사전투표(지역구) 개표결과, 진동면 인구수 159명(20년 4월 기준, 파주시 인구통계)보다 투표자수(201명)가 42명 더 많은 소위 유령표가 발생한 곳이다.

(129) △파주을 재검표에서는 비례대표투표용지와 파주갑 지역의 투표용지가 나오는 등 여러 가지로 얽혀있다는 것이 밝혀졌다.

10) 한성천 중앙선관위 전 노조위원장의 원본파일 삭제명령 녹취증거

(130) 2021년 8월 3일자 〈이봉규 TV〉 대담프로에서, 한성천 전 중앙선관위 노조위원장은 "중앙선관위는 오래전부터 부정선거를 자행해 왔으며, 이러한 부정선거 문제를 항의하자 자신을 파면했고 증거자료를 가지고 계속 싸웠으나 묵살된 사실을 국민은 알지 못하고 있다. 민주주의가 무너지고 있다.

이제는 온 국민이 나서 부정선거에 대해 특검을 하도록 국회를 압박하고 대법원 판사들을 탄핵해야 한다고 주장하여 올바른 선거가 실시될 수 있도록 해야 한다. 지금도 3,000명이 넘은 선관위 직원 전부가 부정선거를 덮으려고 한다."라고 주장하였다.

(131) 그는 이날 "4·15 부정선거에 관한 원본파일 삭제 지시명령에 관한 원본 녹취증거를 선관위 직원으로부터 입수하여 자신이 가지고 있다. 검찰이 수사할 경우 증거물로 제출하겠다"라고 발언했다. 선거소송을 대리하는 변호인들은 한성천 전 중앙선관위 노조위원장의 도움을 받아야 할 것이다.

11) 인천지방검찰청 이두봉 검사장의 부정선거 의혹 수사개시

(132) 민경욱 전 의원과 4·15 부정선거시민행동은 인천시 연수을 선거무효소송 재검표 검증과정에서 드러난 1,000여 장의 선거관

리위원장 직인의 공인위조 및 행사 등 혐의에 대하여, 여당의 권력자들이 개입된 것으로 판단하여 문재인 대통령, 이해찬 전 대표, 조해주 중앙선관위 상임위원, 윤호중 원내대표, 양정철 전 민주연구원장을 인천지방검찰청에 고소하였다.

(133) 이에 이두봉 인천지방검찰청 검사장은 재검표 검증과정에서 드러난 투표지의 선거관리위원장 직인날인 및 일명 배춧잎 투표지(사전선거 투표지의 옵셋 인쇄과정에서 발생된 것으로 추정된다)[54] 등에 관하여 수사를 하겠다는 발언이 언론에 공개됐는데 고소인 민경욱(대리인 문수정 변호사) 등에 대한 고소인 조사를 하고 있다는 내용이 일부 언론에 보도되고 있다.

부정선거에 관한 국민적 의혹을 수사하는 것은 검찰의 기본의무이므로 참으로 다행한 일이라 아니할 수 없다.
이두봉 검사장은 최재형 전 감사원장이 월성 제1호기 원전의 경제성평가에 관한 감사결과 산업자원부 공무원들이 서류조작 및 경제성을 허위로 기재한 혐의를 발견하고 이들을 고발하였을 때, 관할 대전지방검찰청검사장으로서 산업자원부 공무원들을 기소

---

54 배춧잎 투표지는 인쇄한 것으로 원고는 정식 투표지가 아니라고 주장하여 대법관이 증거물(감정목적물 제5호)로 지정되었던 것인데, 이를 박주현 이동환 변호사가 신청 등사해 온 배춧입 투표지를 인쇄전문업자 등 전문가를 통하여 다시 검증한바, 대법관 조재연이 증거를 인멸하기 위하여 당초 배춧잎 투표지를 변조 내지 위조하였다고 주장했다. 만일 대법관 조재연이 실제로 그랬다면 그는 범죄자이다.

한바 있는 강골검사이다.

많은 국민은 이두봉 인천지방검찰청검사장에 의해 4·15 부정선 거 의혹이 완전히 밝혀져 관련자들이 처벌되는 계기가 되기를 기 대하고 있다.

마. 황교안 후보의 부정선거, 부정경선 투쟁 선언

1) 부정선거 문제를 특검으로 밝히겠다는 공약

야당 후보들은 그동안 부정선거 문제점을 제대로 파악하지 못하 고 있었다. 그러던 중 황교안 후보는 2021년 6월 28일 인천시 연 수을, 경남 양산을, 서울영등포을 각 선거구에 대한 4·15 총선 재 검표 검증절차에서 자신이 직접 참관하여 수많은 부정선거의 구 체적 증거를 뒤늦게 확인하고, 후보들 중 제일 먼저 부정선거에 관한 이슈 제기를 하였다.

(134) 황교안 후보는 30년 동안 공안검사로서 위 3곳의 재검표검 증 절차에서 부정선거의 확실한 증거물을 보고 4·15 총선은 총체 적 부정선거였다며 특검을 통해 부정선거 문제를 밝히자며 4·15 총선의 무효를 전면 선언한 가장 강력한 공약 또는 슬로건으로 내 건 국민의힘당 후보이다.

당 후보로서나, 법리적 실체적으로나 당연한 주장이다. 따라서 황교안 후보의 역할이 커지고 있고 그 지지율은 올라가고 있었다. 또 안상수 장기표 후보도 부정선거를 밝히겠다고 나섰다.

한편, 홍준표 후보도 과거에는 부정선거 없었다고 하다가 최근 8월 18일 국민의힘당 인천시 당원간담회에서 "6월 13일 지방선거 때 선거에 몰두했고 총선거는 당 지도부의 공천 파동과 황교안 전 대표에 의해 컷오프 당해 자신의 선거에만 몰두했지 당의 부정선거 상황을 아는 게 없다.

(135) 다만 지난번 민경욱 전 의원의 재검표 과정이나 다른 분의 사건에서 많은 부정선거 정황이 드러났다. 당락에 결정적인 결과를 미치거나, 미치지 않더라도 부정선거는 용서하지 않겠다, 이번 대선 때는 선거감시인을 파견하여 철저히 막겠다."라고 피상적인 언급을 하였다. 과거의 선거부정은 그냥 지나쳐도 된다는 말인가?

2) 청주시 상당구 선거구의 선거무효소송 재검표검증 연기

황교안 후보는 공안검사로서 오랜 경험에 비추어 청주시 상당구 선거구의 선거무효소송 재검표 검증을 연기한 것도 부정선거의 증거라고 하면서 4·15 총선은 부정선거가 명백하다는 글을 9월 18일(토) 밤 8시 페이스북에 올렸다. 이를 소개한다.

◇ 오호통재라! 선관위가 선거공작을, 대법원이 증거인멸을 주도하는 나라!

「지난 9월 16일 법원은 4·15 총선에서 낙선한 윤갑근 전 국민의힘 청주시 상당구 선거무효소송 재검표를 또다시 연기한다고 발표했습니다. 내년 대선 이후에 한다네요.

(136) 선거공작이라는 엄청난 범죄를 저질렀으니 떨리고 겁이 나긴 하나 봅니다. 비겁하고 추악하게 꽁무니를 빼고 있으니 말입니다. 저는 대법원의 재검표 결과 드러난 명백한 부정선거의 구체적 증거들을 근거로 4·15 총선의 전면 무효를 선언하였습니다.

4·15 총선에서 우리 당(당시 미래통합당)은 당일투표에서는 124곳에서 우세한 것으로 집계되었습니다. 반면 민주당은 123곳에서 우세했습니다. 그런데 관내 사전투표에서는 우리 당이 49곳, 관외 사전투표(우편투표)에서는 37곳에서만 우세한 것으로 나온 반면 민주당은 각각 198곳과 210곳이 우세한 것으로 나왔습니다.[55]

당일투표와 사전투표의 차이가 어떻게 이렇게 어마어마한 차이가 날 수 있습니까? 역대 그 어떤 선거에서도 이런 적은 없었습니다. 어처구니가 없습니다. 사실상 그러한 지역들은 우리 당이 이겼는데 저들이 선거공작을 해서 도둑질해간 것이라고 봐도 무방합니다.

---

55 야당의 사전선거 우세지역만으로 비교하지 말고, 필자처럼 야당의 사전선거 득표율이 당일 선거의 득표율 보다 낮은 곳을 상호 비교 평가하면 부정선거임이 더 명백해진다.

(137) 그 근거가 무엇이냐고요? 오늘은 간단히 하나만 말씀드리겠습니다. 관외 사전투표를 전수 조사하여 등기기록을 캡처해 놓은 증거자료가 있습니다. 그 자료를 보니 정말 기가 찹니다. 총 272만 표 중 150만 표가 가짜투표로 드러났습니다.

(138) 그 중 하나만 예를 들어보지요. 관외 사전투표를 하고 나면 그 투표용지를 선관위로 보내겠지요? 그런데 그 투표용지를 받는 선관위 직원의 성이 개씨, 히씨, 힉씨, 힝씨, 들씨, 깨씨 등 희한한 성씨들 천지였습니다. 그런 표만 해도 2만 표나 됩니다.

관외 사전투표는 선거공작의 온상이었습니다. 문제를 제기하자 이후 깨씨를 김씨로 조작해 놓았더군요. 그러나 이미 다 캡처해 놓았기 때문에 선거를 조작했다는 증거만 하나 더 늘어나게 되었지요.

(139) 4·15 부정선거의 주범은 선관위입니다. 선관위의 패역을 감싸고 옹호하는 건 대법원이고요. 대법원은 재검표 과정에서 나온 빼도 박도 못할 부정선거의 증거들을 은폐하고 있습니다.

(140) 법원 사진사가 증거들을 찍은 영상을 보여주겠다고 속여 원고 측은 촬영도 못 하게 해놓고 그 후 다 삭제해 버렸으니까 말입니다.
그러니 이제 어떻게 재검표를 지속할 수 있겠습니까! 10월 1일로 예정되었던 청주시 상당구 재검표를 연기할 수 밖에요. 선관위가 선거공작을 주도하고, 대법원이 증거인멸을 주도하는 나라! 오늘 대한민국의 현주소입니다!

국민여러분! 여러분의 주권을 찬탈한 저들을 용서치 마십시오!

제가 앞장서서 싸우겠습니다. 국민여러분!

힘을 모아 주십시오.

대한민국의 민주주의를 기필코 지켜내겠습니다!

행동하는 정의, 저 황교안과 함께 대한민국을 바로 세워 주십시오.」

3) 국민의힘당 후보 예비경선 방송토론

황교안 후보는 6차례의 예비후보자 경선방송 토론 중 자신을 홍보할 수 있는 대부분의 시간을 할애하면서 중앙선관위가 싫어하는 부정선거 문제를 이슈화하는데 성공하였다.

(141) 많은 국민이 중앙선관위가 부정선거를 자행했다고 믿고 있는데 하필 국민의힘 당은 이미 후보선출 방식을 중앙선관위에 전부 위탁관리 하였다면서, 이 점에 대해 황교안 후보는 "부정선거를 자행한 중앙선관위가 마음만 먹으면 그들이 원하는 후보를 최종 당선시킬 수 있다. 따라서 우리의 경선을 그들에게 맡길 수는 없다."라며 예비경선 제2차, 3차 방송토론 시 발언하였다.

더 나아가 그는 "우리당 후보 선출방식을 선거부정의 주범인 중앙선관위에 전부 위탁한 것은 도둑에게 집 열쇠를 맡기는 것과 같다."라며 깊은 우려를 표했다. 그러나 국민의힘 당과 중앙선관위는 위탁 계약한 바대로 일반여론조사를 강행하였다.

(142) 그런데 하태경 후보는 "부정선거가 없었다는 대법원 판결이 있다. 황교안 후보가 한 말은 가짜뉴스로 황교안 후보에 대해 조치를 해야 한다."며 대법원 판결이 난 것처럼 거짓말했고 "황교안 후보가 토론을 난장판으로 몰고 간다"라는 취지의 발언을 하였다. 명확한 증거가 드러났음에도 하태경 후보의 눈에는 보이지 않는가? 정말 기가 막힐 노릇이다.

4) 당 선관위원장 명의의 권고장, 이는 이미 예정된 일

황교안 후보는 우리 미래를 책임지는 우리 국민의힘당 후보를 뽑는데 4·15 부정선거의 주범인 중앙선관위에게 우리의 경선관리를 전부 위탁한 것은 도둑에게 열쇠를 맡긴 것과 같으므로, 우리 국민의힘당 스스로 관리하는 경선을 하자는 제안을 하였다.

(143) 이에 호응하여 뜻있는 국민의힘당 1,800여 명의 당원들은 "부정선거를 자행했다는 의혹을 받는 피고 중앙선관위가 우리 당 대선후보를 뽑은 것은 부당하다"라며 국민의힘당을 상대로 '경선위탁관리중지 가처분 소송'을 제기하였다. 당원과 국민들은 국민의힘당의 부적절한 처신에 대해 많이 걱정하고 있다.

(144) 그럼에도 문제는 당권을 쥐고 있는 이준석 대표와 유승민 후보, 하태경 후보, 김종인 비대위원장 때부터 이미 짜놓은 법무법

인 대륙아주 변호사 김재원 최고위원들의 구도가 흔들리자 황교안 후보에게 "헌법기관인 중앙선관위의 신뢰와 명예를 훼손시켜서는 안 된다."라는 취지의 정홍원 선관위원장 명의의 권고장을 두 차례 보낸 사실이 드러났다. 이는 예정된 일이었다.

5) 황교안 후보의 반박 글

이에 황교안 후보는 부정선거를 자행한 증거가 명백하고, (145) 우리당 후보를 당 선관위가 직접 관리하자는 제안을 방해하는 국민의힘당 지도부에게 참을 수 없다며 다음과 같은 반박 글을 올렸다.

〈당 선관위가 보낸 권고장에 대한 황교안 후보의 첫 번째(10월 2일자) 답변〉

「존경하는 국민여러분, 당원동지 여러분,
당 선거관리위원회에서는 지난 9월26일(일) 저에게 선거관리위원장 명의의 권고장을 보내왔습니다.
제가 명확한 물증이나 인적 증거 없이 헌법기관인 중앙선거관리위원회의 신뢰와 명예를 훼손시키고, 우리 당에 대한 국민들의 신뢰를 실추시키고 있으니 앞으로 유의하라는 내용의 권고장을 비공개로 보내왔습니다.
저는 화가 끓어 올랐지만 이를 공개하지 않고 참았습니다.
법적으로 명백한 증거들이 재검표 현장에서 저렇게 무수히 쏟아져 나오는데 도대체 무슨 근거로 증거가 없다고 합니까?

저의 입에 재갈을 물리고 싶다면 거꾸로 저렇게 쏟아져 나온 증거들이 증거가 아니라는 것을 한번 증명해 보시기 바랍니다. 당을 위해 이러한 사실을 공개하지 않고 참고 있는 저에게 당 선거관리위원회에서는 9월 29일(수) 또다시 같은 내용의 공문을 보내왔습니다.

정말 어이가 없습니다. 이젠 참을 수가 없습니다.

증거가 없다고요? 눈은 보라고 있는 것입니다.

선거사범에 관하여 우리나라 최고 전문가인 제가 재검표 현장에서 제 두 눈으로 똑똑히 봤습니다.

오호통재라! 오호애재라!

중앙선관위가 부정선거의 주범인 나라! 대법원이 증거인멸에 앞장서는 나라!

국민 여러분, 우리는 이러한 거악에 분노해야만 합니다.

우리 당도 현실을 똑바로 직시해야 합니다.

사랑하는 우리 대한민국! 우리 함께 반드시 지켜냅시다!

우리의 힘을 모으면 우리는 해낼 수 있습니다!

저 무도한 세력들에게 우리의 힘,

행동하는 정의의 힘을 보여줍시다!

오늘의 황교안 후보는 과거의 황교안이 아닙니다. 정의를 위해, 당을 살리기 위해, 국민을 위해, 대한민국을 위해, 끝까지 투쟁하여 주시기 바랍니다!!!

황교안」

이렇게 국민의힘 당 황교안 후보가 부정선거 문제에 대하여 온몸을 던져 어려운 투쟁을 진행하고 있었다.

6) 황교안 후보 등에 대한 컷오프 발표

당 선관위(사실상 중앙선관위)는 10월 8일 제2차 후보 경선(컷오프) 결과를 발표하였다. 그 결과 윤석열, 홍준표, 유승민 후보는 4강 문턱을 넘었고 마지막 1자리는 원희룡 후보가 결정되었다.

이에 따라 2차 경선 후보 8인 가운데 부정선거 문제를 제기한 황교안, 안상수, 최재형 후보와 1차 예비 후보였던 장기표 후보는 모두 경선에서 탈락됐다. 각 후보들의 순위와 득표율 및 산정내용은 공개되지 않았으며 일반국민 여론조사 70%, 당원 투표 30%가 반영된 것이라 한다.

그동안 4·15 총선이 부정선거임을 꾸준히 주장한 민경욱 전 의원은, 황교안 후보가 아무런 경선검증자료 없이 2차 경선에서 컷오프 되자 즉시 부정경선 의혹을 제기하였다.

민경욱 전 의원은 10월 8일 페이스북에 "4·15 부정선거국민투쟁본부'명의로 성명을 내고 "황교안 경선탈락 부정선거 범죄집단 중앙선관위를 규탄한다."라고 밝혔다.

그러면서 (146) 그는 "국민의힘 당내경선은 중앙선관위에 일괄 위탁하여 전체과정이 선관위에 장악돼 있다. 당규에 위반되는 일괄위탁 방식과 사전검증 및 실질적 감독이 이뤄지지 않고 있지만, 당과 선관위는 어떤 시정조치도 취하지 않아 문제가 있다."라고 주장하였다.

또한, "우려한 바대로 선관위의 부정선거 범죄 혐의를 규탄해 온 황교안 후보가 압도적인 상승세에도 불구하고 탈락됐다, 황교안 후보가 공중파 방송까지 출연해 다시 부정선거 문제를 거론하는 건 부정선거 범죄세력으로서 너무나 두려운 일이었을 것"이라고 하였다.

그러면서 그는 선관위의 당내경선 관리 중단과 노정희 선관위원장의 사퇴를 요구하였다. (147) 민경욱 전 의원은 "당규와 헌법상 적법절차 원리를 완전히 내팽개친 국민의힘 당내경선의 무효를 선언하며 이를 위한 법적투쟁까지 병행하겠다."라고 밝혔다.[56]

한편, (148) 황교안 후보도 국민의힘당이 부정선거를 저질렀던 피고 중앙선관위에 당 후보경선을 전부를 일괄 위탁한 결과에 따른 것으로 부정경선 의혹이 있다며 각 후보들에게 제시하여 여론조사결과 등을 검증케 하도록 검증자료를 요구하였다. 그러나 당 선관위와 김재원 공명선거추진단장은 검증자료제시를 거부하고 경선결과를 무조건 믿으라고 한다.

---

56 [출처] 〈저작권자 ©'돈이 보이는 리얼타임 뉴스 머니투데이, 무단전재 및 재배포 금지〉

(149) 그러자 황교안 후보는 경선불복이 아니라 당과 나라를 살리기 위하여 4·15 부정선거 투쟁과 함께 당이 중앙선관위에 위탁한 일반여론조사 등 검증자료를 제출하라고 가처분 소송을 제기하기에 이르렀다.

곧 있을 2022년 3월 9일 제20대 대통령 선거에서 야당이 실제 투표에서 이기더라도 선관위가 마음만 먹으면 어느 지역이든 쉽게 컴퓨터와 전자개표기(분류기) 등을 조작하거나 사전투표를 통해 그들이 원하는 결과를 얻을 수 있으므로 부정선거 규명이나 문제제기는 그만큼 중요한 것이다.

(150) 4곳의 재검표 검증결과 이미 수십 가지 유형의 무효, 범죄 증거가 드러난 것은 조작된 투표결과에 억지로 꿰맞추기 위해 사전투표지 등을 인쇄하여 다시 대량으로 넣은 투표지들일 것이다.

(151) 대법원이 청주 상당구의 미래통합당 윤갑근 후보의 당초 재검표검증 기일을 또 2차례나 무기한 연장한 것과 국민혁명당의 비례대표 선거무효 소송에 대한 검증기일을 아직도 정하지 못한 것, 나아가 선거무효 소송 등을 제기한 126곳 중 법에서 정한 선고기일이 모두 경과하였음에도 어느 한 곳도 판결을 내리지 못하고 있는 것은 대법원과 중앙선관위가 쌓여가는 조작된 증거의 인멸을 노리거나, 더이상 국민의 부정선거에 관한 관심을 멀어지기

하기 위한 술책이거나, 여당이 정권재창출을 이뤄 계속 선거 재판을 뭉개버리기 위한 것이 아닐까하는 판단이다.

한편 민경욱 전 의원은 경선 내내 황교안 후보에 대한 지지의사를 표시해 왔었다. 그는 2020년 4월 15일 제21대 인천 연수을 선거구의 국회의원 총선거에서 낙선한 후 동 총선거가 부정선거였다고 주장하고 있으며, 황교안 후보 역시 3곳의 재검표검증 이후 자신이 당 대표 시절이었던 당시 "4·15 선거가 부정선거였다"라며, 중앙선관위를 강하게 비판해 왔었다.

7) 황교안 후보의 경선 검증자료 요구

황교안 후보는 10월 10일 기자회견을 통해 "당 선관위(= 사실상 중앙선관위)는 이번 2차 경선에 참여한 8명 모두에 대한 투표수와 득표수, 득표율에 대한 시간대별 그리고 최종결과 자료인 모바일투표 서버에 저장된 실시간 전산검증(조작) 여부를 파악할 수 있는 자료, 여론조사 문항, 답변 녹음자료 일체를 제시하라"라고 요구하였다.

(152) 그는 10월 11일에는 다음 표의 경선결과에 통계상 수학상의 문제점과 "태풍의 핵을 막으라고 했다는 관계자의 구체적인 증거를 확보하고 있다."라며 간담회 발언을 통해 국민의힘당 선관위는

물론 이준석 대표를 전격 거론하면서 부정선거에 대해 눈감는 누구라도 법적인 소송 등을 통해 강력히 대응할 것을 예고하였다.

후보별 득표율

당선자(통과자)				탈락자	비 고
윤석열	홍준표	유승민	원희룡	황교안 등 4인	탈락자 4인 평균 4.5%
31.7%	27.5%	18.7%	4.1%	18%	
소계	82%			18%	

- 공개된 위의 최종 후보별 득표율 표에 의하면, 후보 8인의 득표율이 합계치가 100%이므로

(153) 당연히 컷오프에서 탈락한 황교안 최재형, 안상수, 하태경 등 4인 후보의 합계 득표율은 18%인 바, 4인 평균 4.5%이다. 그렇다면 4인 중 1인은 수학상 논리상 최소 4.5%보다 높은 득표율이 산정된다. 따라서 원희룡 후보가 아닌 다른 후보가 당선되어야 하는 것이 분명하다.

8) 김재원 공명선거추진단장의 거짓 해명

(154) 그러자 국민의힘당 공명선거추진단장 김재원 최고위원은 황교안 후보가 주장한 대선후보 2차경선 투표율조작 의혹에 대해

10월 11일 오후 국회 소통관에서 기자회견을 하며 "여러 가지 사항을 고려해 (경선결과에 관련된) 조사결과를 공개하지 않기로 결정했다. 공직선거법도 여론조사 공개를 금지하도록 규정하고 당원 투표공개도 금지된다는 유권해석이 있다."라고 황교안 후보의 자료 제공요구를 수용할 수 없다고 밝혔다. 거짓말이다.

그러면서 "조작 정황을 발견하지 못했고 공정하게 결과 발표가 이뤄졌다," 일축하고 "근거 없이 부정선거 주장을 지속할 경우 '해(害)당행위'에 해당한다."라면서 지난 두 차례의 선관위의 경고문에 이어 또다시 황교안 후보에게 경고발언을 하였다.

또 "여론조사참관 주장에 대해선 지금까지의 관행, 선관위 규정에 따라 정해진 절차라 문제가 없다. 황교안 후보가 부정선거 주장하면서 만약 합리적 의심 있는 근거를 제시하고 그에 대해 검증을 요구했다면 저희가 좀 더 심도 있는 검증이 필요했을 것"이라며 "자료공개, 나아가 여론조사 자료를 공개하라는 요구사항 외에는 별다른 내용이 없다."라고 말했다.

그는 10월 12일 〈CBS 김현정의 뉴스쇼〉에 출연해 황교안 전 미래통합당 대표가 2차 컷오프를 부정선거라고 주장한데 대해 "부정선거라 주장하는 근거를 달라고 해도 주지는 않으면서 계속 경선 여론조사, 당원투표 내용, 로그기록, 번호생성과정 등을 다 공

개하라고 요구만 하고 있다"라며 비난하고,

(155) "당 사무처의 보관된 자료와 여러 가지 방법의 확인 검토 결과 전혀 이상이 없었고, 절차적 정당성에서도 어떤 불법 행위가 없다고 판단했다."라고 강조하면서 "본경선 때는 여론조사, 당원투표 결과뿐만 아니라 1, 2차 컷오프 당시 결과도 다 공개하려 한다."라고 밝혔다. 그러나 지켜지지 않았다.

9) 황교안 후보의 반박성명

그러자 (156) 황교안 후보는 "하루 만에 검증조사가 가능하나? 검증조사를 했다면 누가 어제 어디에서 했는지 조사검증 자료를 내놓아라,
(157) 전에는 자료를 없앴다고 발표하더니 이제 와 당에서 보관하고 있다고 하니 그 자료를 후보들에게 내놓으면 된다."라며 논리적이나 사실적으로 반박하고 부정경선 의혹을 해소해야 한다면서

(158) 10월 14일 기초자료 공개와 검증자료 등을 요구하며 법원에 '경선중지 가처분' 소송을 제기하였다.

10) 이준석 대표의 월권, 비하발언

이준석 대표는 10월 18일 당 최고위원회의에서, 경선 부정선거 의혹을 제기하는 황교안 후보를 겨냥하여 경고와 폄하발언을 하였다.

즉 이준석 대표는 "공명선거추진단에서 김재원 최고위원[57]이 진상조사를 하고 결과를 발표한 이상 앞으로 각자의 이익을 위해 당에 해가 되는 주장을 지속하면 단호하게 조치할 것"이라며 "앞으로 과도한 의혹 제기나 주장을 하면 윤리위를 통해서 철저하게 엄단할 수 있도록 하겠다."라고 강조하면서,

(159) "일부 유튜버와 야합해 선거부정을 내세우는 분들이 있다." 라며 "오늘 이후 당 선거관리 절차에 과격한 이의제기를 한 인사에 대해 당 윤리위원회를 통해 철저하게 엄단하겠다."라고 밝혔다.

이어서 그는 같은 날 〈YTN 라디오〉 '황보선의 출발 새아침' 인터뷰에서도

(160) "(부정선거 같은 음모론은) 기본적으로 보수의 악성 종양 같은 문제이고, 선거를 질 때마다 부정선거, 또 본인이 불리하다 싶으면

---

57 국민의힘 공명선거추진단장 김재원은 최고위원으로 현재 윤석열 후보 캠프에서 활동하고 있으며, 현직 법무법인 대륙아주 변호사이다. 법무법인 대륙아주 소속의 변호사들은 중앙선관위에 포진되어 있으며, 또한 국민의힘당 선관위원 등으로 활동하고 있다.

역선택 등을 외치는 문화 자체가 작년 총선 이후에 깃들었는데 이 것과는 단호하게 단절해야 한다. …이들은 부정선거를 주장하며 뒤에서 총질한다. 이제 부정선거를 주장하는 자는 당 언저리에 발을 못 붙이게 하겠다."라며 황교안 후보를 심하게 비난하였다.

(161) 다른 후보들 역시 자신들만 후보로 당선되면 그만이라는 것인지 황교안 후보의 정당한 주장과 처지를 생각하지 않고 이준석 대표의 막말을 지적하지 않았다. '죽은 정당'이라 생각된다.

11) 김재원 최고위원의 비하 발언

(162) 김재원 국민의힘 당 최고위원은 황교안 후보가 법원에 국민의힘 대선후보 경선 중단 가처분신청을 낸데 대해 10월 19일 〈MBC 라디오〉 '김종배의 시선집중'에 나와 황교안 후보를 스컹크에 빗대며 "한 번 들어와서 악취를 뿜어내고 하루종일 그 장소에 들어가지 못하게 한다. 우리를 아주 조금씩 괴롭히는 스컹크 같다. 이젠 그만했으면 하는 생각이 있다."라고 말했다. 밝히면 될 것을 그나마 죄의식이 있어 그런 표현을 했으리라 짐작한다.

12) 황교안 후보의 재반박 성명과 이준석 대표 등에 대한 고소

(163) 당은 아무런 경선 관련 기초자료나 검증자료를 제시하지 않

고, 오히려 황교안 후보가 요구하는 행위는 해당행위이고 스컹크와 같다는 발언에 대해, 황교안 후보는 정홍원 선관위원장, 한기호 선관위 부위원장, 김재원 공명선거추진단장을 공직선거법 위반죄, 재물손괴죄 등 혐의로 1차 고소를 하였고,
또 "(이 대표가) 나를 야합이나 하는 사람으로 내몰아 나의 명예를 훼손시켰다."라며 "명예훼손 등의 혐의로 고소하겠다."라고 밝혔다.

그는 10월 19일 페이스북에 "이 대표는 본질을 호도하지 말라"라며, "당 언저리에 발도 못 붙이게 하겠다? 언제부터 당이 이 대표 개인의 소유였느냐"라고 반박했다. 이어 "경선자료만 보여주면 되는데 왜 호들갑을 떠느냐, 이런저런 핑계로 어지럽게 하지 말고 그냥 경선자료 보여주면 간단히 해결된다."라며 글을 올린 것이다.

아울러 "부정선거 의혹 제기를 뒤에서 총질 한다."라고 표현한 이준석 대표 발언을 거론하며 "부정선거 이슈제기가 총질이냐. 이 대표의 인지능력이 그 수준 밖에 안 되느냐?"라며 "대선에서 승리하려면, 최우선적으로 부정선거 문제가 밝혀져야 하므로 제가 이러는 것"이라고 부정선거에 관한 국민의 우려를 전달해 주었다.

그러면서 (164) 황교안 후보는 10월 20일 자신의 페이스북에, "선거 정의를 세우기 위해 (이준석 대표 등을) 공직선거법 위반, 재물

손괴죄, 명예훼손죄 혐의로 고소했다."라며 "앞으로도 당에서 당의 선거관리 절차에 대해 의혹 및 이의 제기하는 것을 이유로 윤리위원회에 회부하는 불법을 행하면 반드시 윤리위원회에 회부하는 관계자 모두를 고소하고 끝까지 사법처리하도록 할 것"이라고 강조하면서

"선거정의를 세우는 것은 제 이해관계 차원이 아니라 당과 나라를 위한 것이자 국민의 주권을 찾아드리기 위한 것"이라며 "내년 정권교체를 이루기 위해 반드시 해결해야만 하는 선행조건"이라고 목소리를 높였다.

그는 같은 날 진행된 〈MBC 라디오〉 '김종배의 시선집중'과의 인터뷰에서도 이 대표가 '징계' 발언을 한 것과 관련해 "겁박하면 안 된다. 앞으로 잘못된 말을 하면 계속 법적조치를 취할 수밖에 없다."라고 밝혔다.

13) 법원의 가처분소송에 대한 결정과 예상

국민의힘 대선후보 선출 2차 예비경선에서 탈락한 황교안 후보가 국민의힘당을 상대로 경선자료 공개와 경선중지 가처분 소송을 서울남부지방법원에 냈지만 예상했던바 대법원 산하의 서울남부지방법원은 황교안 후보가 국민의힘을 상대로 낸 가처분 소송을

모두 기각하였다.

황교안 후보는 곧바로 항고장을 제출하였다. 서울고등법원과 대법원은 항고와 재항고를 엉터리 이유로 또 기각할 것이 예상된다.

14) 문화일보 이신우 논설고문의 논평

(165) 문화일보 이신우 논설고문은 황교안 후보의 부정선거의혹 제기에 관한 '이준석 당 대표의 발언은 부당하다'며 10월 27일 문화일보 〈오후여담〉에 다음과 같은 칼럼을 게재하였다.

「지난해 4·15 총선을 둘러싼 부정선거 의혹이 시중 여론을 완연히 갈라놓는 듯합니다. 한쪽은 의혹 제기 자체를 비웃고 있으며, 다른 쪽은 인천 연수구을 선거구 소송 재검표 이후 반복적으로 드러난 물적 증거들을 들어 부정선거에 손을 들어주고 있습니다. 이같은 현상은 국민의힘 안에서도 그대로 재연되는 것으로 알고 있습니다. 황교안 전 대표가 공안검사로서의 경험에 비춰 명백한 부정선거라고 주장하는 데 반해, 이준석 당대표는 있을 수 없는 일이라고 주장합니다. 같은 당의 최재형 전 감사원장이 자신의 SNS를 통해 '비정상적 투표용지'를 문제 삼은 바 있으며, 하태경 의원은 이 대표 쪽입니다.

그런데 이런 입장 차이에 대해 최근 이 대표가 내놓은 발언이 눈길을 끕니다. 이 대표는 "총선 이후 부정선거를 주장하다 스스로 명예를 갉아먹고 추락하는 정치인이 있다"면서 윤리위를 통한 징계까지 시사했더군요. 심지어 '보수의 악성 종양 같은 문제'라는 식의 모욕까지 서슴지 않았습니다. 그러나 필자가 진정으로 문제 삼고 싶은 대목은 지난달 대표 취임 100일을 맞은 자리에서 한 발언입니다. "이런 비과학적이고 다소 주술적인 성격까지 있는 언어로 선거를 바라보는 우리 지지층이 늘어날수록 정권 교체와 대선 승리는 요원해진다고 저는 생각합니다."라고 한 대목을 기억하실 겁니다.

물론 당대표로서 다음 대선 승리와 정권교체보다 중대한 과업이 어디 있겠습니까. 아무리 그렇다 해도 자유민주주의 체제의 존망에 비교할 수야 없는 법입니다. 자유민주주의를 지탱하는 민주적 선거절차는 어떤 오류도, 어떤 국민적 의심도 허용할 수 없습니다. 우리 국민에게는 국민의힘이 망하든 말든 진실이 훨씬 더 중요합니다. 설령 국민의힘이 해체되거나 버림받는 상황이 오더라도 이 대표야 지난번처럼 바른미래당을 만들어 우르르 떠나가면 그만이겠죠. 그러나 자유민주주의 가치를 상실한 일반 백성에게는 더 이상의 퇴로가 없다는 점을 제대로 인식해주시기 바랍니다. 옛말에 무신불립(無信不立)이라고 했습니다. 선거절차가 신뢰를 얻지 못하면 나라 자체가 제대로 설 수 없습니다. 어느 누구도 그 같은 우려를 아무런 거리낌도 없이 '악성 종양'이라고 매도할 수는 없을 것입니다.」

이준석 대표의 불공정 경선에 대한 당연한 언론인의 논평이다.

15) 김소연 변호사의 촌철살인 글/ "발작충이 범인이다"

과거 '달님은~ 영창으로~'라고 적힌 현수막을 자신의 대전 서구 지역구에 내걸어 논란을 일으켰던 (166) 김소연 변호사가 '4·15 부정선거'를 거론하면서 "부정하는 자, 아니 발작하는 자가 범인"이라고 예리하게 판단하고 주장하였다.

10월 19일 김소연 변호사는 페이스북을 통해 〈발작충 또 부들부들〉이라는 제목으로 "선관위도 민주당도 청와대도 가만히 있는데 이준석은 왜 또 발작증세를 보이는 걸까요?"라며 이같이 주장하였다.

김소연 변호사는 이준석 대표에 대해, "아주 K-voting 맹신 음모론자 납셨네요. 이쯤 되면 K-voting 교주인 듯"이라며 "국민들과 후보들이 법에 정해진 절차에 따라 소송중인 사건에 도대체 왜 알러지 발작을 할까요?"라며 비꼬아 비판했다.

그녀는 또한 "매일 쓰는 컴퓨터도 가끔 오류가 나고 다운도 되는데, 뭘 믿고 K-voting system이 절대 무오류라고 맹신을 하는 걸까요? 국민들이 의혹을 갖고 불신을 하면 국가기관은 이를 확인해줄 의무를 갖는 것"이라고 했다.

그러면서 "이준석이 언제부터 대여투쟁 했다고 새삼 대장동 투쟁 운운하며 부정선거 갖다 붙이는지 삶은 소대가리가 웃겠네요, 암튼 저 발작증세는 참 희한한 증상입니다. 선거부정에만 게거품 물고 발작하는 건 너무 웃기는데, 연구해 볼 문제 같다"라고 거듭 날을 세웠다.

(167) 김 변호사는 "뭘 눈에 흙이 들어가…자유민주주의국가 대한민국에서 선거제도에 의혹을 제기하거나 의문을 가지면 제1야당에서 축출당한다?"라며 "완전 (국민의힘당이) 파시스트 정당이다. 당헌 당규에 나와 있나요? 국가제도에 의심을 갖는 자는 제명하라고? 이게 뭔 개소리야!"라고 격하게 비난하였다.

또 "대장동 관련 질문했더니 정신병원 끌려간 김사랑씨가 소름 돋아 하시겠다"며 (168) "준석아, 변호사인 누나도, 기자인 지인도, 7,000명 정교모 교수님들도, 평범한 시민들인 참관인들도 전부 두 눈으로 증거물을 보고 이상하다고 판단하고 말하고 있는데, 어떡하지? 우리들 눈알이라도 파낼래? 말 못하게 입을 찢어 버릴래? 니 눈에 흙을 집어넣는 게 낫겠지?"라고 강경한 어조로 대응했다.

16) 국민의힘당 최종 경선결과 발표

국민의힘당은 11월 5일 오후 3시에 개최된 용산구 소재 김구 기념관에서 제2차 전당대회와 함께 제20대 대선 국민의힘당 최종 후보를 발표하였다.

투표방식은 당원투표, 일반국민 여론조사 결과를 50%씩 반영하여 산정하도록 하였고, 투표인원수 투표율은 총 선거인단 56만 9509명 중 36만 3569명이 참여, 최종 투표율은 63.89%였다. 여론조사는 4개 기관을 통하여 각 1,500명씩 총 6,000명이 응답하였는데 이 기준으로 산정한 것이라고 한다.

최종결과는 윤석열 후보가 선출되었는데, 각 후보별 득표율은 다음 표와 같이 윤석열 후보 47.85%, 홍준표 후보 41.50%, 유승민 후보 7.47%, 원희룡 후보 3.17% 의 득표율을 얻었다.

후보별 득표율

최종당선인)자	컷오프자(낙선인)			득표율 합계
윤석열	홍준표	유승민	원희룡	
47.85%	41.50%	7.47%	3.17%	100%

그러나 공명선거추진단장 김재원이 공개하기로 한 1, 2차 경선결과 및 검증자료 보고는 없었다. 그는 국민과 황교안 후보에게 거

짓말을 한 것이다.

17) 황교안 후보의 경선결과 검증자료 재요구

황교안 후보는 10월 12일 김재원 공명선거추진단장이 11월 5일 최종경선 발표할 때 공개하기로 한 1, 2차 경선결과 및 검증자료에 대한 공개를 안 하자, 두 차례에 걸쳐 경선결과 및 검증자료를 각 후보자들에게 공개하라고 압박하며 자신의 SNS에 글을 올렸다.

(169) 그러나 국민의힘당 이준석 대표와 김재원 공명선거추진단장은 아직도 공개하지 않고 숨기고 있다. 여당은 경선결과 자료를 그때그때 공개하는데 왜 야당은 계속 숨길까? 이런 비공개 방식을 언제 누가 어떤 목적으로 결정했을까? 그가(이준석 대표나 김종인 전 비대위원장, 선관위원으로 추정된다) 부정선거를 자행한 중앙선관위와 공범일 것이다.

18) 필자의 판단

(170) 당 후보나 당원들이 선거(경선) 과정이나 절차에 의심이 가면 그 검증자료 제출과 해명을 요구할 수 있는바, 중앙선관위와 대법원은 해명을 하지 못하고 조용히 있는데 오히려 이준석 당 대표, 하태경 후보, 한기호 부위원장, 김재원 최고위원 등(선관위원)

이 나서 당원이나 후보들을 당연한 권리를 묵살하거나 회피하면서 겁박하거나 징계한다는 것은 직권남용을 저지르고 있는 것으로 국민의힘 당이 제대로 작동하고 운영된다고 볼 수 없다.

필자의 판단은 전술한 김소연 변호사가 다음과 같이 예리하고 명확히 주장한 것처럼 국민의힘당 이준석 대표, 김재원 최고위원, 김종인 전 비대위원장 등을 위시한 현·전 집행부는 국민을 배신하고 큰 잘못을 저지르고 있다고 확신한다.

이 상황은 이준석이 부정경선으로 당 대표가 될 때부터 4·15 부정선거를 주장하는 많은 국민과의 갈등과 노선투쟁이 예정되어 있었던 것인바, 국민의힘당은 황교안 후보나 당원들에 의해 소송과 고소·고발로 혼란스러워 보일 것이다.

그러나 4·15 부정선거에 관한 증거와 이번 후보 경선과정 및 2022년 3월 9일 대선 후 당 개혁을 통하여, 이준석 대표 유승민 후보 하태경 후보, 김무성 전 대표, 김종인 전 비대위원장 등의 탄핵세력과 회색정치인들은 물러나고 당이 정상화 될 것으로 필자는 보고 있다. 따라서 옥동자를 낳기 위한 산모가 산고를 겪고 있는 것으로 그리 걱정할 일이 아니라고 본다.

이제 대법원 판사들도 4·15 총선 부정선거 의혹에 대해, 많은 당사자들이 무효소송을 제기하고 더 나아가 많은 시민이 고소·고발을 하고 있는 이상 문재인 대통령이나 여당, 김명수 대법원장의 눈치를 보지 않고 공직선거법 제225조의 규정에 따라 조속히 판결함으로써 국민이 정당하게 선출한 입법자만이 국회를 구성할 수 있도록 해야만 한다.

특히 제1야당 이준석 대표가 대법원과 선관위의 부정선거 의혹에 대해 계속 묵살하거나 왜곡한다면, 국민의 참정권을 침해하는 일로써 국민에 대한 반역행위이고, 역사의 죄인이 될 뿐이다.

필자는 부정선거를 주장하는 분들과 함께 민주적 기본질서인 선거정의와 올바른 정당정치를 이루고자 황교안 후보와 민경욱 전 의원의 노력과 투쟁에 적극 동참할 것이다. 국민 여러분들의 많은 협조와 참여 부탁드린다.

바. 4·15 총선의 부정선거 주동자들

민경욱 전 의원은 선관위를 상대로 인천시 연수을의 선거무효 소송을 제기하였고, (171) 이에 대한 재검표검증 과정에서 드러난 1,000여 장의 사전투표관리관 직인의 공인위조 및 행사 혐의(사진 4-1)에 대해, 문재인 이해찬 윤호중 조해주 양정철을 고소하였다.

그러자 조해주 중앙선관위 상임위원은 사퇴서를 제출하였고 문재인 대통령은 8월 5일 그의 사표를 반려했지만 이제는 대법원이나 검찰은 덮고만 있을 수는 없을 것이다.

(172) 선거와 여론조사를 오랜 연구한 김미영 VON 뉴스 대표는 9월 9일「괴물이 된 중앙선관위, 이해찬과 부정선거 5적, 여론조작 메카니즘」에서, 4·15 총선 부정선거주범 5적을 이해찬 더불어민주당 전 대표, 윤호중 원내대표, 양정철 전 연구원장, 고석주, 조해주 선관위 상임위원이라고 말하였다. (사진 16)

(173) 126곳의 수많은 부정선거로 인한 선거무효 소송과 고소·고발이 있었으므로 심리와 수사를 해야 하므로 법원이나 검찰이 더 이상 뭉개고 있으면 안 되며, 계속 그러면 국민적 저항이 일어날 것만 같습니다. (박대석 칼럼)

(174) 그러나 문재인 정부는 국민들의 의혹과 경제는 아랑곳하지 않고 코로나19 방역을 4단계로 격상시키는 등 온갖 방법으로 헌법상 보장된 국민의 집회와 시위의 자유를 봉쇄하고 있다.

사. 서울시장과 부산시장 보궐선거에서의 사전투표 부정선거

(175) 4·15 총선 후 1년 후에 이루어진 2021년 4월 7일 서울시장,

부산시장 보궐선거에서 사전투표에 대해서는 확률적으로 보아 부정선거가 발생하였다. 당일투표는 야당이 26.6%로 이겼고 사전투표는 6.3%로 이겼다.

모집단은 대한민국 국민(서울시민, 부산시민)으로 크고 같은데, 당일투표와 사전투표의 득표율 차이가 26.6%에서 6.3%로 20.3%의 큰 차이로 낮아지는 것은 확률상, 통계상 있을 수 없는 일이다.

또한 당일선거는 여당 더불어민주당이 이긴 구는 한 군데도 없는데 사전선거는 부정선거로 여당이 이긴 구가 많았다.

그런데, 여당은 이번 4월 7일 보궐선거에서 패배할 수밖에 없었는데도 왜 사전투표에서 부정선거를 왜 또다시 감행했을까?

(176) 그 이유는 여당이 지난 4·15 총선에서 실행된 사전투표가 엄청난 승리의 조직적인 부정선거였다는 의혹을 잠재우기의 일환이고, 다음 2022년 3월 9일 대통령 선거에서도 사전투표(사전투표는 여당이 항상 높다는 착시현상을 만들어 국민들에게 각인시키기 위함이다)에서 또 부정선거를 감행하기 위한 계략이라고 필자는 생각하고 있다.

아. 2017년 5월 9일 제19대 대통령 선거에서의 부정선거

1) 문재인 대통령 후보 수행비서 김경수의 여론댓글조작 사건

(177) 전 경남지사 김경수의 드루킹 인터넷 댓글조작 사건에 대해, 특별검사 허익범이 공소를 제기함으로써 2심에서 징역 2년이 선고되자 상고했는데 대법원은 2021년 7월 21일 원심을 인정한 징역 2년을 그대로 유지하는 선고를 하였다.

이로써 중간지휘자에 불과한 김경수는 경남도지사의 자격을 상실하고 업무방해죄로 재수감되었다.

(178) 비록, 특별검사 허익범은 문재인 대통령을 기소하지는 않았지만, 문재인 대통령 수행비서인 김경수와 그와 공모한 민주당원 경공모 대표 김동원 일명 드루킹 댓글조작 사건에서 8,800만여 건에 달하는 인터넷 댓글을 조작함으로써 당시 지지도가 높은 국민의당 안철수 후보는 지지도가 급락하게 되었고, 문재인 후보는 안철수, 홍준표 후보를 제치고 득표율 41.26%로 제19대 대통령에 당선되었다.[58]

문재인은 엄청난 댓글조작으로 당선된 것이므로, 가짜대통령이라

---

58   드루킹 김동원 대표는 법원의 선고로 징역 3년의 형기를 마친 것으로 알려졌다.

고 해도 무리는 없을 것 같다. 이 사건의 수혜자는 문재인 대통령과 김경수 등 부정선거를 자행한 자들로서 그 대가로 도지사 공천을 받았고 공직에 취임한 자들이다.

2) 선관위의 투표결과 통계분석에 의한 부정선거 확인

(179) 2017년 5월 9일 제19대 대통령선거는 드루킹 인터넷 댓글조작 사건뿐만 아니라 역시 4·15 부정선거와 같이 사전투표 조작을 통하여 일어난 부정선거였다.

(180) 중앙선관위의 투표통계자료를 분석하면 당일투표율과 사전투표율에 있어서 홍준표 후보 −8%, 안철수 후보가 각 −8%만큼 득표율을 작게 나오게 조작하였고 이로써 문재인 후보에게는 각 +8%(합계 16%)의 득표율을 가져왔는데, 이러한 사실로 보아 대통령선거도 확실한 부정선거라고 공병호 박사는 자신의 7월 21일자 〈공병호TV〉에서 확인하고 있다.

3) 국민의힘당 이준석 대표, 하태경 후보는 왜 4·15 총선 부정선거 없었다 단정하고, 계속 방조할까?

(181) 안철수 전 후보와 홍준표 전 후보는 2021년 7월 21일경 김경수 전 도지사에 대한 드루킹 댓글조작사건에 관한 대법원의 판

결이 내려지자 문재인 대통령에게 8,800만여 건의 인터넷 댓글조작으로 당선된 만큼 피해자인 자신에게 사과하라고 발언하였다.

(182) 그러나 이준석 대표, 하태경 후보는 중학생도 알만한 드루킹 댓글조작 사건에서 "문재인 대통령은 사실상 관계가 없었을 것", 4·15 부정선거 주장은 가짜뉴스로 거짓이라는 수상하고 방조하는 발언을 계속하였다.

자. 선거에 무관심한 국민의식

우리 국민들은 정치나 선거에 관하여 대부분 무관심하다. 다행히 황교안 후보의 방송토론과 공병호(공병호TV), 이봉규(이봉규TV), 이상로(프리덤뉴스), 조슈아(바실리TV), 손상윤(뉴스타운TV), 데이너김(데이너김TV), 권순활(권순활TV) 김소연(새마을방송) 등 유튜브 방송들이 4·15 부정선거를 강조하고 있어 국민들에게 전파되고는 있으나 언론들의 침묵과 방해로 많은 국민은 부정선거 문제를 잘 모르고 있다.

(183) 그러므로 중앙선관위는 이러한 무관심을 이용하여 부정선거를 감행할 수 있는 사전선거제도를 2014년 4월 17일 이후 계속 확대했으며 특히 코로나19 사태를 이용하여 당일투표는 하루임에도 사전투표를 2일로 확대했다.

당일투표지는 당일투표 후 개표장소로 이전하여 개표하지만 사전투표지는 상당 시일 동안 제대로 관리를 하지 않고 대부분 CCTV가 없고 설치되어 있다해도 시민이 감시할 수 없으므로 부정선거 개연성이 매우 높다. 당일투표 보다도 사전투표에 대해 훨씬 많은 부정증거가 수집되었다.

이러한 부정선거로 집권한 여당이 정권을 유지하기 위하여 또다시 국민들의 의사에 반해 2022년 3월 9일 대통령선거와 2022년 6월 1일 지방선거, 2024년 4월 10일 총선에서 부정선거를 자행한다면 우리의 미래는 영원히 없으며,

(184) 그들은 중대한 범죄자로서 퇴임 후 재직 중 범죄(특히 문재인 대통령) 행위를 덮기 위하여 언론에 재갈 물리는「언론중재법」을 개정하고, 반대로 야당이 공정한 선거제도확립을 위한 수개표 방식을 방해하는 입법 활동을 하는 것이다. 우리 국민들은 부정선거 문제에 대하여 모두가 나서야 한다.

더이상 부정선거에 계속 침묵한다면 정권교체가 불가능하고 우리나라는 공산주의 전체주의가 되어 망한다고 황교안 후보, 공병호, 이봉규 박사나 조슈아 유튜버 등과 필자도 똑같이 단언하고 있다. 즉, 차베스와 마두로가 부정선거로 20년 이상 집권한 베네수엘라와 같은 나라로 추락할 것이다.

그동안 부정선거에 관한 명백한 증거들이 쏟아져 나오고 있는 가운데 조갑제, 정규재 등 전 언론사 주필 출신 유튜버는 부정선거는 없었다고 주장하면서 야당이나 선관위를 대신하여 국민을 기망하였는데 정도가 지나쳐 중요한 정치상황에 대한 판단력이 부족하다고 인정되어 책임을 물어 퇴출시켜야 한다.

최근 펜앤드마이크 정규재는 페이스북에 「이분들의 커밍아웃을 기다리며」라는 글에서 '어제들은 이야기 한 토막이다. 민경욱 재검표에 참관한 정치인 출신 유튜버 한 분과 널리 이름이 알려진 변호사 한 분이 모임에서 했다는 발언이다. "선거조작은 아닌 것 같다. 광범위한 선거 관리부실이 발견되었다, 현장에서 부끄러움을 느꼈다"라며 내가 전해 들은 이야기는~'라는 글을 올렸다.

이처럼 부정선거 증거가 발견되고 있음에도 아직도 관리부실이라고 우겨대는 대단한 조작 사실을 읽고 (부정선거 주장자들은) 놀라지 않을 수 없다. 왜 억지를 부릴까? 뭔가 수상하거나 한마디로 무식한 것이다.

(185) 이에 대해, 현성삼 변호사는 6월 28일과 8월 23일 재검표 이후에도 정규재는 있지도 않은 익명을 이용한 허위 소식통을 유포하여 지금도 부정선거 주장자를 모함하고 있다면서 "정규재 이 사람 악질입니다. 6월 28일 재검표와 8월 23일 재검표장에 소송대

리인으로 들어갔던 모든 사람에게서 (사실관계를) 확인해 보았습니다. 정규재가 전해 들었다는 발언을 한 사람은 아무도 없었습니다. 부정선거를 부정하는 사람들과 무슨 커넥션이 있는 것입니까? 카이스트의 리빙파인 교수(이병태 교수를 말하는 것임)와 함께 침묵하시기 바랍니다."라고 직격탄을 날렸다.

차. 야당후보들은 여당과 선관위의 부정선거에 동조하거나, 침묵해서는 안돼

윤석열 후보는 검찰총장 재직 시 국민이 제기한 부정선거 의혹에 대하여, 검찰청에 고소·고발했던 17건의 선거 사건을 모두 기각(이성윤 서울중앙지검장)시켜서 그런지 모르겠으나, 부정선거는 원론적으로 용납할 수 없는 일이라고 하면서도 특검이나 적극적인 수사, 수개표 등 방법에 관해서는 적극적인 방향을 제시하고 있지 않다. 캠프의 현직 국회의원의 도움을 받아서일까?

최재형 전 감사원장도 감사청구 한 사안(?, 감사청구가 있었는지는 필자는 모른다)에 대하여, 최재형 후보(자신이 정직한 법관이었으므로 다른 법관도 정직한 법관일 것이라고 착각해서 그런 것인지)도 후배 법관이 지역 선관위원장을 맡고 있기 때문인지는 알 수는 없으나 부정선거 문제를 단순한 선거관리 부실 문제로 돌려서는 보수표를 얻기 어려울 것이라고 피력했다.

박근혜 탄핵이 옳았다는 그릇된 판단 때문에 현 지지율이 답보상태라는 점을 필자와 많은 유튜버들, 국민들은 정확히 지적하고 있다. 빨리 인식하여 시정하여 주기를 간곡히 바란다.[59]

따라서 부정선거 문제에 대하여 대통령 후보들이 부정선거는 없었다고 단정하거나 침묵하는 점에 대하여 크게 실망하고 있다. 참정권은 자유민주주의를 실천하는 기본 중의 기본이고 국민이 그처럼 신성한 주권을 행사하여 뽑을 지도자가 선관위에 의해 조작되거나, 선관위와 결탁한 세력이 정권을 획득한다는 것은 결코 용납되어서는 안 되는 일이기 때문이다. 최재형 후보는 탄핵의 부당성 등에 관하여 뒤늦게 재인식한 것 같다.

4·15 총선거에 대해 부정선거가 없었다는 인사들

1) 가장 적극적으로 부정선거가 없었다고 주장하는 정치인들은 이준석 국민의힘당 대표, 김종인 전 비대위원장, 유승민 후보, 하태경 후보, 한기호 의원 등이 있으며, 최재형 후보는 중앙선관위의 선거 관리부실로 보았고 국민의힘당 의원들은 대부분 침묵하고 있는 부정선거 부정론자이다.

---

[59] 전 조선일보 대기자이며 월간조선 전 주필 우종창(거짓과 진실TV)이 저술한 「어둠과 위선의 기록(박근혜 탄핵백서)」, 채명성, 「탄핵, 인사이드아웃」, 기파랑, 2019, "박근혜 불법탄핵 법조세미나(1회~ 4회), 2021.5.~2021.10." 참조.

2) 대표적인 언론계 인사로서는 조갑제, 정규재 전 주필이 있고 조·중·동 과 방송 등 주류언론의 행태를 볼 때 대부분 언론계 인사들은 부정선거는 없었다고 왜곡하거나 침묵하는 자들이다.

3) 학계 인물로는 카이스트 이병태 교수 등이 있다.

이에 반하여, 4·15 총선은 전국적인 부정선거였다는 인사들

1) 부정선거 저지(방지) 단체로는 4·15 부정선거국민투쟁본부(국투본, 대표 민경욱), 4·15 부정선거시민감시단, 클린선거시민행동(공동대표 이상로), 공명선거총연합(대표 김철형), (해외 미국, 호주) 4·15 총선부정대책총연합회(대표 신숙희), 해외동포구국연대, 미국 이민자애국포럼, 트루스포럼, 자유민주주의 선거회복을 위한 교수모임(50여명의 교수들은 10월 2일 시국선언을 함), 사회정의를 바라는 전국교수모임(공동대표 최원목, 이제봉) 등이 있다.

2) 4·15 부정선거를 주장하는 가장 적극적인 정치인은 민경욱 전 의원, 뒤늦게 6월 28일 재검표 과정에서 많은 부정선거 증거와 사례를 보고 부정선거를 방지하겠다고 나선 황교안, 장기표, 안상수 후보, 국민혁명당의 전광훈 목사, 김경재 전 의원, 이규택 전 의원, 우리공화당 조원진 대표 등이다.

3) 언론계 대표적인 인사는 공병호(공병호TV), 이봉규(이봉규 TV), 이상로(프리덤뉴스), BJ톨TV가 있고, 조원룡(뉴스타TV), 조 슈아(바실리TV), 조우석(뉴스타운), 손상대(손상대TV), 손상윤 (뉴스타운), 데이너김(데이너김TV), 권순활(권순활TV), 김세의 (가세연TV), 성창경(성창경TV), 주옥순(엄마방송)이 있으며, 그 외 정광용(정광용TV), 문갑식(문갑식의 진짜TV), 고성국(고성국 TV), 강미은(강미은TV 방구석외신), 박완석(정의구현), 미국의 프랭크남쇼TV, 박성현(뱅모 세뇌탈출), 마이클심(마이클심TV) 등 많은 유튜버 인사들과 중앙일보 대전총국장 김방현 기자, 이신 우 문화일보 논설고문, 박대석 칼럼리스트, 홍지수 작가 등이다.

4) 법조인으로는 박주현, 권오용, 도태우, 문수정, 김소연, 조수 아, 최연택, 석동현, 차기환, 권오현, 이동환, 최명성, 유정화, 현 성삼, 김기수, 장영하, 서정욱, 강용석, 윤용진, 박상흠, 최진욱, 윤세은, 박준우, 이지언, 김학민, 남봉근 등 많은 변호사가 있다.

5) 학계 인사는 부산대 김성진 교수, 서울대학교 박성현 교수, 명 지대학교 박영아 교수, 연세대 최원목 교수, 국방과학연구소 윤여 길 박사, 경남대 윤진기 명예교수, 강남대학교 김병준 교수, 미시 간대학교 월터 미베인 교수 등이다.

카. 부정선거 문제를 조·중·동과 방송 등 주류언론들이 적극 방해, 왜곡하는 이유

선거의 공정성과 투표의 무결성은 자유민주주의를 지키는 주춧돌이다. 그런데 조·중·동과 방송 등 주류언론들은 많은 국민이 오랜 기간 꾸준히 부정선거 문제를 폭로하거나 시위를 하여도 모른 채 외면하고 있으며 심지어 방해하고 왜곡까지 하고 있다.

언론은 최근 민경욱 전 의원의 2021년 6월 28일자 인천 연수을, 나동연 후보의 8월 23일자 양산을, 박영찬 후보의 8월 30일자 서울 영등포을 선거구와 국민혁명당 비례대표의 선거무효 소송에 대한 대법원의 재검표 검증상황 등에 관하여 일체 보도 하지 않은 것은 물론 심지어 부정선거 문제를 방해하거나 왜곡하고 있다. 다음은 그 사례들이다.

1) 민경욱 전 의원에 대한 마녀사냥

언론들은 민경욱 전 의원이자 선거무효소송을 제기한 원고이며 4·15 부정선거국민투쟁본부 대표에 대한 기사를 작성하면서 항상 도가 지나칠 정도의 악의적인 워딩을 사용한다. 언론사들이 서로 짜 맞춘 듯 프레임을 씌우고 있는 것이 눈에 빤히 보인다.

소송당사자로서 아울러 정치인으로서 선거결과에 대해 의혹이 있어 정당하게 재검표를 주장하는 것임에도 불구하고 '선거불복'이라는 프레임을 씌워 음모론자로 깎아내리고 음해하는 식이다. 한 개인을 향해 모든 언론사가 일제히 공격하는 모습은 오히려 언론사들의 공정성에 대해 의구심을 갖게 한다.

예컨대 〈노컷뉴스〉는 9월 22일 자 기사에서 "민경욱 전 의원이 지난해 5월 4·15 총선은 QR코드 전산 조작과 투표조작으로 이뤄진 부정선거"라며 선거무효 소송을 제기했지만, 대법원이 민 전 의원 지역구인 인천 연수을에서 재검표 검증을 실시해 문제없다고 결론을 내린 바 있는 사안이다. 사법기관에서도 결론을 내렸다."라고 의도적인 거짓말을 하고 있다. 대법원은 선거무효 소송과 관련하여 어떠한 판결과 결론도 내리지 않았다. 사실확인은 보도의 첫걸음이다.

최근 민경욱 전 의원은 자신의 4·15 총선 부정선거 주장에 대해 '법원이 부정선거가 없었다는 판결을 내렸다'라고 가짜뉴스를 쓴 언론들을 언론중재위원회에 고발하였다. 즉 JTBC, 노컷뉴스 등 다소 좌편향 언론은 물론이고, 조중동을 비롯한 주류언론들도 대법원 판결이 나지 않은 사안을 갖고 마치 판결이 난 것처럼 국민을 현혹시킨 것이 그 이유이다.[60]

---

60 민경욱 전 의원이 제기한 정정보도 신청을 받아들여 JTBC 등은 정정보도를 하였다.

그 외 많은 언론이 부정선거의혹을 제기하는 그 자체를 금기시하는 듯한 기사를 내는데 JTBC, YTN, 연합뉴스, 국민일보, 머니투데이, 이데일리, 한국일보, 오마이뉴스, 한겨레, 조·중·동 다 마찬가지이다. 다만 중앙일보의 김방현 총국장(기자)은 2020년 5월 15일 전자투표기의 오작동 문제와 10월 28일 부정선거에 관한 칼럼을 썼다.

2) 황교안 후보에 대한 여론조작

법무부장관, 총리와 대통령권한대행까지 지낸 황교안 후보가 '부정선거 척결'이라는 공약을 내놔도 노조들이 장악한 언론사들은 이를 숨기기에 급급하며 부정선거 진상규명에 관련된 황교안 후보의 발언 등을 의도적으로 게재하지 않고 있다.

그 예로 조선일보는 황교안 후보의 부정선거 이슈로 여론조사 인기도가 높게 나오자 해당 여론조사를 온라인에서 삭제해 버렸다.

MBC는 국민의힘당 8명의 TV토론 영상 중에서 황교안 후보 부분만을 저작권을 문제 삼아 국민의힘 공식 유튜브 채널에 올리지 못하도록 했다. 언론사들이 필사적으로 부정선거 공론화를 막고 있다.

또 국민의힘 황교안 후보와의 시그널TV 면접에서, 진중권 전 동양대 교수와 김준일 (인터넷신문 발행인) 대표도 마치 대법원이 부정선거 소송에 대해 판결을 내린 것으로 착각하고 있는 듯한 발언을 해 빈축을 사기도 했다.

하태경 후보는 후보자 방송토론에서 "부정선거 의혹은 가짜뉴스이고 대법원에 의해 사실이 아닌 것으로 판결이 났다"라는 거짓말을 해서 논란이 된 바 있다.

결국 하태경 후보는 "대법원 판결이 아니라 대법원 결론이다."라고 말을 바꿨지만 부정선거에 관한 소송은 어떠한 판결도 결론도 아직 나지 않았다.

이처럼 언론사들이 서로 짜고 특정 사안에 대해서는 눈을 감고 기사를 쓰지 않거나 간혹 쓴다 해도 포토 뉴스 정도로 싣고 있다. 이는 철저하게 부정선거를 외면해서 주장하는 이들이 스스로 의지를 접게 하겠다는 의도로밖에는 해석되지 않는다. 도대체 어디서부터 잘못되었는지, 부정선거의 역사는 언제부터였는지, 언론사는 왜 저렇게 쩔쩔매면서 부정선거 의혹 자체를 금기시하는지 너무도 궁금하다.

부정선거는 이를 파면 팔수록 끝도 없이 나오고 있어 이제는 최근 30년간의 모든 선거가 부정선거가 아니었을까 하는 의심마저 든다는 사람도 나오고 있을 정도이다. CNN 등 미국의 언론도 똑같이 하다가 시청률이 바닥났다. 그래서 사주가 바뀌었다.

최근 온라인 커뮤니티의 분위기는 부정선거 의혹에 관심을 나타내는 모습이다. "부정선거에 대한 의혹이 있으면, 투명하게 공개하고 의혹을 풀어주면 되는데 언론사들이 나서서 숨기고 외면하거나 의혹 제기 자체를 음모론으로 매도하는 것을 보니 정말 수상하다. 오히려 언론이 계속 뭔가를 숨기려 하니 실제로 부정선거가 확실히 자행된 것 같다는 확신이 든다." 이런 분위기다.

필자는 조·중·동과 방송 등 주류 언론들에게 박근혜 전 대통령에 대한 사기 탄핵과 가짜뉴스로 문재인 정부 탄생에 일조한 원죄가 있어서 자유 우파 정당 후보들이 정권을 되찾는 것이 부담스러운 것은 아닌지 되묻지 않을 수 없다.

(186) 그런데 최근 문화일보 이신우 고문은 부정선거가 없었다는 이준석 대표를 비판하였고 드디어 부정선거에 관한 논설을 실었다. 참 다행스러운 일이 아닐 수 없다.

(187) 미국 부정선거를 밝히고 있는 트럼프 전 대통령의 법무팀 연방검사 출신인 강단 있는 여성 시드니 파월변호사는[61]

---

61 젊은 시절엔 연방검사로서 목숨을 걸고 방탄조끼까지 입고 다니며 마약범죄 집단을 소탕하는데 전력을 다하였다. 그녀는 정직하고 부정을 보면 벌하는 거침없는 단호한 성격의 소유자로서 미국에서 신망이 매우 높은 변호사이다. 조작된 러시아 내통사건에 관한 마이크 플린 전 백악관 안보보좌관의 변호를 맡아 무죄판결을 이끌어 냈다. 이로써 함께 트럼프 전 대통령의 최측근 참모가 되었다.

"2020년 11월 3일 미국의 대통령 선거는 광범위한 사기 선거였으며 이를 방치하면 세계는 희망이 없다. 세계 각국은 부정선거임을 알고 있으며 미국 주류언론들의 어떤 기사도 거의 거짓이므로 이를 믿어서는 안 된다. 아직도 미국 국민의 1/3은 이를 깨우치지 못하여 안타깝다. …그렇지 못하면 미래는 더 나빠질 것이다."라며 정치상황을 우려했다.

우리 언론도 깊이 반성하고 진실과 정의를 위해 사실대로 보도해야 할 것이다.

타. 정권교체에 필요한 야당지도자의 리더십과 지혜

엄중한 정권 교체시기에 야당지도자는 수많은 정책공약을 내세우는 것이 우선이 아니다. 문재인 대통령이나 여당인 더불어민주당이 코로나19를 이용한 사전선거 확대로 인한 부정선거, 언론을 이용한 공작정치로 정권을 획득했고 이로써 문재인 정부, 1당 의회 독재, 사법부, 언론이 국민의 신뢰를 잃었음을 정확하게 제대로 알리면 되는 것이다.

거짓 탄핵과 부정선거와 인터넷 댓글 공작으로 국민을 속여 당선된 문재인 대통령과 더불어민주당 의원들을 정면 비판하고 갑작스러운 미군철수로 많은 사상자를 낸 아프가니스탄의 전철을 밟

지 않기 위한 한미동맹 복원선언, 부정선거 원흉색출과 박근혜 전
대통령의 즉시 석방을 중대 정책으로 내세우면 된다.

아울러 집단이기주의를 획책하는 민노총, 역사와 교육을 왜곡하
는 전교조의 합리적 개혁, 청년실업문제 해결, 코로나19로 피폐
된 자영업자와 중소상공인의 현실을 파악하고 중소기업과 대기업
을 함께 살리는 경제정책을 발표하며 세금 부담이 세계 최고인 부
동산 관련 조세제도를 과감히 개혁하는 정책안을 밝히면 된다.

전체 야권을 아우르는 통합의지와 용기, 정직성, 타 후보들을 방
문하여 격려하고 통합방법과 의견을 나누는 지혜를 가진 야당지
도자를 지금 이 시대 국민은 원하고 있다.

파. 여당을 위한 언행과 경선의 불공정성 등 리더십 부재로
사퇴하거나 백의종군해야

우리는 불법이나 부정선거로 경쟁자나 상대방을 이기는 것, 거짓
선동이나 내로남불로 정권을 유지하는 것, 역사를 왜곡하는 것,
부정·부패로 나라가 망하는 것을 원하지 않는다. 부정선거로 이긴
승리는 결코 승리가 될 수 없으며, 부정부패는 언젠가는 밝혀지는
것이고 그들이 계속 집권하는 한 나라는 더 망가지게 된다.

우리나라 언론은 문재인 정부와 민노총 등 자신들이 원하는 세력에 대해, 과분하게 친절하고 여론띄우기의 선수들이므로 우리는 언론 보도에 대한 과학적 분석과 사실검증이 필요하다.

우리는 광우병사태, 탄핵정국, 세월호사건 때처럼 여당이나 언론의 선동적인 전술이나 공작에 편승하거나 속지 말아야 한다. '부정선거는 없었다', '이준석 돌풍으로 국민의힘당 당원이 갑자기 늘었다', '지지도 40%가 넘었다' 등 언론선동과 공작, 거짓 술책에 속지말아야 하며 그 대비책을 세워야 하는 것이다.

탄핵이 옳았다, 부정선거 결코 없었다고 주장하는 김종인 전 비대위원장을 총괄선대위원장으로 모셔야 한다며 자신들의 정치적 이익과 여당과 궤를 같이하는 언행 등으로 국민을 속이는 정치평론가·말장난 수준의 이준석 대표 체제로는 국민의힘당 지지도는 떨어질 것이다.

수습책을 시급히 마련하여야 한다. 박근혜 전 대통령 사면요구 등의 시기도 놓쳤다. 보수국민들의 마음을 되돌려놓아야 한다. 야권 유력 후보들과 회동을 해야 한다. 다행히 이재명 후보의 대장동 특혜부패사건, 아들 도박사건, 폭력조직관련 사건, 형수욕설 사건, 변호사비 대납사건 등으로 지지도가 박스권안에 묶여있다.

제 4 장

미국 2020년 11월 3일
대통령 부정선거와의 비교

시드니 파웰변호사는 "2020년 11월 3일 미국의 대통령선거는 광범위한 사기선거였으며 이를 방치하면 세계는 희망이 없다. 세계 각국은 부정선거임을 알고 있으며 미국 주류언론들의 어떤 기사도 거의 거짓이므로 이를 믿어서는 안 된다. 아직도 미국 국민의 1/3은 이를 깨우치지 못하여 안타깝다. 우리는 승리를 위해 불법세력과 싸워야 한다, 그렇지 못하면 미래는 더 나빠질 것이다."라고 발표했다.

트럼프 전 대통령은 조지아주 미시간 펜실베이니아 위스콘신 등 전국적으로 계획적인 부정선거가 행해져 재검표감사를 진행하고 있으며 펜실베이니아주에서는 당시 윌리엄 바 연방법무부장관(검찰총장 겸임)이 주 검사에게 부정선거 수사를 중단시킨 사례를 공표하기도 하였다.

이에 비하면, 부정선거 없었다는 우리나라 국민의힘당 이준석 대표, 하태경 의원이나 계속 침묵하는 국민의힘당 의원들과는 격세지감이 있다.

가. 우리나라 부정선거와 유사점

(188) 우리보다 더 자유 민주화 된 미국의 2020년 11월 3일 대통령선거에서도 중국 공산당이 관여되어 있는 도미니언 전자분류기(개표기)와 우편투표(우리나라의 관외 사전투표와 유사하다) 등에서 우리나라의 부정선거와 같은 다음의 부정선거 사실이 광범위하게 드러났다.

(189) 미국의 애리조나, 조지아, 미시간, 플로리다 등 경합주(州) 주시민들의 부정선거에 대한 의혹 제기에 따라 가장 먼저 실시 된 애리조나주 마리코파 카운티의 208만 장 투표지에 대한 엄격한 포렌식 조사(방해공작으로 포렌식 조사는 일부 제외되었다)를 포함한 재검표감사가 수개월 동안 진행되었다.

전 세계가 이를 주목하고 있는 가운데 다른 13개 주 공화당 의원들은 마리코파 카운티 재검표감사장을 견학 브리핑받음으로써 조지아, 미시간, 플로리다 주 등에서도 똑같은 방식의 재검표감사가 실시 될 것으로 최근 미국언론(일부)이 보도하였다.

수개월 동안 검증한 마리코파 카운티에 대한 애리조나주 상원의 재검표감사 최종 결과발표(공청회)에 따르면,
(190) 애리조나주 상원은 민주당의 협박 속에서 재검표감사를 마

쳤고 그 결과를 공개하려 하자 민주당은 이를 소송으로 방해했다. 그러나 애리조나주 대법원은 공개를 명령했다.

재검표감사 결과 부정선거 증거와 사실이 대량 폭로 발표되었는데 선거인 명단에 없는 25만5000명의 우편투표지, 선거인에게 발송되지도 않았는데 수신된 투표지 9,041장, 선거일(2020. 11. 3.) 이후 추가 작성된 ***장의 투표지, 300명의 사망자 투표지, 이미 이사 간 시민 2만3344명의 우편투표지, 공청회에서 많은 시민이 부정을 증언한 사실, 서버가 해킹된 사실, 외부인이 접근하여 투표 로그기록을 삭제한 사실 등으로 이번 민주당 바이든이 당선된 2020년 11월 3일의 대통령 선거는 부정선거임을 공표했다.

(191) 이후 2020년 11월 3일 대통령선거는 투표의 정직성 투명성 공정성이 훼손되었다며 바이든 대통령 당선무효와 탄핵(공화당의원 수로는 불가하다), 미국을 다시 위대하게!(MAGA운동) 등 공화당을 한층 지지하는 새 물결이 일어났으며 그 파장은 의외로 크다.

여전히 여러 주(州) 재검표감사에서의 민주당과 공화당의 힘겨루기는 계속되고 있다. 선거에 문제가 없으면 당연히 의혹해소 차원에서라도 재검표감사를 하면 된다.

(192) 미국 민주당은 재검표감사에 대해 우리나라 대법원이나 선관위처럼 지나칠 정도로 방해하고 있다. 경합주(州) 뿐만 아니라 전국으로 확대된다는 보도도 있었다.

사람마다 생각이 다를 수 있으나 미국 대통령은 미국인들이 선출하는 것으로 도널드 트럼프는 재선에 패배했지만, 필자는 트럼프 전 대통령을 미국의 위대한 지도자라고 보고 있다.[01]

그는 독실한 기독교인으로서 대통령 재임 시 세계질서를 바로잡기 위한 노력과 판단으로 다음과 같은 정책을 펼쳤다. 중국공산당이 무역전쟁으로는 미국을 이길 수 없어 (193) 코로나19 바이러스를 우한바이러스연구소에서 의도적으로 전파시켰다는 판단(그러나 바이든 대통령과 그의 보건담당 참모 앤서니 파우치 박사는 자연 발생한 것이라고는 거짓말로 일관하였다.[02] 이런 이유로 민주

---

01 대한민국 국민은 트럼프 전 대통령이 주한미군 방위비를 대폭 올려야 한다는 취지의 발언, 2018년 6월 13일 지방선거 직전 트럼프 vs 김정은 싱가포르 회담, 자국민 우선주의 정책 등으로 '돈만 아는 사업가 출신 대통령'이다, '김정은 칭송자'이다는 등의 부정적인 인식을 많이 가지고 있다. 그러나 트럼프는 대통령으로서 급여를 받지 않았고 북핵 해결을 최우선 순위로 두어 김정은 위원장을 계속 추켜세웠다. 그러나 북한 김정은이 끝까지 속이자 더 이상의 협상을 진행하지 않았다. 그는 한미동맹과 미군주둔의 중요성을 경제·군사적 관점에서 한국정부에 강조한 것으로 필자는 평가한다.

02 세계적인 병리학 박사나 권위자들이 코로나19 바이러스가 중국에 의해 인위적으로 전파된 사실을 부각시키자 이를 덮으려는 조치로 그는 3,000여 건의 메일을 보내 이들을 압박하거나 회유한 사실이 밝혀졌다. 이는 최근 주(州)검찰에 의해 기소된 것으로 알려졌다. 의료전문가들은 코로나19가 중국의 우한바이러스 연구소에서 전파했다고 계속 발표하고 있는데 중국당국이 백신개발에 일찍이 참여한 점 등을 그 이유로 들고 있다.

당이 장악한 주에서는 부정선거가 용이한 우편투표 선거가 확대되었다),

백신개발 기반마련, 중동평화 기여, 법인세 감면정책과 리쇼어링 (해외진출기업의 국내복귀) 정책으로 세계적인 불경기 하에서도 경제회복 실현, 중국의 불공정한 무역과 지적재산권도용 시정요구, 올바른 이민·에너지 정책, 페이스북 아마존 팔로우 등 빅테크 기업의 불공정행위에 관한 규제[03]와 자국민 우선주의 등 많은 업적이 있었다.

(194) 2020년 11월 3일 대선에서 이미 참모들과 군 여러 정보기관, 특히 민경욱 전 의원의 우리나라 4·15 총선 부정사례 등에 관한 보고를 통해 중국 등의 부정선거 개입을 잘 알고 있어서 이를 극복하려고 전력을 다해 노력했다. 그러나 그는 재선에 실패했다. 그 원인을 살펴본다.

(195) 직접적인 원인으로는 측근 참모 중 마이크 펜스 전 부통령[04],

---

03 트럼프 대통령은 재임 중 빅테크기업에 대해 통신품위법 제230조에 제한을 가하는 행정명령에 서명하였다. 이유는 페이스북, 트위터, 구글 등이 자행하는 검열은 불법이자 위헌이며, 비미국적이라는 것이며 이로써 선거기간 중 트럼프의 팔로우 계정이 차단되었고 주류 언론의 방해가 심했다.

04 연방제 국가인 미국 대통령선거는 각 50개 주(States)의 선거인단 인증은 주의 선거를 관리하는 주지사의 인증을 거쳐 주 의회가 최종 인증한다. 경합주 7개 주 공화당은 2020년 11월 3일 대통령 선거는 사기선거라고 주장하면서 주지사 인증을 거부하여 주의회의 합

윌리엄 바 전 법무부장관(검찰총장을 겸임), 백악관 전 비서실장, FBI·CIA 전 정보수장들과 밀리 합참의장[05], 공화당 의회지도자들이 배신하거나 민주당 혹은 중국공산당과 거래했으며 언론조차 중국의 금권·광고·미인계 전략에 연계되어 부패 되었기 때문이다. 이 점은 우리나라의 탄핵사건과 4·15 부정선거와 같이 배신과 정치적 이익과 중국공산당이 개입됐다는 측면에서 거의 유사하다.

나. 우리나라 부정선거와의 차이점

그럼에도 불구하고 트럼프는 대통령직을 큰 불상사 없이 물러나 정권이양의 모양새를 갖추었다. 사실은 2보 전진을 위한 1보 후

법적인 인증절차가 없었다. 이 경우 주 상하원이 모인 합동회의에서 최종 당선인 결정을 한다. 각 주에서 모인 트럼프를 지지하는 100만여 명의 시민들은 국회의사당 광장에서 부정선거가 있었다는 집회가 있었는데도 상원의장인 공화당 마이크 펜스 부통령은 주지사가 인증한 선거인단을 그대로 확인하였다. 이에 흥분한 트럼프 지지자들이 의사당에 진입하여 경찰과 충돌이 발생하고 트럼프 지지자 여성 1명을 포함한 4명이 총격으로 사망하였다. 의사당 난입 사건의 진실과 책임에 대해 민주당은 "트럼프가 선거결과에 승복하지 않고 이를 부추켜 그 책임은 트럼프에 있다"며 탄핵을 추진하였는데 민주당이 다수인 하원을 통과하였으나 상원에서 부결되었다. 이 과정에서 공화당 일부 의원이 민주당에 가세하여 찬성하였다. 트럼프는 의사당 진입사건을 "민주당이 유도한 정치공작이다"라며 반격하였다. 경찰 정보기관이 수사하고 기소하였으나 아직 진상이 명확히 규명되지 않고 있다.

05 바이든 대통령이 2021년 4월 12일 펜타곤(국방부)에 방문했을 때 그의 출입을 봉쇄한 일에 대해 밀리 합참의장이 긴급 소집한 합참수뇌부 회의 시 "트럼프에 충성하지 말고 바이든 대통령에게 충성하라"고 명령하자, 트럼프 전 대통령의 친군부인 데이비드 H. 버거 해병대 사령관은 해군 법무관(해군중장)이 발부한 체포영장으로 그를 반역죄로 구속 수감하였다. 밀리 합창의장은 2020년 11월 3일 대통령 선거 전후 중국 합참의장 등과 내통하여 핵 동향 등을 알려준 혐의이다. 이는 트럼프 전 대통령이 미국의 군부를 장악한 근거이다.

퇴였다.

(196) 트럼프 전 대통령은 백악관을 떠난 후, 부정선거를 잘 모르는 국민에게 상황을 제대로 홍보하기 위하여 트럼프가 창설한 우주군과 정직한 군부의 도움을 받아 투표지(사전선거 투표지 포함) 선거인명부, 전자개표기 컴퓨터, 서버, 만든 투표지 집어넣기 동영상, 시민 고발서, 시민들의 진술서, 여러 정보기관 보고서, 부정선거 법률팀의 증거물이 잘 보전되어 있으므로

먼저 부패하고 배신한 공화당 소속 의원과 주지사, 주 국무장관 등을 솎아내는 정화작업을 통해 현직의원이 아님에도 트럼프는 공화당을 장악했다.[06] 이 점은 우리나라 상황과는 완전히 다르다.

(197) 민주당은 자신들에게 유리하게 코로나19 팬데믹을 이용한 (연방)선거법을 다시 제정하려 하였으나 이번에는 공화당 상원의원이 똘똘 뭉쳐 단 한 명의 이탈 없이 반대하여 부결(50:50)시켰고 오히려 트럼프의 공화당은 다음 선거를 공정히 치를 주 선거법 개정의 발판(종전의 코로나19 문제로 인한 우편투표 확대를 부정선

---

06 트럼프를 배신한 공화당 10명의 의원에 대해, 서열 3위인 공화당 원내총무 리즈 체니를 투표로 직위를 박탈시켰고 트럼프 지지자인 스테파니를 선출하였다. 또 차기선거에 공화당으로 출마할 수 없도록 공천을 배제했으며 공화당 자금줄을 트럼프 자신이 관리하는 단체(Save America 등)로 통합시켰다. 재임 시보다 퇴임 후에 더 많은 국민이 트럼프를 지지하고 있다.

거방지를 위한 우편투표 제한, 선거인명부에 의한 신분확인 등)을 마련할 수 있었다.[07]

(198) 더 나아가 공화당 주의원과 지지자들은 부정선거에 대한 확신과 트럼프의 판단이나 주장, 증거를 믿고 재검표감사를 요구했으며 민주당의 극심한 방해에도 이를 관철시켰다. 그리고 민주당 소속의 교육위원회 교육감 및 산하 학교의 편향된 자녀 교육에 대하여 국민들을 깨우치고 있다.[08]

(199) 미국 부정선거를 밝히고 있는 트럼프 전 대통령 소송법무팀의 일원인 연방검사 출신인 강단 있는 여성 시드니 파웰변호사는 "중국에서 미국으로 배송된 상당한 위조 투표용지 증거를 입수했다"라고 발표했다.[09]

---

07 특히, 텍사스주 하원에서는 공화당이 공정선거를 치르기 위한 선거법을 개정하려 하자 민주당 하원의원들은 의회에 불출석(의회는 3분의 2 이상의 출석으로 개회된다)하기 위하여 의회 예산으로 모두 워싱턴DC로 비행기를 타고 도망을 가, 공화당 하원의장은 법원을 통해 체포영장을 발부받았다. 하는 수 없이 도망갔던 민주당 의원이 돌아오자 주 하원은 선거법을 개정하였다. 우리나라 국민의힘당 박대출 의원은 선거법과 관련하여 수개표 방식을 요구하고 있다.

08 우리나라 전교조와 같은 좌파적 이념을 가진 사람들의 교육실태를 의미한다.

09 젊은 시절엔 연방검사로서 목숨을 걸고 방탄조끼까지 입고 다니며 마약범죄 집단을 소탕하는데 전력을 다하였다. 그녀는 정직하고 부정을 보면 벌하는 거침없는 단호한 성격의 소지자로서 미국에서 신망이 매우 높은 변호사이다. 조작된 러시아 내통사건에 관한 마이크 플린 전 백안관 안보보좌관의 변호를 받아 무죄판결을 받아냈다. 이로써 함께 트럼프 전 대통령의 최측근 참모가 되었다.

또 파웰변호사는 "2020년 11월 3일 미국의 대통령선거는 광범위한 사기선거였으며 이를 방치하면 세계는 희망이 없다. 세계 각국은 부정선거임을 알고 있으며 미국 주류언론들의 어떤 기사도 거의 거짓이므로 이를 믿어서는 안 된다. 아직도 미국 국민의 1/3은 이를 깨우치지 못하여 안타깝다. 우리는 승리를 위해 불법세력과 싸워야 한다, 그렇지 못하면 미래는 더 나빠질 것이다."라고 발표했다.[10]

(200) 트럼프 전 대통령은 조지아주 미시간 펜실베이니아 위스콘신 등 전국적으로 계획적인 부정선거가 행해져 재검표감사를 진행하고 있으며 펜실베이니아주에서는 당시 윌리엄 바 연방법무부장관(검찰총장 겸임)이 주 검사에게 부정선거 수사를 중단시킨 사례를 공표하기도 하였다.[11]

이에 비하면, 부정선거 없었다는 우리나라 국민의힘당 이준석 대표, 하태경 의원이나 계속 침묵하는 국민의힘당 의원들과는 격세지감이 있다.

---

10 OECD 46개국의 국민을 상대로 설문 조사한 결과 미국 국민은 29%만 언론을 믿는다고 하여 OECD 국가 중 최하위였다.

11 윌리엄 바 전 법무부장관은 조 바이든의 아들 헌터 바이든이 중국 공산당으로부터 거액의 사례금을 받은 정보를 숨겼다는 이유로 2020년 11월 3일 대통령선거 후, 당시 트럼프 대통령에 의해 해임되었으며 그는"펜실베이니아주 검사에게 부정선거 수사중단을 지시하는 이메일은 보낸 바 없다"라고 주장하고 있다.

다. 부정선거로 당선된 미국 가짜 대통령 바이든의 아프가니스탄 철수에서 얻는 시사점-남의 일 아냐

8월 15일경 아프가니스탄에서는 미국 가짜대통령 바이든이 나토나 영국 등 동맹국과 충분한 사전협의 없이 평화협정으로 미군철수를 명령을 결정하자마자 아프가니스탄 정부는 탈레반에 의해 맥없이 무너지고 말았다.

아프가니스탄 대통령은 국민을 버리고 모은 돈을 가지고 도주를 하고, 미군은 사용하던 엄청난 무기 등을 정부군에 넘겨주었으나 미국 정부로부터 월급을 받던 군인들은 무장해제와 이탈로 100조 원에 이르는 무기들은 탈레반에게 넘어갔고, 수도 카불은 함락됐으며 자국민들을 보호하지 못하여 피난하는 수많은 국민이 탈레반에 의해 무참히 사살되는 등 월남의 패망처럼 아비규환의 지옥이 되었다.

패권 국가임을 자랑하는 미국 바이든 대통령의 갑작스런 미군철수 명령으로 탈레반에 의해 수만 명의 미군 병사들과 미국인들이 고립되는 불상사와 아프가니스탄 국민과 미군 사망 등 국제적인 불명예와 망신사태가 발생하였다. IS 테러조직은 카불공항과 인근 호텔을 폭파하고 미국 군인들을 포함한 인명을 살상하는 등 인적·물적 피해가 이루 말할 수 없었다.

돌이켜 보면 탈레반 정권의 비호를 받고 있던 오사마 빈 라덴과 알카에다 조직이 2001년 9월 11일 미국의 세계무역센터 폭파 테러를 자행한 이후 미국 부시 대통령은 이들 테러세력을 제거하기 위한 공습을 감행, 2001년 11월 탈레반 정권이 붕괴됐다. 그 후 아프가니스탄의 여러 정파 회의가 개최되어 임시정부가 수립됐고 과도정부 체제를 거쳐 신정부가 탄생하였다.

2001년 11월부터 지금까지 아프가니스탄 정부를 지원하기 위하여 수조 달러를 지출한 미국이 영국과 미 국방부, 미국 대사관 직원 23명이 사직을 감수한 항명서까지 제출하면서 '철수는 시기상조다'라고 강력히 반대하였음에도 미국 민주당 대통령 바이든은 철수를 졸속 결정하였고 부통령 카멀라 해리스가 결정적으로 관여했다는 얘기가 흘러나오고 있다.

라. 미군철수가 계속 이어질 징조와 우리의 국가안보 문제

그 책임을 물어 바이든 대통령은 정책판단 오류 및 치매문제(?)로 탄핵이나 그 직을 내려놓아야 하는 지경에 이르렀다고 외신이 전하고 있다. 그러지 않아도 부정(사기)선거 문제로 궁지에 몰려있는 상황이다.

공화당 도널드 트럼프 전 대통령은 최근 아프가니스탄 미군철수

와 관련하여 여러 언론 매체와의 인터뷰에서

"바이든은 미 국민과 전 세계에 사과할 의무가 있다, 탈레반에게 은쟁반 위에 한 나라를 담아 넘겨준 것이다. 바이든이 잘한 결정이었다고 소똥 같은 변명을 하지 말라. 그러고도 그가 대통령인가? 우리는 오래전부터 철수했어야 했지만 중요한 것은 철수방법과 과정이 문제이다. 언론은 20년간의 전쟁이 드디어 끝났다고 거짓말을 하는데 미국 국민과 동맹국 국민의 발이 묶여 있는데 무슨 전쟁이 끝났다고 언론이 그렇게 거짓 보도를 하는가? 작금의 언론은 사악하고 부패했다. 지금 엉뚱한 변명으로 국민을 속이려 하는가?

강도가 다이아몬드를 빼앗았으므로 우리는 강도를 잡으면 빼앗긴 다이아몬드를 반환받아야만 하는 것이다. 다이아몬드(빼앗긴 군수물자)를 돌려받을 수 없으면, 폭파시켜라.

(201) 지금의 인플레이션, 국경문제, 아프가니스탄 등 모든 문제의 근원은 조작된 부정(사기)선거 때문이다. …현재 북한이 영변 핵시설을 전격 재가동했는데 나의 재임 시절을 돌이켜 보라, 내 재임 시에는 그런 일이 없었다. 내가 독재자 김정은을 만나니 나를 독재자와 친한 자라고 언론은 몰아 버렸다."라고 격렬한 논조로 바이든을 비판했다.

(202) 최근 트럼프 전 대통령은 애리조나주 마리코파 카운티 등의 투표지 재검표감사 결과 부정선거가 명확히 증명됨에 따라 "그들은 2020년 11월 3일 미국 대통령선거의 무효를 선언할 것"이라며 "미국 국민은 다시 트럼프를 원한다."라고 강조했다.

(203) 또 트럼프는 "코로나19 팬데믹은 우편투표 확대 등 부정선거와 매우 밀접한 관계가 있다, 우리는 이것을 끝까지 밝혀야 한다. 이러한 부정(사기)선거는 애리조나 미시간 펜실베이니아 조지아 위스콘신주뿐만 아니라, 전국에 걸쳐 아주 조직적이고 계획적으로 일어난 부정선거였다"라고 발표하였다.

박정희 정부 시절인 1976년, 당시 민주당 지미 카터 대통령이 주한미군철수 결정을 하려 하자 미국방부, 주한 미대사관, 전직 미군장성, 미국 동포들이 적극 반대하였고 국내에서는 박정희 대통령과 여야 의원들이 다각도로 합심노력(편지쓰기 등) 철수를 반대함으로써 미군철수는 이루어지지 않았다.

그러나 최근 아프가니스탄 사태를 지켜본 우리 국민은 주사파 민노총 정권인 문재인 정부는 임기내내 종전선언을 주장해 왔는데 좌파 성향 74명의 여당의원들이 바라는 위장평화 전술인 종전선언 → 평화협정 → 미군철수 → 한미연합사 해체가 현실화되면 우리나라도 아프가니스탄처럼 북한 김정은과 중국공산당에 점령당

할 것을 매우 우려하고 있다.

북한은 대량살상 핵과 생화학무기를 보유하고 있다.[12] 우리나라도 그 나름의 사드 방어체계나 전투기 등의 무기들을 보유하고 있다 해도 문재인 대통령의 안보개념과 판단, 무장해제 군사협정, 전쟁 수행 능력, 한미동맹 이완, 한미연합사 해체 및 국민의 전쟁 대응 자세, 심리상태 등 그동안의 군사 및 안보정책, 안보에 대한 국민의식 수준 등을 종합하여 볼 때 북한군에 순발력 있게 대응하지 못할 것이며 설령 전쟁에서 이긴다 해도 그 피해는 엄청날 것이며 당연히 경제는 큰 타격을 입을 수밖에 없다.

주사파 문재인 대통령과 더불어민주당 의원들, 좌파 성향의 국민들이 미군철수를 주장하여 지금 미군이 철수한다면, 한반도에서 평화를 지켜주기 위해 미국이 다시 전쟁을 수행해주지 않을 것이다. 그렇다면 북한군이나 개입하는 중공군에 대응하여 우리 스스로 전쟁을 치를 준비와 정신무장, 체계적인 군사작전, 지휘체계 등이 제대로 확립되어 있는지 염려하지 않을 수 없다.

---

12 북한에는 40~50개의 소핵이 있다고 전문가들은 주장하고 있다. 한스 모겐소 교수는 다투는 두 나라 중 핵 위협을 받는 나라가 핵 반격 수단이 없으면 과거 일본처럼 완전파괴되거나 무조건 항복할 수밖에 없다고 밝히고 있다.

마. 민주당 하원 셔먼의원 등이 발의한 「한반도 평화법안」
(Peace on the Korean Peninsula Act, H.R. 3446)

2021년 5월 20일 미하원 민주당 브래드 셔먼 의원 등에 의해 「한
반도 평화법안」(Peace on the Korean Peninsula Act, H.R.
3446)이 발의되었다.

이 법안 발의 이튿날인 5월 22일은 문재인 대통령의 방미 날이었
는데, 당시 더불어민주당 김경협 의원이 내놓은 보도 자료에 따
르면 법안 발의에 더불어민주당이 직간접 관여한 내용이 드러났
다.[13]

이 법안은 문재인 정부 하에서 지방자치단체가 마음대로 대북지원
을 할 수 있게 허용한다는 「남북관계협력법」개정안과 맞물려 있다.

위 법안의 입법배경은 2018년 4월 27일 판문점 남·북 정상회담
공동선언과 2018년 6월 싱가포르 미·북 정상 공동성명을 바탕으
로 한반도의 항구적인 평화체제구축을 위해 남·북한과 미국 사이

---

13 더불어민주당 김경협 의원실은 블로그에 "미국은 한반도평화법, 한국에선 지자체 남북교류
협력법"이라는 보도자료를 소개했다. 김 의원실은 "미 연방하원 외교위 소속 브래드 셔먼 의
원(12선, 민주당, 캘리포니아)과 김경협 의원의 인연도 화제"라며 "두 의원은 2019년 10
월 12ㄹ 미국 LA에서 열린 미주민주참여포럼(KAPAC, 대표 최광철) 주최 'KAPAC Gala'
에서 '한반도 평화를 위한 한미동맹'을 주제로 기조연설과 강연을 하며 만나 한반도 평화프
로세스에 관한 깊은 공감대를 형성했다"라고 밝혔기 때문이다.

에서 현재의 정전협정을 평화협정으로 대체한다는 것이다.

법안은 발효 후 180일 이내에 한반도평화협정 체제 합의달성을 위한 로드맵 등을 담은 보고서를 의회에 제출하도록 하고 있으며 워싱턴과 평양에 각 연락사무소 설치와 미국인의 북한여행 금지 조치를 재검토하는 내용이 담겨 있다.
발의 배경에 대해 셔먼 의원은 "6·25전쟁은 1953년 7월에 끝났다는 것이 상식이다. 그러나 우리는 현재 군사 기술적으로 북한과 전쟁상태에 있고 이는 누구에게도 이익이 되지 않는다."라고 밝혔다.

이에 대해, 안보전문가들은 북한의 비핵화조치 없이는 잘못된 법안이므로 의회를 통과하기 어려울 것으로 평가했다.

그러나 아프가니스탄 사태와 함께 부정선거 문제로 혼란스러운 미국 바이든 정부의 외교정책과 군사정책은 정확히 예측할 수가 없으며 미국 민주당은 이 법안을 연내에 통과시킬 것을 상정하고 있다.

더 나아가 이 법안은 일부 더불어민주당과 좌파 성향의 의원들이 주장하는 종전선언, 한미연합사 해체, 주한미군 철수가 목적이고 북한정권과 중국공산당, 미국 민주당 하원의 전략과 일치하므로 대한민국에는 국가안보와 한미동맹을 파괴하는 매우 위험한 법안이다.

바. 문재인 대통령의 종전선언에 관한 9월 21일자 유엔총회 기조연설

법안 상정을 위해 문재인 대통령은 9월 21일(현지시간) 제76차 유엔총회 미국뉴욕 유엔총회장에서 예상했던바 종전선언에 대하여 기조연설을 하였다.

문재인 대통령은 "마침 올해는 남북한이 유엔에 동시 가입한 지 30년이 되는 뜻깊은 해"라며 "종전선언이야말로 한반도에서 화해와 협력의 새로운 질서를 만드는 중요한 출발점이 될 것"이라고 한반도의 종전선언을 재촉구했다. 그러면서 "남·북·미 3자 또는 남·북·미·중 4자가 모여 한반도에서의 전쟁이 종료됐음을 함께 선언하길 제안한다."라고 밝혔다.

이어 "…한국은 코로나 위기극복과 새로운 도약을 위한 한국판 뉴딜정책을 추진하고 있다"라는 발언을 했다. 문재인 대통령이 코로나19 문제 등으로 목숨을 끊는 자영업자나 소상공인이 많고 나라는 극히 어수선한 시국에 세계 정상들에게 자랑스럽게 할 말인가 반문하지 않을 수 없다.

문재인 대통령은 지난 2018년 김정은 국무위원장과 남북정상회담을 가진 뒤 「한반도의 평화와 번영, 통일을 위한 판문점 선언」

을 발표한 바 있고 그 선언문에는 연내 6·25전쟁의 종전과 한반도
의 완전한 비핵화목표 확인 등의 내용이 담겨 있었다.

하지만 지난 2019년 2월 베트남 하노이에서 열린 2차 북·미 정상
회담에서 북한 김정은이 위장 비핵화로 자신을 속이고 있다는 사
실을 알고 미국 트럼프 전 대통령은 회담을 결렬시켰고, 그 이후
2020년 6월 북한 김여정이 남북공동연락사무소를 폭파하는 사건
이 벌어지는 등 남·북 관계는 급격히 경색되었다.

필자의 판단은, 문재인 대통령의 종전선언에 관한 연설이 현실성
이 없다며 미국(특히 미국 상원의원들)과 우방국가의 조롱을 받았
으며 많은 국가정상들이 북핵 해결의 전제 없이는 종전에 동의하
지 않았을 것으로 여겨져 대부분의 대한민국 국민과 미국시민의
생각과는 동떨어진 미국 민주당 일부의원들과의 로비에 의한 「한
반도 평화법안」에 따른 미군철수 주장은 이적행위로 보인다.

문재인 대통령의 어리석은 언행으로 미군철수로 인한 1975년 월
남패망과 최근의 아프가니스탄 사태와 같이 자유가 말살되는 피
의 역사가 반복되게 할 수는 없다. 우리 정부와 국민, 국회는 「한
반도 평화법안」에 반대하는 뜻을 미국 정부와 의회에 강력히 전
달하여야 할 것이다.

사. 국민혁명당 전광훈 목사의 종전선언 억제 노력

문재인 대통령은 임기 내내 종전선언 제안을 여러 번 하였는데 국민적 동의를 얻지 못했다. 그런데 임기가 얼마 남지 않은 시점에 세계 정상들이 모인 유엔총회에서 종전선언 재차 제안하였다. 그러나 종전선언 제안은 북한에 우리나라를 바치는 반역행위이고 망국의 친중 정책이며 (204) 숨은 의도를 모르는 젊은 층을 겨냥한 차기 대통령 선거운동이다.

이에 국민혁명당 전광훈 목사(당 대표이기도 하다)는 9월 24일 사랑제일교회 앞에서 긴급 기자회견을 열고, "대통령이 유엔에 가서 발언한 종전선언 제안은 결국 주한미군이나 한미연합사가 해체돼 떠나게 될 것이다. 주한미군 철수는 결국 미국에 의존도가 높은 대한민국 해체를 말하는 것이다, 대통령은 국가의 연속성 유지와 국민을 보호하는 것이 역할인데 주한미군을 철수시키려는 것은 반역행위이다."라고 반대의 뜻을 밝혔다.[14] 당연한 일이다.

그는 미군철수반대 1000만인 서명운동을 벌일 것이라며 다음 3가

---

14 국민혁명당 특검단은 전광훈 목사의 주장을 뒷받침하는 성명을 냈다. "대통령의 유엔연설은 시간적, 장소적, 방법적, 내용적으로 문제가 있다. 시간적으로는 코로나 시국에 미국에 간 것이고, 장소적으로는 굳이 미국 심장부에서 미국이 싫어하는 북한을 지지했다는 것이며, 방법적으로는 세계적 가수인 BTS를 데려간 것이고, 내용적으로는 결국 평화협정을 해제하고 주한미군을 철수케 하려 했다는 것이다"라고 지적했다.

지를 제안했다. "첫째는 미국에 가서 상·하원 의원을 만나 국제 사회에 한국 상황에 대하여 호소할 생각이다. 둘째는 우리 당은 1000만인 서명운동을 전개해 이를 국회에 제출하겠다. 셋째는 일 대일로 토론하고 싶다. 토론해서 국민 앞에 심판을 받아보자"라고 말했다. 실제 그는 미국에 가서 미국의 조야 의원들과 재미교포들 을 만나 종전선언 반대 운동을 하고 귀국하였다.

이처럼 제1야당인 국민의힘당이 제 역할을 못하고 있으니 군소정 당이 대신 나선 것이다. 이준석 대표는 수시로 국민들에게 큰 실 망을 안겨준다. 제1야당인 국민의힘당이 차기 대선정국과 맞물려 자칫 한미동맹 관계와 외교관계를 소홀히 하면 문재인 정부와 여 당이 바라는 종선선언과 미군철수로 이어져 대한민국은 공산국 가가 될 수 있음을 결코 잊어서는 안 될 것이다.

아. 미국 민주당의 연방선거법 제정 시도와 이준석 대표의 부정선거의혹 잠재우기

이에 여당인 미국 민주당은 지지도 추락으로 인한 2022년 11월 2일 중간선거 위기상황을 모면하기 위하여 2020년 11월 3일 대 선 과정에서 공화당 트럼프 지지자들이 의사당 광장에 모여 바이 든의 부정선거(민주당은 아니라 한다)에 항의하기 위하여 일어났 던 2021년 1월 6일 국회의사당 난입사태 희생자에 대한 대대적인 추모행사를 벌였다.

미국 바이든 대통령은 이 행사에서 "(트럼프 전 대통령에게는) 우리의 민주주의나 헌법보다 상처받은 자존심이 더 중요했다"라며 "그는 자신이 졌다는 사실을 받아들일 수가 없었다"라고 공격했다. 또 "그는 폭력적인 폭도들이 의사당에 도달하자 평화적인 권력 이양을 막으려 했다. 그러나 그들은 실패했다"라고 맹공을 펼쳤다. 과연 공화당 트럼프 전 대통령 지지자들이 바이든에게로의 권력이양을 막으려고 의사당에 난입했을까? 뒤집어씌우기 작전이다.[15]

문제는 여기서 그치지 않았다. 공화당 텍사스주 상원의원 테드 크루즈(Ted Cruz)는 1년이 지난 시점에 갑자기 나서서 부정선거에 항거한 공화당 트럼프 지지자들을 테러니스트로 몰아 '내란'이라고 주장한 것이다.

---

[15] 이에 대해 도널드 트럼프 전 대통령은 "지금의 언론검열을 볼 때, 우리가 깨닫지 못하는 사이 미국은 이미 공산화가 많이 진행되었다. 2020년 11월 3일 대선은 부정선거로 우리의 평화적 정권이양을 막았다. …부정선거로 바이든이 미국 역사상 가장 큰 득표를 했으나 국민의 지지는 얻지 못했다. 나의 재임 4년 동안 나와 러시아 관계에 대해 거짓의 혹을 퍼트렸고 페이스북 등 빅테크가 불법적으로 이용되었다. 현재 미국은 뻥 뚫린 국경, 기록적 물가상승, 굴욕적인 아프가니스탄 항복, 1개론 당 5불 유류가격, 텅 빈 상가의 진열대, 통제불능 범죄율로 국민은 고통받고 있다. 또 세계의 웃음거리로 전락하고 말았다. 이 모든 것은 11월 3일 실시된 진짜 내란(민주당의 부정선거) 때문이었다. 2022년 중간선거에서 공화당이 승리하여 민주당의 공포상황을 고치는 일을 해야 할 것이다. 우리는 2020년 11월 3일 부정선거를 잊지 말아야 한다. 결단코 포기해서는 안 된다"라고 반박성명을 냈다.

일련의 이러한 정치행사에 대해 여러 정치전문가는 공화당 의원 테드 크루즈가 바이든 행정부와 민주당이 연합하여 부정선거를 저질렀다는 도널드 트럼프와 그 측근들을 내란죄로 몰아 피선거권을 박탈하기 위한 여론선동과 내부분열을 노려 수십 년간 시행된 주(州)선거법을 연방선거법으로 바꿔 선거의 중립성·무결성을 훼손하려는 의도가 감지되고 있다는 것이다.[16]

미국도 우리나라처럼 공작정치로 혼란스러운 상황이 전개되고 있다. 필자는 미국 국민들은 현명하게 극복할 것으로 믿는다.

이는 대한민국의 국민의힘당 이준석 대표와 김종인 전 위원장이 마치 "4·15 부정선거는 없었다. 탄핵은 옳았다"라고 하면서 국민 여론을 분열시키고 여당을 옹호하는 분위기를 띄우며 부정선거 의혹을 잠재우는 한편 여당은 그 틈을 타 코로나19 팬데믹을 이용한 사전투표 확대와 전자투표를 시도하여 부정선거로 무능·부패 정권을 연장하려는 고도의 술수와 거의 같다고 볼 수 있다.

---

16 [출처] 2022년 1월 7일 자 〈Scott 인간과 자유이야기 방송〉

제 5 장

문재인 정부의 실책과
정권연장 술책

검찰과 경찰은 성남시 대장동 택지개발관련 결재 서류, 관계자의 증언, 녹취록, 제보자의 양심선언, 각종 고소고발 내용 등의 증거와 자금흐름의 수사를 통해 택지개발특혜사업의 설계와 구도는 누가 한 것인지, 이재명 후보와 관련인들 간의 이해관계가 어떻게 성립되는지, 그들이 받은 이익금 배당금 대여금(가지급) 등 자금의 흐름과 사용처는 무엇인지 즉시 수사하여야 한다.

특히 박영수 전 특별검사와 권순일 대법관 등의 역할은 무엇인지, 백현동 등 타 지역의 특혜개발 사업에 대해서도 엄밀히 수사 기소하여 처벌하여야 할 것이다. 그래야만 검찰조직도 산다.

마지막으로 이재명 후보 성격의 문제이다. 그는 자신이 대화로 해결해야 할 사소한 일도 항상 고소 고발과 소송을 제기하여 자신이 전과자임에도 검찰과 경찰 법원의 힘을 빌린다. 세상을 잘못 살아온 것이 분명하다.

이런 성격의 이재명 후보는 국민들과의 갈등이 생겼을 때 어떤 식으로 해결할까? 다른 나라와의 외교력은 어떠할까? 해외 정상들과 분쟁해결 능력은 있는 것인가? 심히 걱정된다. 한 나라의 지도자를 뽑는 것은 연습이 될 수 없다.

가. 박근혜 전 대통령의 업적

득표율 51.6%로 제18대 대통령으로 당선된 박근혜 전 대통령은
비록 탄핵으로 정해진 임기를 마치지 못하고 헌법재판소의 탄핵
으로 물러났지만(2013. 2. 25.~2017. 3. 10.) 역대 대통령들이
하지 못한 큰 업적을 이뤘다. 이를 살펴본다.

종북 좌파의 척결과 내란 국가전복단체인 국회 내 거점인 통합진
보당 이석기 전 의원 구속과 통진당 해체, 역대정부 중 한·미동맹
의 최고수준 격상과 사드배치 결정 및 한·일 군사정보교류 협정체
결, 한·미·일 동맹관계(지소미아 협정) 진전, 북한주민이 받은 개
성공단 월급 중 70%를 핵개발에 사용하고 있다는 증거와 판단으
로 적자만 내는 개성공단 폐쇄와 전기 및 가스공급 폐쇄 결정, 좌
편향 역사교과서 정리 및 국정교과서로의 전환, 위안부 문제 사과
를 받아낸 것 등 굵직한 업적이 있다.

또 혁신국가 3년 연속 세계 1위, 국가신용등급 사상 최고 격상,
정년 60세로의 연장 「국민연금법」 개혁, 65세 이상 노인 임플란
트 국가건강보험적용 시행, 기초노령연금 실시, 국가장학금 소득
분위 범위 확대, 무역흑자 세계 5위 달성, 만성적자(20년간)인 코
레일 개혁으로 10조 원의 흑자 기록, 30년간 누적된 방산비리 척
결, 독립유공자 후손 생계지원금 대폭확대, 「북한인권법」 시행,

「기업활력 제고를 위한 특별법」「서비스산업발전기본법」「노동개혁법」등의 제정과 개정 등 수십 가지의 정책을 펼쳤다.

이 같은 혁혁한 업적에도 불구하고 왜 당시 박근혜 대통령은 탄핵되었을까?

당시 민노총은 「노동개혁법」으로 근로환경, 귀족노조 폐해 등을 개선하려는 박근혜 대통령에 대해 극렬하게 저항했다. 좌파세력과 또한 우파 국민 중에는 연금개혁 등에 불만을 품고 있는 자들도 있었다. 이들은 자신들의 이익에 당장 반한다고 후손들의 미래나 대의를 망각하는 경우들인데 국민들은 장기적 관점에서 생각해 보아야 한다.

그런데 이준석 대표는 2021년 9월 23일(현지시간) 방문중인 미국에서, 박근혜 전 대통령의 큰 업적을 "그녀는 약속을 지키기 위해 인기 없는 미련한 일을 했다"라고 발언하여 해외동포의 비난을 받았다.

나. 초헌법적인 탄핵사건의 진실

이미 대부분 국민이 아는 바와 같이 박근혜 대통령은 김무성, 유승민 등 당시 자당지도부 의원들의 배신과 판단오류, 국민의당 박

지원 원내대표, 더불어민주당 의원들과 김종인 전 대표, JTBC의
홍석현 회장과 손석희 사장 등과 한겨레신문 김의겸 기자, TV조
선 이진동 기자 등이 야합하여,[01]

박근혜 전 대통령의 비선이라는 최순실(최서원)을 등장시켜 세월
호 사건과 억지로 결부시켰고[02] 온갖 거짓 정보로 박근혜 대통령

---

01 이진동 기자는 자신이 쓴 책머리에 "종막은 촛불시위를 거쳐 박근혜 정권의 사망선고와 함
    께 박정희 체제의 종언을 고하는 것이었다"라고 썼다.

02 2016년 4월 16일, 세월호에는 안산 단원고 학생 325명을 포함 476명이 승선하고 있었
    다. 사고가 발생하자 가만히 있으라는 안내방송만 이어졌고 승객 보호에 책임이 있는 선장
    과 승무원 15명이 가장 먼저 탈출했으며 시간이 충분했음에도 해경의 구조도 제대로 이루
    어지지 않았다. 사고대책본부도 우왕좌왕하면서 구조는 그야말로 총체적 난국이었다. 그
    결과 많은 학생과 시민들이 무참히 수장되어 304명이 사망하였다. 있을 수 없는 일이다. 여
    러 상황을 종합해보면 우연한 일이 아니다. ① 세월호 침몰의 직접적인 원인은 불법증축과
    무리한 화물적재로 보고서는 작성되어 있으나, 필자는 이를 직접적인 원인으로 보지 않는
    다. 다른 관점에서 원인과 이유를 살펴본다. ② 학생들에게 20여 회 대기하라 방송하고 갑
    판장 박한결과 선원들은 목포해경 보트로 전원 탈출했다. ③ 세월호 침몰 이틀 전에 국회
    앞 남도식당에서 더불어민주당 김용익 의원 등이 모여 대책회의 한 것이 월간조선에 기사
    에 나왔다. 김용익 의원 세비지출 내역서에 기재되어 있다. ④ 팽목항에서 진도군청 기획실
    장은 전원 구조되었다고 퍼트려 헬기와 잠수사들의 현장 진출이 막혔다. ⑤ 세월호사건 당
    일 박근혜 대통령이 밀회를 위하여 정윤회와 만났다는 루머가 돌았다.'박 대통령이 행방불
    명된 7시간 동안 정씨와 만났다'는 산케이 보도가 있었는데 사실이 아니었다. ⑥ 검찰은 산
    케이신문의 박근혜 대통령의 비선접촉 의혹 보도와 관련해 정씨가 세월호 참사당일 만났던
    한학자를 조사했다. 정씨는 세월호사고 당일 청와대에 출입하지 않았고 오전 11시경부터
    오후 3시까지 서울 강북 지역에서 한학자를 만나 함께 식사를 한 것으로 밝혀졌다. 청와대
    출입기록, 대통령 일정, 경호관련 자료를 넘겨받아 정씨가 사고 당일 청와대에 출입하지 않
    은 것으로 결론을 내렸다. ⑦ 유병언 일가가 경영하던 세모는 1997년 IMF 외환위기 때 부
    도를 냈고, 당시 문재인 변호사는 법원에 의해 채권자 측 파산관재인으로 선임됐다. 신세계
    종금 등 5개 채권사가 떼일 위기에 놓인 돈은 2,200억 원에 달했다. 문 후보는 예금보험공
    사와 함께 2002년 10월 유병언과 세모 등을 상대로 '가집행을 할 수 있다'라는 내용까지 담
    긴 승소판결을 받아냈다. ⑧ 하지만 유병언 일가의 은닉재산을 찾아내 가압류·가처분 등 적

을 모함했으며 최순실이 무능한 박 대통령을 대신하여 태블릿 PC로 청와대의 비밀자료를 받고 이를 최순실이 수시로 고치는 등의 방법으로 국정을 농단했다는 허위 보도를 함으로써 국민을 속여 선동한 것이다.[03]

극적 조치를 제대로 취하지는 못한 채, 2003년 2월 청와대 민정수석에 임명되었다. ⑨ 미국에서 활동하는 '선데이저널'은 이 문제에 대해 2015년 8월 16일 자 첫 보도, 지난달 16일 자 후속보도를 했다. "채권회수 책임자였으나 역할에 충실하지 않음으로써 유병언 전 회장이 재기하게 되고 세월호 사업까지 영위하게 됐다는 원죄가 있다. 문재인 전 대표의 전적인 책임은 아니지만 최소한의 도의적 책임을 인정해야 한다."는 취지의 내용이다. ⑩ 어느 전교조 선생님의 양심고백이라며, "세월호 사건은 우리(전교조)가 조작 모의한 사건으로 단원고 희생자 가족 여러분 너무나 죄송합니다. 우리 전교조는 전교조를 말살하는 박근혜 정부를 말살하기 위하여 기획한 사건입니다. 박근혜 정부의 교육부 시책인 시험을 거부하기로 학생들을 꾀여 현장체험 학습이라는 명목으로 어린 학생들을 유혹하여 현장체험을 가기로 결정하였습니다. 청해진 해운사와도 선박의 승무원 및 선장 탈출도 밀약을 하였습니다. 진도 해경과도 구조 시점, 구조에 대하여 밀약을 하였습니다. …현장 체험학습 가는 당일 학생들이 승선할 때에 전날 선사직원이 퇴근 후 타고 갈 선박에 화물을 과적했다는 사실을 알고 너무나 무서웠습니다. 꼭 간다면 선박 2대에 나누어 승선해 가라는 지시도 거부했습니다. 우리 전교조 선생들은 서로를 감시하는 눈빛 이었습니다. 나는 마음속으로 그래도 사고만 나지 않기를 기원했습니다. …전교조 모 선배가 희생의 제물이 없이는 성공할 수 없다는 말로 채찍질 하였습니다. 단원고 희생 학생 가족 여러분에게 무슨 말로 용서를 빌어도 한이 풀리겠습니까. 이런 글 적어 보려고 여러 곳 기웃거리기도 했습니다. 이제 용기내어 조금이라도 밝히기 위하여 이글을 적습니다. 죄송합니다." 이글의 출처는 미국 LA에 있는 교포 언론인 배부전씨가 대표로 있는 인터넷 미주통일신문 2017년 1월 7일 자 내용이다. http://bugo10.com/renewal/bbs/board.php?bo_table=board_02&wr_id=124734&page= ⑪ 박근혜 전 대통령에 대한 특검수사가 한창이던 2017년 2월 2일 오전 11시 49분, 신연희 강남구청장이 카카오톡 단체방에 '탄핵은 헌법에 위반된다', '촛불은 공산주의를 원하는 세력이다' 등 글이 올랐다. ⑫ 문재인 대통령은 2017년 3월 10일 오전 11시 박근혜 대통령 탄핵 후 세월호 피해자들을 위로하는 자리에 찾아가 "얘들아 너희들이 촛불광장의 별빛이었다. 너희들의 혼이 천만 촛불이 되었다. 미안하다. 고맙다."라고 방명록에 썼다. 뭔가 공통분모가 있는 것이다.

03 태블릿PC에 대한 국립과학수사연구원이 서울중앙지방법원에 제출한 감정의뢰회보(2017. 11. 21.)는 "문제의 태블릿 PC는 문서의 수정기능이 없다"라는 것이었다. 즉 JTBC는 허위 조작 보도를 한 것이다.

나아가 언론조작임을 간파하여 탄핵을 반대하는, 더 많은 국민의 집회를 일절 보도하지 않고 거의 모든 언론은 탄핵지지자 집회만을 보도하고 촛불시민혁명으로 계속 선동함으로써[04]

19대 대통령 선거에서 국민의 과반수 이상(51.6%)의 지지를 받아 당선된 박근혜 대통령을 박영수 특별검사와 특검팀들은 평범한 유치원 원장 최서원이 무능한 박 대통령을 대신하여 태블릿 PC로 청와대의 비밀자료를 받고 이를 비선실세 최서원(최순실)이 수시로 고치는 등 방법으로 국정을 농단했으며,[05]

그 둘을 경제공동체로 묶어 최서원의 딸 정유라가 사용했던 승마 (3마리)를 박근혜 전 대통령과 결부시켜 제3자인 당시 박상진 대한승마협회장의 소속사인 삼성전자 이재용 부회장이 준 뇌물로,

한국의 유수기업들이 문화창달과 스포츠발전, 청년들에게 도움을 주기 위해 설립한 미르재단과 K스포츠재단에 출연한 것을 마치 박근혜 전 대통령이 개인적 이익을 취하기 위한 목적으로 보고 직

---

04 국민들은 기자와 언론들을 '기레기'라고도 하는데, 이는 기자와 쓰레기의 합성어로 허위사실과 부풀린 기사로 저널리즘의 수준을 현저하게 떨어트린다.

05 수감된 최서원은 옥중편지를 통해 박영수에게, "특검 때 혼자 깨끗한 척하며 박근혜 전 대통령과 저를 경제공동체로 뒤집어씌우더니 본인은 뒤에서 딸과 아들들을 취업시켜 본인은 고문료와 친척들은 100억 원을 받았다. 이런 이가 특검으로 돈 한 푼 안 먹은 저와 대통령을 엮을 수 있는지 세상이 미쳐간다"라고 썼다.

권남용과 강요죄로,

수십 년 동안 국정원 예산에 반영된 특수활동비를 받아 청와대 직원들에게 준 돈을 국고손실 뇌물죄로, 당 총재인 대통령이 소속의원 공천 타당성을 위해 지급한 여론조사 비용을 국고손실죄로

법률에도 없는 묵시적 청탁, 고영태 등의 거짓 진술과 조작된 태블릿 PC 등의 거짓 증거(조선일보 전 기자와 월간조선의 전 편집위원인 우종창 대기자 겸 유튜버가 저술한 「거짓과 진실」이라는 탄핵백서에 자세히 기술되어 있다)로 국민을 속여 탄핵으로 물러나게 했고, 감옥까지 보냈다.[06]

박근혜 전 대통령이 국정을 농단했다거나, 삼성전자 이재용 부회장의 뇌물을 받았다고 믿는 국민들과 문재인 정부를 무조건 지지하는 국민들 외에는,

이제 우리 국민은 언론과 민노총 한국노총 전교조 더불어민주당 정의당 등 좌파세력들과 당시 새누리당(현재 국민의힘당) 일부 의

---

06 문재인 대통령이 임명한 김명수 대법원장은 박근혜 전 대통령에게 22년 징역, 벌금 180억 원, 추징금 35억 원을 선고하였는데 벌금 등을 납부하지 못하자 검찰청(법무부장관에게 보고하였을 것으로 보인다)은 내곡동 자택을 공매하기에 이르렀다. 이 문제는 박근혜 대통령을 지지하는 국민들이 공매를 중지시키거나 대법원 판결을 재심을 통해 파기되어야 할 것이다.

원들이 야합해 촛불시민혁명이라고 선동하면서 작당한 것임을 어
느 정도 알게 되었다.

그렇다고 박근혜 전 대통령이 국민이 위임한 정권을 빼앗긴 정치
적 책임과 사익과 권력을 지향하는 김무성, 유승민 등 소속 의원
을 관리하지 못한 책임을 부정하는 건 아니다.

다. 문재인 정부의 삼권분립 훼손과 언론장악, 시장붕괴

문재인 후보와 더불어민주당은 탄핵의 여세를 몰아 박근혜의 새
누리당은 부패한 당이고 박정희 전 대통령의 통치자금 300조 원
을 최순실을 통해 해외에 숨겼다는 안민석 의원의 거짓 발언과 세
월호로 어린 학생들을 수몰시켰다는 거짓 선동과 김경수 드루킹
인터넷댓글 조작 등에 속은 국민들은,

19대 대통령 선거에서 문재인에게는 군 통수권과 외교 및 행정권
을, 4·15 총선에서 사전선거 전자개표기 등의 부정선거로 당선된
더불어민주당에게는 입법권을, 재판도 정치행위이다는 좌파법관
김명수를 대법원장에 임명하여 사법권을, 강성 언론노조들에게는
언론권력을 넘겨주었다.

이로써 문재인으로 대표되는 주사파(좌파)들과 더불어민주당 의
원들, 그들이 임명한 김명수 대법원장과 언론강성 노조들은 사실

상 3권과 언론까지 침투해 모두 장악해 버렸다. 그래서 언론을 믿어서도 안 된다.

4년 8개월의 집권결과 검찰개혁을 빙자한 공수처 설치, 유엔규정을 위반한 북한에의 전기공급, 북한 석탄 수입, 코로나19를 빙자한 억압정치와 종교 및 집회 자유 파괴, 세계적인 기업으로 성장하고 우리나라 경제를 떠받치고 있는 삼성전자와 이재용 죽이기, 정부말 안 듣는 기업 옥죄기, 규제확대 정책, 자살률 세계최고[07] 국민 편 가르기 등 무능, 부정·부패 정권임이 계속 드러나고 있다.

라. 코로나19를 빙자한 정치방역이 아닌가? 하는 강한 의심

1) 비과학적이고 검증되지 않은 코로나19 방역대책

국가정책은 안보, 정치, 외교, 경제, 사회, 문화, 고용, 주택 등 여러 과제가 있다. 그리고 국민건강 문제도 무척 중요하다.

그런데 코로나 방역문제로 자영업자의 삶과 경제문제를 도외시한

---

07 유명인사들의 자살에 대하여 자살동기, 이유, 증거, 과학적 근거가 충분하지 않은 경우에도 특히 유족이 원하는 경우 등 자살로 발표되는 경우가 많다. 자신의 잘못 때문에 비난이 두려워 죽음을 택한 경우까지 칭송함으로써 일부 국민이나 진영사람들이 죽음을 높이 평가하고 기린다. 이는 우리나라 자살률이 세계 최고인 이유 중 하나이다.

채 비과학적 검증되지 않은 근거로 등산로 해변 길거리 공연장 식당 지하철 버스 등 야외구분 없이, 또 충분한 홍보 없이 「방역예방법」, 「코로나방역지침」, 「백신패스」를 시행한다는 것은 기본권 침해와 빈대 잡으려다 초가삼간을 태우는 것과 같으며,

(205) 정치적으로 코로나19를 이용한 사전투표 등 부정선거 획책과 집회를 방해하는 수단으로 필자는 보고 있다.[08]

2) 내가 코로나19에 걸릴 수 있는 확률

그 이유와 근거를 통계청 자료를 기준으로, 「2021. 9. 3. 현재기준 내가 코로나에 걸릴 수 있는 확률」과 검토 분석하였다.

△ 내가 1일 중 코로나에 걸릴 수 있는 확률(2021. 9. 3. 기준)

= 일일평균 확진자 수/ 우리나라 인구수

△ 일일평균 확진자 수(검사 후 확진자 수 기준, 검사 미실시로 인한 확진자수 제외)

= 2021. 9. 3. 현재까지의 누계 확진자 수/ 일수

= 258,913명/562일(최초 2020. 1. 20.~2021. 9. 3.: 590일)

= 460명 ※ 이 통계는 검사받지 않은 확진자가 빠져있다. 그러나 증세가 의심돼 병원에 입원, 사망할 경우 즉시 확진자

---

08 미국 트럼프 전 대통령은 미국 민주당이 코로나19를 이용하여 우편투표 제도를 확대해 전국적으로 계획적으로 부정선거에 이용하고 있다고 언론에 발표한 바 있다.

(사망자)로 통계에 반영되고 증세가 없어 확진자인 줄 모르고 지나가면 통계에 잡히지 않는다. ― 이 경우 통계가 잡히지 않아도 문제없다.

△ 내가 1년 중 코로나에 걸릴 수 있는 확률

= 일일평균 확진자 수/ 우리나라 인구수

= 460명/ 51,820,000명, 분자 분모를 각 460명으로 나누면 (약분하면)

= 1/ 112,652, 즉 112,652일 중에 내가 한번 걸릴 수 있는 확률임

112,652일을 년으로 환산하면,

= 112,652일/ 365일

≒ 약 308년 즉, 내가 308년에 한번 걸릴 확률임

△ 2021. 9. 3. 현재 누적사망자 수 2,315명

(누적확진자 수 258,913명 중)

△ 치사율 = 2,315명/ 258,913명 = 0.89%

△ 코로나19로 내가 죽을 확률

내가 308년에 한 번 걸리고, 걸리더라도 99%는 살아남음. 즉, 코로나로 죽을 확률은 폐렴, 자살, 교통사고보다 훨씬 더 희박함

△ 우리나라 사망자 수

- 295,110명(2019년도)

- 305,100명(2020년도)

△ 호흡기질환사망자 수 36,655명(2019년 기준)

　- 이중 폐렴사망자 수 23,168명(2019년 기준)

　- 이중 80세 이상 사망자 수 16,252명(2019년 기준)

　* 코로나19 이후 폐렴사망자 수 통계자료 없음

△ 고의적 자해 사망자 수

　- 2020.12월 904명, 2021.1월 941명, 2021.2월 952명, 2021.3월 1,248명, 2021.4월 1,148명, 2021. 5. 1,103명 즉, 자살로 매월 1.000여 명이 목숨을 끊고 있음.

△ 교통사고 사망자 수(2019) 약 3,348명

3) 방역을 완전 해제한 나라는 싱가포르, 영국, 프랑스, 덴마크, 독일, 베트남, 미국의 텍사스·플로리다주 등 5~10개 주 정도이고, 발생률이 낮아져-곧 밝혀질 문제

전 대한면역학회 회장이었으며 서울대 의대 면역학 이왕재 명예교수는 외국의 유명한 논문을 소개하며 "코로나 19는 과장된 감기와 같은 하나의 유행병으로 현재의 백신으로는 청년들은 면역반응으로 인한 혈전증 척수염 등의 부작용이 있으므로 백신을 맞을 필요가 없고[09], 집단면역도 생기지 않는다."라고 권고하고 있다.

---

09 미국의 하버드대학교에서 발표된 논문에서는 백신의 부작용이 잘 발표되어 있는데, 정부나 의사들은 이를 공표하지 않는다고 하였다.

그는 '코로나19 집단면역은 허망한 것이다', '국민의 99%는 코로나를 전혀 겁낼 필요가 없다. 중증환자들만 조심하면 된다'라는 제목으로

8월 12일 고성국 TV에서, 8월 15일에는 〈건강과 생명〉誌, UPI 뉴스와 인터뷰를 하였다. 발언 내용을 요약하면 다음과 같다.

"나는 면역학자다. 감기 전문가다. 집단면역은 허망한 것이다. 코로나 바이러스는 200개의 감기 바이러스 중의 대표적인 바이러스이다. 사스, 메르스도 모두 코로나 바이러스다.

독감은 인플루엔자 바이러스다. 심한 발열과 두통을 동반한다. 감기는 일반 바이러스다. 약한 콧물과 발열과 두통을 동반한다. 아무리 변종이라고 하더라도 감기는 감기일 뿐이다.

사스는 치사율이 10%였다. 메르스는 치사율이 20~30%였다. 처음의 코로나19는 감기보다 치사율이 조금 높았다. 치사율이 높아지면 숙주가 다 죽기 때문에 바이러스가 금방 없어진다. 이 때문에 메르스가 금방 사라진 것이다.

지금의 코로나19는 감기와 비슷한 수준의 세력이 되었다. 감기로 토착화되었다. 이 때문에 코로나의 숙주(코로나에 걸린 사람들)가 살아 있어서 코로나가 없어지지 않는 것이다. 그러므로 감기를 겁

낼 필요가 없는 것처럼 코로나도 겁낼 필요가 없다. 요즘은 하루에 코로나19로 죽는 사람이 거의 없다. 하루에 백신 때문에 죽는 사람이 훨씬 많다.

우리나라를 이끌만한 지식인들이 코로나 공포를 조정하는 것이 문제다. 공포를 조성해 놓으면 정부는 권리를 가지고 국민을 통제할 수 있다. 이것이 지금 통하고 있다. 정부가 '두 명 이상 모이지 말라'고 하니 안 모이지 않는가? '대면예배를 하지 말라'고 하니 이를 지키지 않는가? 우리 국민은 순한 양이다. 어떻게 지식인이라 하는 이들이 이처럼 엉터리 코로나 정책을 보며 그냥 있을 수 있는가?

지난 1년 동안의 코로나 검사를 한 것을 통계를 내보니 99.4%가 코로나19 무증상 감염자였다. 한국인들의 99.4%가 코로나에 걸려도 아무 문제가 없다는 것이다. 그러므로 한국국민의 99.4%는 백신을 맞을 이유가 없다. 모든 국민을 백신을 맞게 하는 것을 도저히 이해할 수 없다.

젊고 건강한 사람은 코로나19 바이러스가 들어오면 점막세포가 퇴치한다. 나이가 많거나 기저질환이 있으면 점막세포가 힘이 없어서 코로나19 바이러스가 혈관으로 침투한다. 젊고 건강한 사람은 백신을 맞을 이유가 전혀 없다.

6시 전까지는 4명이 밥 먹어도 되고, 6시 이후에는 2명만 밥 먹어야 하는 것은 난센스다. 그것이 말이 되는가? 우리나라 국민은 전세계에서 아이큐가 가장 높다. 저능아도 그런 결정은 안 한다.

이미 백신은 효과가 없다는 것을 이스라엘이 증명했다. 영국도 마찬가지다. 이스라엘은 전적으로 화이자와 모더나를 맞았는데도 코로나 확진자가 백신접종 이전처럼 늘어났다.

한국의 감염병 최고 권위자는 서울대의 오명돈 교수다. 그는 엊그제도 "집단면역은 절대로 불가능하다."라고 말했다. 그는 정치색이 전혀 없는 감염병학자다. 이스라엘, 영국 등에서 집단면역이 불가능한 것을 입증했는데도 많은 이들이 '집단면역이 가능하다'라고 주장한다. 다시는 그런 말을 하지 말아야 한다. 백신은 답이 아니다. 0.6%의 중증환자를 위해서 99.4%의 건강한 사람들이 백신을 맞아야 하는가?

질병관리청의 발표에 의하면 현재 고3 중에서 백신을 맞은 후에 54명이 중환자로 고생하고 있다. 질병관리청은 '백신을 맞고 죽은 고3학생이 있는 것은 확인해 줄 수 없다'라고 발표했다. 이것은 '백신을 맞고 죽은 학생이 있다'라는 얘기다. 고3은 독감에 걸려도 절대로 죽을 수 없는 아이들이다.

지금까지 20~30대 청년들이 백신을 맞고 죽은 사람이 한두 명이 아니다. 코로나로 죽었는지 확실하지 않은 데도 열 배, 스무 배 확대선전을 하고, 백신 맞고 죽은 경우는 축소해서 알리고 있다.

백신 회사들은 '백신을 맞고 사고가 생겨도 책임을 안 진다'라는 약속을 받고 백신을 공급해 준다. 법을 전공한 사람들이 아무 소리를 하지 않는 것은 직무유기를 하는 것이다.

나는 의료봉사를 자주 나간다. 의료봉사를 하다가 사고가 생겨도 내가 책임을 져야 한다. 그러므로 백신을 팔아서 엄청난 돈을 버는 회사가 백신 사고에 책임지지 않는다는 것은 말이 안 된다. 뭔가에 연계가 돼 있다.[10]

우리나라 사람들은 참 이해가 안 된다. 건물 안에서는 마스크를 벗고(밥 먹고 대화할 때), 밖에서는 마스크를 쓴다. 심지어 혼자 걸으면서도 마스크를 쓴다. 최소한 밖에서 마스크를 쓰는 것은 전혀 불필요하다.

나는 평생을 면역학, 감기 바이러스를 연구했다. 이제 코로나 공포감에서 벗어났으면 좋겠다. 코로나19는 토착감기로 변했다. 국

---

10 제약회사가 부작용에 대한 책임을 지지 않고 정부와 의사들은 부작용을 숨기는데 이는 백신으로 경제적 정치적 이익(집회나 시위통제, 경제정책 실패 호도)을 얻기 때문일 것이다.

민의 99%는 코로나를 전혀 겁낼 필요가 없다. 중증환자들만 조심하면 된다."라고 하였다.

△ 집단면역을 형성시킨다는 정부 발표에 대해서는?

"집단면역은 만들어지지 않는다. 감기가 인류와 역사를 같이 한 질환인데 왜 집단면역이 안 생기나. 절대 안 된다. 집단면역이란 불가능하다. 항체가 잘 생기지도 않는 데다가 항체가 생긴다 하더라도 계속 걸릴 수밖에 없다. 집단면역이라는 건 항체가 바이러스 들어오는 걸 막을 수 있다는 게 전제가 될 때다. 예를 들면 간염은 백신이 완벽하게 듣는다. 그런데 이건 아니다. 항체가 바이러스와 만날 수가 없다. 치료제도 마찬가지다. 주사제나 먹는 것으로는 치료제가 나올 수가 없다. 항체가 감염되는 세포로 가서 기다리고 있어야 하는데, 거기로 안 가니 무슨 재주로 막나. 그러니까 계속 실패하는 거다."

△ 백신 맞으면 다른 사람들에게 감염시키는 걸 막아주나?

"백신 맞았다고 마스크 벗지 마라, 그 얘기가 나온 것은 화이자 등이 조심스럽게 백신의 취약성을 가리려고 하는 것이다. 말이 되나? 백신을 맞고 항체가 생겼다면 왜 마스크를 써야 하나. 나는 감염도 안 되고 감염도 못 시키는데. 들어오는 바이러스가 항체에 의해서 다 죽었기 때문에. 혈액으로 감염되는 바이러스는 그 말이 맞는 거다. 그런데 기껏 만들어 놓고는 '백신 맞았다고 마스크 벗지 마라', 이런 소리를 한다는 것 자체가 내가 한 말이 맞다는 것을 그 사람들이 개런티(보증)하고 있는 것이다.

예일대 보건대학원 하비 리쉬 박사도 최근 미국 폭스뉴스와 인터뷰에서 코로나19백신이 자신을 예방하는 효과는 있을지라도 남에게 감염시키는 것을 막아주는 것은 아니라고 말했다."

△ 코로나19를 감기·독감 수준으로 생각해도 된다면 사망이 많은 이유는?

"죽어나간다고 보도해서 그런 것이다. 우리나라가 매년 독감으로 1000명 가까이 죽는다. 그거 죽을 때마다 보도해봐라. 온 국민이 공포에 떤다. 우리가 코로나로 12개월 동안 1200여 명 죽었다. 독감은 5월부터 10월까지 없고, 11월부터 다음 해 3~4월까지 5~6개월 동안 1500명이 죽은 적도 있다. 호들갑을 떨 일이 아니다."

△ 교수님이 정책결정자라면 어떻게 하고 싶으신지?

"사실 (거리두기를) 풀거나 안 풀거나 크게 차이 안 난다. 대신 퍼지는 것이 걱정이라면 마스크 쓰는 것만 철저하게 하면 더 이상 증가하지 않는다. 대신 병원, 요양원 이런 곳은 훨씬 강화해야 한다. 실제로 거기 근무하시는 분들은 지금보다 10배 강화해서 진짜로 의심되는 사람은 한 명도 못 들어가게 해야 한다. 노약자, 기저질환자 보호를 철저하게 해서 죽는 사람이 안 나오면 되는 거다. 집합금지는 아무 의미가 없다. 감염이 덜 될 수는 있지만 그것으로 얻는 게 없다. 죽는 사람은 어차피 기저질환자들이다. 70%가 감염되더라도 요양원이나 병원 관리를 완벽하게 해서 노약자, 기저질환자들에게 균이 갈 수 없게끔 차단하면 한 명도 안 죽는다."라고 하였다.

이젠 백신의무를 해제하는 나라가 차츰 더 늘고 있다. 심지어 백신을 의무한 나라 중에서도 법원은 위헌이라고 판결하고도 있다. 한편, 코로나 백신을 접종하여 부작용으로 인하여 짧은 기간 중현재 사망자가 800여 명에 이른다고 한다.[11]

또한, 이동욱 중부지방의사회 회장은 시민들의 발을 묶는 과도한 방역수칙 시행 및 행사 등에 대해 김창용 경찰청장 외 일부 경찰관들을 직권남용과 독직폭행 혐의로 고발하였다.

---

11 2021년 9월 3일 자 정광용 TV 유튜브 방송에서 사망자가 800명이라고 분석 발표했다.

4) 필자의 판단

문재인 정부는 코로나19로 인한 극심한 생활고와 심한 스트레스 등으로 목숨을 끊고 있는 경우가 10배 정도 훨씬 더 심각한데 이에 대해서는 언급도 하지 않고, 온통 코로나19 방역으로 자영업자가 망하든 말든 영업시간을 제한하고 어느 장소든 마스크를 획일적으로 쓴다거나,

지하철이나 버스 공연장, 영화관 등 많은 사람이 모이는 실내 장소들은 괜찮고, 담소를 나누는 식당, 영업소, 교회, 사찰, 저녁 모임과 야외집회 등은 자제하라고 규제하고 있다.[12]

보건복지부 질병관리청은 다른 나라에 비하여 코로나 문제를 언론에 너무 비중 있게 다뤄 온 국민은 코로나19로 겁을 먹고 있다.

(206) 부정선거를 획책한 미국의 바이든 대통령이나 민주당 주지사들은 코로나19 문제를 강하게 밀어붙이고 있다. 그러나 트럼프 전 대통령이나 공화당은 그 반대이다.[13] 무엇이 진실인지 곧 밝혀

---

12 비과학적 K-방역 장기간 시행으로 자영업자, 소상공인 22명이 목숨을 끊었다고 황교안 후보는 밝히고 있다.

13 트럼프 전 대통령은 코로나19는 우편투표를 확대하는 부정선거 기획과 밀접한 인과관계에 있다고 하였고 그 진실을 끝까지 파악하겠다고 공개발언 하였다.

질 것이다. 필자도 같은 생각이다.

마. 탄핵세력인 문재인 정권의 재집권 목적과 정권연장 술책

특히 우리가 주목할 것은 탄핵의 주도세력인 김무성, 유승민, 하태경, 김종인, 박지원, 김세연 등 노회한 정치인들은 이번 대통령 선거에서 어떤 역할을 하고 그들이 지향하는 목표는 무엇일까?

당연히 그들은 정치인들이므로 문재인 정권으로부터 정권을 획득하는 것이 제1차 목표일 것이고,
제2차 목표(차선책)는 그게 안 되면, 현재의 더불어민주당 정권에 빌붙어 계속 회색정치(이들은 이를 중도정치라 함)를 하면서 기회를 노리며,
가장 나쁜 구도는 보수우파세력이 정권을 탈환하면 그들은 설자리는 없어지기 때문에 진정한 보수의 정권창출을 막고 이준석 당대표를 내세워 탄핵주도 세력이 당권이라도 차지하려고 막후정치, 공작정치를 하는 것으로 판단된다.

그래서 그들은 현 집권여당이 바라는 낮은 고려연방제, 이원집정부제, 내각제, 5·18. 광주민주화운동의 헌법전문 도입, 토지공개념 도입 등 개헌발언과 김종인 전 위원장의 개헌론 띄우기, 문재인 정부나 여야를 넘나들며 언론조작, 여론조작 정치공작 등을 일

삼고 있었던 것이다.

문재인 정부의 정책은 무조건 퍼주기로 모두 부실하다. 민심은 이미 문재인 정부를 떠났다. 그런데 여론조사는 문재인 정부의 지지율이 임기 내내 당선득표율 41.2% 보다 높은 것으로 나오고 있으니 이를 믿을 수 없다.[14]

바. 봇물터지듯 무너지고 있는 무능, 부정·부패 문재인 정권

불법탄핵 사건, 박근혜 전 대통령과 삼성전자 이재용 부회장을 압박 수사한 박영수 특검과 특검보 등, 김무성 전 대표와 그의 형, 박지원 현 국정원장 등과 관련된 가짜수산업자 김태우 경찰수사 사건, 울산시장 송철호 청와대 개입 부정선거 사건, 김경수 드루킹 인터넷댓글 조작 사건,

코로나19를 이용한 사전투표 확대를 통한 4·15 부정선거 사건, 대법원과 선관위의 선거소송 뭉개기 사건, 코로나19 제4단계 등 비과학적 방역대책으로 인한 자영업자, 소상공인 등 22명의 목숨을 앗아간 사건,

---

14 여론조사의 응답률은 매우 낮으며 국민의힘당을 지지하는 국민은 아예 여론조사대상에서 제외시켜 조작한 사실이 발표되었다. 이는 부정선거와도 밀접한 관련이 있다.

탈원전 산자부장관과 직원들의 허위서류조작 사건, 5·18. 유공자 명단공개 사건, 역사왜곡 사건, 청년들을 속이는 반일감정 사건, 각종 부정·부패, 펀드사기 사건, LH 부동산투기 사건, 청주간첩단 사건, 여론조작 사건, 고발사주 사건, 정치공작 사건,

이재명 여당 후보와 권순일 전 대법관 김영수 등이 관련된 수천억 원의 성남시 대장동 개발이익을 낸 ㈜화천대유·천화동인 사건,

대법원장 김명수의 사퇴문제, 고영주 변호사의 문재인 대통령 공산주의 사건, 최순실의 안민석 의원에 대한 1억 원의 명예훼손 사건, 전광훈 목사 등과 우국 인사의 탄압사건, 종교 신앙 집회자유 말살 정책, 여당의 한미동맹 파기 압박,

중국의 우한폐렴 배상문제, 중국공산당에 대한 미국과 유럽 국가들의 반감, 대홍수로 인한 경제침체와 식량, 전력문제와 언론탄압으로 정권반감, 대만 등 인근 국가들의 반감으로 중국공산당 붕괴 조짐, 북한 김정은 정권붕괴 조짐 등 여러 문제가 한꺼번에 터지고, 국민의 정권교체에 대한 열망으로 문재인 정권은 곧 무너질 위기에 놓여 있다.

사. 가짜 수산업자 김태우의 자칭 사기(피해자 7인) 사건

김무성 전 대표, 김무성 친형, 김무성의 전 특보였고 공직선거법 위반으로 수감된 월간조선 출신 송승호, 명품 포르쉐 시계 등 금품과 독도새우 등 선물을 수수했다는 박영수 특별검사, 양재식 특검보, 이방원 부장검사(특검팀 검사), 이정원 특검수사관(이정원 변호사는 피고인 김태우의 변호인이다), ○○○ 특검수사관,

박지원 현 국정원장, 윤석열 전 총장의 대변인 이동훈, TV조선 엄성섭 앵커, 포항 남부경찰서장과 김부겸 주호영 의원, 정봉주 전 의원 등 여·야 정치인 등 총 28명이 거론되고 있는 경찰수사 중인 로비사건,[15]

그런데 2021년 8월 14일 동아일보 특종보도에 따르면 박지원 국정원장이 가짜수산업자(사기피고인) 김태우에게 자신의 여의도 아파트 주소를 문자로 알려준 사실, 선물(?)을 받고 "고맙다, 킹크랩 손자가 다 먹었다. 필요하면 체육회회장, 문체부장관에게 연결

---

15 김태우는 사기죄로 2년의 형을 선고받고 복역 중 2017년 12월경 문재인 대통령 특별사면을 받은 자이다. 그 후 사기 등 다른 범죄혐의로 올해 4월 구속 수감되어 재판을 받고 있는 그는 1,000억 원대의 상속을 받은 재력가로 거짓 행세하면서 수산업 회장, 인터넷신문 부회장, 농구단체 회장으로 신분을 세탁하였다. 경찰수사 상황을 지켜보면, 단순한 사기사건이 아닌 김무성 전 의원, 그의 친형, 박영수 특검, 양재식 특검보, 특검팀 이방원 검사 등이 관련된 탄핵정권의 부정·부패와 관련된 로비사건으로 번질 것으로 예상된다.

해 주겠다."라는 등의 청탁과 관련된 문자를 직접 보낸 사실,

또한 김무성 전 의원과 가짜수산업자(사기피고인) 김태우와의 사이에 문자가 오간 사실도 발표했는데 그 내용은

2억 원 상당의 고급 클래스 벤츠 S560(형의 피해 차원에서 담보확보 했다고 주장하나 사실은 9개월 동안 탔다)에 대해 가짜수산업자 김태우에게 "올해 몇 번 타지 않았지만 네 차 잘 탔다. 내가 사람을 보내든지 네가 받을 사람과 주소를 알려 달라"라는 것이었다.

또 김무성 전 의원은 김태우에게 "일을 진행할 때 여러 가지 합리적이지 않은 것이 있으면 의심을 하라. 우리는 너를 아들처럼 생각하니 체면 차리지 말고 언제든 상의를 해라"라는 내용의 문자메시지도 보냈다.

그런데 이 사건에 대한 경찰수사를 보면, 피해자의 주장은 없고 특별검사 및 관련인들이 피고인 가짜수산업자 김태우에게 스스로 감사하고 배려하는 문자메시지와 받은 뇌물들을 모두 반납했다는 사리에 맞지 않은 내용만 있는 해괴한 범죄이다.

따라서 이 사건 수사는 7명의 피해자들이 가짜수산업자 김태우에게 단순사기를 당했다는 논지로 박영수 특검이나 김무성 전 대표

의 단순한 「청탁금지법」 위반만의 전제는 잘못된 것으로 필자는 판단하고 있다.

아. 수천억 원대의 성남시 대장동 개발이익을 낸 화천대유·천화동인 특혜사건

1) 화천대유·천화동인 특혜사건의 개요

㈜화천대유·천화동인 사건은 이재명 전 성남시장의 측근인 김만배, 그의 처, 누나, 이한성 전 보좌관,[16] 박영수 전 특별검사의 법무법인강남 남욱 등 변호사들과 정영학 회계사가 급조된 ㈜화천대유(2015. 2. 설립)와 천화동인의 주주 및 임원으로 참여하고 성남도시개발공사 사장직무대리 유동규 등과 공모하여 이들이 '성남의뜰'에 투자한 택지개발특혜 사업이다.[17]

구체적으로 말하면, 이재명 전 성남시장은 시행사 성남의 뜰에게 지주들의 토지 96만㎡(29만여 평)을 저렴한 가격에 매입할 수 있도록 해 토지를 싸게 판 지주들은 피해를 보게 하면서 택지개발을

---

16 이화영 전 의원(17대 더불어민주당), 경기도 전 평화부지사의 보좌관이었다.

17 ㈜화천대유와 천화동인의 1호 내지 7호의 주주들을 말하는데 김만배(1호), 그의 처(2호), 누나 김명옥(3호), 법무법인강남 남욱 변호사(4호), 정영학 회계사(5호), 법무법인강남 조현성 변호사(6호), 지인 배규민(7호)로 구성되어 있다.

허가하고,

시행사 성남의 뜰이 택지를 시가에 분양케 함으로써 그 개발이익
이 엄청났으나 성남도시개발공사 유동규 등 (기획본부장 유동규,
후에 사장직무대리 혼자 한 것으로 보이지 않는다)는 개발사업 민
간초과이익 환수조항을 삭제하고, ㈜화천대유·천화동인의 김만배,
그의 처, 누나, 이한성, 남욱 변호사, 정영학 회계사 등 7% 지분을
특정인들에게는 의결권 있는 보통주로, 93% 지분을 가진 성남도
시개발공사와 금융기관들에게는 의결권 없는 우선주로 만들어

비상식적 주주 간 협약에 따라 성남도시개발공사(지분 50%+1주)
는 1,830억 원을, 금융기관(지분 43%)은 32억 2,500만 원을, 남
은 수익전부를 ㈜화천대유·천화동인의 특정주주들(지분 7%)에게
4,040억 원을 배당하는 시행사업은 시장원리상 있을 수 없는 성
남시 대장지구 민·관 택지개발폭리 사건이다.

405쪽 〈표 4. 성남의뜰에 투자한 주주, 이사와 배당금 현황표-참조〉

이 사건의 발단은 이재명 후보의 형(망) 이재선과 성남시민 김사
랑의 문제제기와 9월 12일 장기표 국민의힘 전 경선 후보가 기자
회견에서 ㈜화천대유자산관리 회사의 자회사 격인 천화동인 회
사에 이재명 후보의 아들이 근무 중이라는 의혹(?)을 제기하면서

㈜화천대유라는 회사가 세상에 드러나게 된다.

그런데 화천대유·천화동인의 고소·고발사건에 대해 그동안 경찰과 검찰은 대통령 후보 경선일까지 수사를 미룬 채 방치했다.

2) 더불어민주당 이재명 후보의 변명과 국민의힘당 후보들의 발언 등

◇ 이재명 후보의 발언

이재명 후보는 더불어민주당의 가장 유력한 후보이다. 그는 우파 성향의 국민들로부터는 너무 과격한데다 사회주의자라고 알려져 후보의 적격성을 인정받지 못하고 있으나 상대적으로 좌파성향의 국민들은 그를 지지하는 사람들이 많은 것도 사실이다.

이재명 후보는 당 안팎에서 「대장동 게이트」·「화천대유 게이트」라며 공격을 받게 되자, 지난 9월 19일 대선 후보자 방송토론에서 "단 1원이라도 받았다면 후보와 공직을 사퇴하겠다."라고 말하며 이어 "택지개발을 100% 공영개발로 돌리는 법과 제도를 만들겠다."라고 공언하였다.

이어 그는 "제가 제도에 없던 방식을 동원해서 성남시민들에게 대박을 안겨 드렸다"라며 "제가 개입해서 막지 않았다면 현재 성남시가 획득한 5,503억 원을 포함한 모든 이익은 민간에 귀속됐을 것"이라 강조했다.

화천대유가 고수익을 챙겼다는 지적에는 "토건 세력들과 결합했던 당시 한나라당 게이트가 숨어 있다가 저에게 태클을 당해 공공환수로 5,500억 원 이상을 성남시가 환수한 것"이며 야당에게 책임을 떠넘기고 있다.

◇ 이준석 대표의 발언

이에 대해 국민의힘당 이준석 대표는 "이런 논리라면 박근혜 전 대통령도 통장에 1원도 입금받은 일이 없다."라고 비유하며 "이재명 지사 통장에 1원이 입금되었는지가 중요한 게 아니다"

"(제가 박 전 대통령의) 탄핵이 정당했다고 받아들였던 이유는 앞으로 문재인 정부와 민주당 인사들에게도 더 엄격해진 잣대가 적용되길 기대하기 때문"이라고 말하면서 자신이 그동안 주장한 탄핵의 정당함을 화천대유 사건에 빗대어 또다시 탄핵의 정당성을 언급하였다.

그러면서 그는 "알고리즘이 만들어 놓은 보고 싶은 것만 보는 세상에서 통합만 하면 이긴다. … 내 주변에는 문재인 좋아하는 사람 없다. (207) 여론조사는 조작됐다, 부정선거를 심판하라 등 비과학적이고 주술적인 언어로 선거를 바라보는 사람이 늘어날수록 정권교체는 요원해진다."라고 거짓말을 했다.[18]

또 그는 "2021년 들어 서울시장 보궐선거 당내 경선, 단일화, 전당대회 등을 거치면서 유튜버들이 그렸던 시나리오가 맞아 들어갔던 적은 없다"라며 "결국, 보고 싶은 것만 보기 위해 모인 100만 구독자 유튜브 시청자들은 인구의 2%가 채 안 됐던 것"이라고 비꼬았다.[19]

◇ 최재형 후보의 발언

국민의힘 최재형 후보는 9월 19일 「화천대유 구성원에 주목 한다」를 통해 "이 사건의 중심에 이재명 지사가 있었다는 의혹을 지울 수 없다."라고 했다.

최재형 후보는 페이스북에 "로펌이 아닌 자산관리전문인 화천대유가 법인구성을 하면서 최고의 법률가 다수를 고문으로 영입하는데 집중했다면, 거기에는 반드시 법률적 보완이 요구되는 사정

---

18 문재인 대통령에 대한 한국갤럽의 지지도 여론조사가 조작된 사실이 밝혀졌다.
19 [출처] 취임 100일 이준석, 극우 유튜버 비판 "주술에 빠지면 정권교체 요원"|작성자 교육만사 edu10004

과 이유가 있었을 것"이라고 의심하면서

그는 "정상적 특수목적 사업체라면 개발, 시행, 분양 및 자산관리의 최고전문가가 필요했을 것"이라며 "그런데 왜 막대한 자문료가 지급되는 법률가들을 영입한 것인지 어떻게 되어 있는지 제대로 밝혀야 할 일"이라며 법리적,사실적 관점에서 정확히 지적했다.

또 "이재명 후보(경기도지사)는 단군이래 최대규모의 공익환수 사업이라 강변하지만, 이 사건은 우리 국민들이 상상을 못할 단군이래 최대 특혜사업이고, 실로 공정과 정의와는 거리가 먼, 일반인의 상식을 뛰어넘는 대담한 특혜사건"이라고 비판했다.[20]

◇ 홍준표 후보의 발언

한편 국민의힘당 홍준표 후보는 9월 20일 오후 성남시 대장동 개발비리 의혹 현장을 찾은 자리에서 "만일 의혹이 사실이면 이재명 경기도지사는 사퇴할 일이 아니라 감옥에 가야 할 것"이라고 직격탄을 날렸다.

그는 모두발언에서 "화천대유(火天大有)는 주역의 14번째 괘이

---

20 [출처]: [최재형이 이재명에게 묻는다] '화천대유사건' 의혹에 답하라 !| 작성자 정연태

고, 천화동인(天火同人)은 13번째 괘를 말한다. '재물과 사람을 모아서 천하를 거머쥔다'는 뜻"이라며 "(풀이해볼 때) 이미 대선 프로젝트가 아니었나 하는 의심이 든다."라고 말했다.

그러면서 그는 해당 프로젝트의 수혜자는 민주당 이재명 후보라 특정하며 "이재명 (당시) 성남시장이 사업자 선정과정에 전부 관여했으며 주도했다. 그래놓고는 이 사건이 터지니 오히려 국민의힘 김기현 원내대표 등을 고발하는 등 쇼를 하고 있고 당협위원장 했던 사람, 또 전직 의원들을 물고 늘어지는 것을 보았다. 뻔뻔스럽다"라고 비난했다.

이어 "만일 (국민의힘당 인사도) 서로 공모해서 했다면 이는 우리당 출신이어도 용서할 일이 아니다"라고 하고 "경찰이 (이 사건을) 용산경찰서에 던져놓고 지난 4월부터 수사도 안 하고 방관하고 있었다는 것은 이해가 안 된다."라며 "서민의 피를 빨아댄 거머리들이 3억 원을 투자하고 3년 만에 3,300억 원을 가져갔다. 그게 상식적으로 가능한 이야기냐?"고 반문하였다.[21]

---

21 [출처]: LPN로컬파워뉴스(http://www.ilpn.kr)

◇ 최재형 후보의 재발언

그 후 최재형 후보는 9월 22일 열린 여의도 캠프에서 기자회견을 열고 이재명 시장의 대장동 개발사업을 '단군이래 최대규모 공익 환수사업?'으로 거론하며 비판했다.

그는 "주주의 위험에 따라 배당률이 달라지는 일은 자본주의 역사상 없다. 일반적인 시행 프로젝트에서는 도저히 있을 수 없는 사건"이라며 "전체 발행 주식 93.1% 지분을 가진 최대주주 성남도시개발공사와 비슷한 5,500억 원의 수익을 배분받은 비상식적인 시행사업은 도저히 있을 수 없는 사건"이라고 일갈했다.

또 "화천대유의 고문을 맡았다는 권순일 대법관은 2020년 이재명 경기지사의 공직선거법 위반 혐의에 대한 대법원 전원합의체 판결에서 무죄취지 의견을 낸 후 4개월 후인 11월 화천대유자산관리 고문에 이름을 올리고, 월 1,500만 원의 자문료를 받았다"라며

"권 대법관은 전화자문 정도만 했다고 밝힌 반면 화천대유 대표는 월 1,500만 원에 상응하는 일을 열심히 했다고 한다. 돈을 받은 사람은 일을 열심히 안 했다고 하고, 돈을 준 사람은 일을 열심히 했다고 하는 이상한 상황"이라고 지적했다.

그러면서 "박영수 특검이 누구냐? 문재인 정권이 집권하는 데 큰 역할을 했던 공신 아니냐? 여기에 지검장 출신의 변호사까지 왜 이런 인물들이 자산관리 회사인 화천대유에 필요했던 것이냐"라며 "화천대유의 대주주는 이재명 후보의 성남시장 재선 후 단독인터뷰를 했던 기자이다, 한마디로 이재명 후보와 관련된 사람이 가득하다."라고 주장하며 화천대유 고문을 지낸 권순일 전 대법관과 박영수 전 특별검사 등의 인물이 자산관리 회사인 화천대유에 왜 필요했는지 반문하였다.

이어서 "시행사 전체 발행주식수의 93.1%를 의결권 없는 우선주로 발행하고, 6.9%만을 의결권 있는 보통주로 발행해 주주 간 협약에 따라 우선주에 배당하고 남은 수익 전부를 6.9%의 지분을 가지고 있는 보통주 주주들이 가지고 가는 것, 이해가 되느냐"면서

"이 지사(후보)는 화천대유가 사업의 고위험을 감수하기 때문에 보통주를 주고 고배당을 한 것이라고 한다. 주주의 위험에 따라 배당률이 달라지는 일은 자본주의 역사상 없다"라고 주장했다.

이어 "이런 계약을 체결한 성남도시개발공사의 당시 계약 담당자뿐 아니라 최초 배당 이후 현재까지의 위 공사대표 및 임원들은 업무상배임 책임으로부터 자유로울 수 없다.", "이 과정에서 최대주주들인 성남도시개발공사 및 하나 국민 기업은행에 어떤 외압

이 있었는지 수사해야 한다."라고 촉구했다.

이재명 후보가 "저는 1원도 받은 일이 없다."라고 밝힌 것에 대해, "박근혜 전 대통령은 최순실과 경제 공동체로 묶여서 22년 형을 받았다."라며 "6천억 원의 사익편취는 몇 년 형을 구형해야 하느냐"라고 매우 황당하다며 쏘아붙였다. 이는 당연한 발언이다.

◇ 부동산 개발폭리를 풍자한 패러디 등장

그 무렵 트위터와 페이스북 인스타그램 등에는 더불어민주당 대선 후보인 한복 차림의 이재명 경기지사가 웃고 있는 사진과 함께 '화천대유 하세요'라는 글귀가 적힌 그림이 빠르게 퍼지고 있다.

한 네티즌은 관련 사진을 올리며 "3억 5000만 원이 4000억 원이 되는 마법, 부모님과 조카들 용돈을 줄 때 필히 화천대유에 투자하라고 하세요"라고 적었다. 대장동 개발사업의 화천대유가 일천한 경력에도 불구하고 막대한 수익을 올린 것을 풍자하는 취지이다.

추석을 맞아 고향 제주도를 방문한 국민의힘 원희룡 후보는 유튜브 영상을 통해 "이번 추석 화천대유 하라, 투자금의 천 배 이상 대박이 나고 일확천금하시라는 덕담이다"라고 했다. 그는 "절대 악담이 아니고 덕담"이라며 "'천화동인 하세요!'라고 대답하면 된다."라고 했다.

윤석열 후보의 캠프 대외협력특보 김영환 전 의원도 추석 당일인 21일 자신의 유튜브 채널에서 '화천대유하세요'라는 제목으로 20분 동안 라이브 방송(라방)을 진행했다. 부장판사 출신 김태규 변호사는 "이번 추석 최고의 덕담은 화천대유, 여러분도 모두 모두 화천대유하세요"라고 적었다.

더불어민주당에서도 이낙연 캠프 측 공보단장 정운현 전 총리실 공보실장도 페이스북에서 "실질 지분이 7%에 불과한 화천대유와 6명 개인 투자자들이 4,040억 원을 배당받아 1,154배의 수익률을 기록했다"라며 "오죽하면 국민들 사이에 '화천대유하세요'라는 한가위 덕담이 오갈 정도"라고 했다.

특히, 한때 연인관계에 있었던 영화배우 김부선은 "나에게도 '화천대유'란 말이라도 해줘서 돈을 벌게 했다면 내가 이재명 후보와 이러지는 않았을 것"이라며 이재명 후보를 비꼬았다.

3) 국민의힘당의 진상규명 의지

이 사건이 언론에 공개된 직후 국민의힘당 의원들은 대장동 개발의혹과 관련하여 국정감사 증인 출석으로 대장동 의혹의 핵심

인물인 김만배 ㈜화천대유자산관리 대주주와 김석배 관리 이사, 이성문 대표, 고재환 성남의뜰 대표, 유동규 전 성남도시개발공사 기획본부장, 윤정수 성남도시개발공사 사장, 이한성 천화동인 1호 이사 등 13명에 대한 증인 출석을 요구했다.

그러나 더불어민주당이 "대장동 의혹과 관련된 증인은 단 한명도 합의해줄 수 없다"라고 통보하면서 협상은 깨졌다. 국민의힘당은 여당이 들어줄 리 없지만 특검을 계속 요구해야 한다.

국민의힘당은 당시 이재명 성남시장의 묵인 또는 개입 없이는 이 같은 특정인의 폭리 실현이 불가능하다고 보고 10월 국감에서 대대적으로 파헤친다는 입장이며 이날 '이재명 경기도지사 대장동 게이트 진상조사 TF'를 발족하고 당 차원의 진상규명에 착수했다.[22]

4) 이재명 후보의 변명 글

이재명 후보는 화천대유·천화동인이 고수익을 얻은 것에 대해 꾸준히 '하이 리스크, 하이 리턴'을 거론하며 '리스크 감수에 따른 정당한 보상'이라고 언급해 왔다. 캠프에서도 "화천대유는 대장동

---

22 [출처] 야당 대장동 화천대유 김만배 대주주 등 관련자 13명 국감증인요구, 여당 "1명도 안 된다." | 작성자 꿈을 파는 상인

사업에 대한 모든 리스크를 부담했다. 부동산 경기가 악화되면 엄청난 손해를 입게 되는 것이다"라고 주장해 왔었다.

이재명 후보는 자신이 추진한 대장동 개발사업으로 화천대유 등 특정인에게 특혜를 줬다는 의혹을 받고 있는 가운데 9월 21일 페이스북에 다음과 같은 글을 올렸다.

"온갖 왜곡과 음해 흑색선전을 헤치고 저 이재명이 어떤 삶을 어떻게 살아왔는지, 국민과 함께 어떤 일을 해냈는지 살펴봐 달라" 그러면서 "두려움 때문에 할 일을 피하지 않았고 불의와 타협하지 않았고 돈과 명예 온갖 유혹에 넘어가지 않는 등 저의 삶은 기득권과 끝없는 투쟁이었다."라고 강조했다.

또 "개혁은 혁명보다 어렵다는 말이 있다, 기득권 저항은 상상을 초월할 정도로 강고하고 집요하기 때문"이라고 지적하면서 자신도 "멈추고 싶었던 적도 있었다. 시끄러운 일 하지 않으면서 좋은 소리 들으려 적당히 타협하고 애매모호한 말로 국민을 헷갈리게 하면 참 편하게 할 수 있는 것이 정치이다.

하지만 그것은 주권자에 대한 배신이기에 견디고 돌파하며 여기까지 왔다. 제게 기회를 주시면 어떤 경우에도 어떤 난관도 뚫고 반드시 길을 만들겠다. 두려움 때문에 기득권 때문에 가지 못했던

길, 가시밭길을 헤쳐서라도 그 길을 열겠다. 한 명의 공직자가 얼마나 많은 변화를 만들어 낼 수 있는지 결과로 증명하겠다."라며 자신에 대한 지지를 호소하였다.

그 후 이재명 후보는 10월 2일 부산·울산·경남지역 경선에서 득표율 55.34%로 1위를 차지했다. 이 지사의 누적 득표율은 53.51%(36만5500표)로 과반 1위를 유지하면서 결선투표 없이 본선에 직행할 가능성이 커졌다.

그는 이날 경선 후 부산에서 기자들에게 "부패한 정치세력과 일부 보수언론이 (대장동) 책임이 저한테 있는 것처럼 가짜뉴스로 선동했으나 그런 게 통할만큼 국민은 어리석지 않고 현명하다는 것을 보여줬다."라고 말했다.

이어 "(대장동 의혹이) 저와 관계된 것처럼 얘기하지만 국민이 보신 것처럼 장물을 나눈 자(곽상도 의원을 지칭)가 도둑이다. 개발이익을 취하고 나눠 가진 사람들이 다 국민의힘 사람들"이라고 덧붙였다.

그는 "도둑질 못하게 막은 저를 도둑인 것처럼 얘기하는 것은 적반하장"이라며 "국민의힘, 일부 보수언론은 정신 차려라"라고 그 책임을 돌렸다.

5) 화천대유 이성문 대표이사의 해명

㈜화천대유 이성문 대표이사는 9월 19일 〈한국일보〉에 "천화동인 1호가 대주주 김씨(법조언론인)이고 천화동인 2·3호가 대주주 김씨 친인척, 4호 남모 변호사(법무법인 강남), 5호는 정영학 회계사, 6호는 조모 변호사(법무법인 강남), 7호는 대표 김씨 관계자 등으로 짜여졌고 배당이 일률적이며 빠르게 이뤄졌다."라고 해명하였다.

고액배당에 대해서는 "대장동 개발사업은 신도시조성 사업이라며 신도시 조성 사업은 통상 5~10년, 길게는 15년 이상도 걸린다. 사업 기간이 길어서 경기변동에 따른 위험이 크다. 2010년 리먼 사태와 같은 글로벌 금융위기가 닥쳤을 때 많은 부동산 개발회사가 망한 것도 이런 이유다. 대장동 개발사업은 2015년 시작해 2021년 12월 준공을 앞두고 있다. 7년이 걸리는 사업"이라고 변명했다.

권순일 전 대법관, 박영수 전 특검, 강찬우 전 수원지검장이 부동산·금융 분야 전문가라 보기 어렵지 않나? 개발사업에 대한 이해도가 높지 않을 것 같은데 굳이 영입한 이유가 뭔가? 라는 질문에 대해,

"법조기자로 오래 활동했던 대주주 김씨와의 인연 때문이다. 김씨가 법조기자로 출입할 때부터 이들과 인연이 오래됐다. 친분이 없었다면 이렇게 유명한 분들을 어떻게 영입할 수 있었겠나. 순전히 개인적인 친분, 그 이상도 이하도 아니다"고 밝혔다.

6) 필자의 판단

이재명 후보와 ㈜화천대유 이성문 대표이사의 말처럼 "고위험 고수익이고 자신들은 개발특혜사업과 관련이 없으며 이익을 취하고 나눠 가진 도둑들은 다 국민의힘 사람들이다."라고 뒤집어 씌우거나 거짓말을 대수롭지 않게 하는 그런 후보가 한 나라의 지도자가 되어서는 안될 일이다. 그 이유는 다음과 같다.

첫째, 사업주체인 투자자 성남도시개발공사와 금융회사들, 천화동인·화천대유는 '성남의뜰'이라는 프로젝트 회사(일명 시행사)를 통해 사업을 진행했는데, 이 회사의 총 자본금은 50억 원[천화동인·화천대유 3억 5,000만 원(7%) + 성남도시개발공사 25억 원(50%) + 금융회사 21억 5,000만 원(43%)]으로서 사업실패 시 발생하는 위험의 한도는 상법상 최고 50억 원이다.

특히, 실패하더라도 천화동인·화천대유가 날리는 돈은 3억 5,000만 원인데, 이들이 벌어들인 배당금만 1,154배인 4,040억 원에 이른다.[23] 이러한 구도와 설계는 이재명 후보가 성남시장 재직 중일 때 함께 만들어 놓고 "고위험·고수익이다, 돈을 나눠가진 도둑은 다 국민의힘당 사람들이다."고 침소봉대하여 책임을 전가하면서 거짓말로 온 국민을 속이고 있는 것이다.

둘째, 이재명 후보는 변호사로서 성남시장을 발판으로 정치에 입문하고 재선하였으며 다음은 경기지사를, 그다음은 대통령 선거에 나가는 것을 생각했을 것이고 이를 실천하는 중이었다. 따라서 그는 정치자금이 많이 필요했을 것이며 대장동뿐만 아니라 다른 지역에서도 특혜개발 사업을 진행했다.[24]

특수목적법인의 상호 화천대유(火天大有)나, 천화동인(天火同人)은 주역의 괘로 뜻을 살펴보면 "재물과 사람을 모아서 천하를 거머쥔다는 것"인데 바로 이재명의 경기지사 프로젝트 및 대선 프로젝트를 말하는 것이다.

셋째, 이재명 후보와 그의 측근(부하)들은 성남의 뜰이 「도시개발법」상의 도시개발 시행자 자격을 인정받아 공영개발수준의 손쉬운 토지수용이 가능하고, 주택분양에 있어서는 성남도시개발공사가 아닌 '성남의 뜰'을 시행자로 내세워 공공택지 분양에 해당

---

23 주택 분양이익금 등을 포함하면 8,000억 원 내지 1조 원에 이른다고 한다.
24 위례신도시 개발사업, 안양시 박달동 개발사업 등이 해당될 수 있다.

하지 않게 돼 분양가 상한제의 적용을 피해갈 수 있게 공영개발과 민간개발의 장점만 취하고 단점은 버리는 방식으로 성남시장으로서 리스크도 없이 값싸게 토지를 수용해 비싸게 팔아넘기는 것이 가능했다는 것이다. 그래서 하이리스크 하이리턴은 거짓말이다.

즉, 「택지개발촉진법 시행령」에는 개발사업에서 민간사업자가 과도한 이익을 취하는 것을 막기 위해 '민간 사업자의 수익은 총사업비의 6%를 넘지 못한다'는 규정이 있으나, 「도시개발사업법」에는 이와 같은 제한조항이 없다는 점을 악용했다.[25]

---

25 택지개발촉진법 제7조(택지개발사업의 시행자 등) ① 택지개발사업은 다음 각 호의 자 중에서 지정권자가 지정하는 자(이하 "시행자"라 한다)가 시행한다. 〈개정 2014. 1. 14., 2016. 1. 19.〉
  1. 국가 · 지방자치단체
  2. 「한국토지주택공사법」에 따른 한국토지주택공사(이하 "한국토지주택공사"라 한다)
  3. 「지방공기업법」에 따른 지방공사
  4. 「주택법」 제4조에 따른 등록업자(이하 "주택건설등 사업자"라 한다)로서 지정하려는 택지개발지구의 토지면적 중 대통령령으로 정하는 비율 이상의 토지를 소유하거나 소유권 이전계약을 체결하고 도시지역의 주택난 해소를 위한 공익성 확보 등 대통령령으로 정하는 요건과 절차에 따라 제1호부터 제3호까지에 해당하는 자(이하 "공공시행자"라 한다)와 공동으로 개발사업을 시행하는 자. 이 경우 대통령령으로 정하는 비율은 다음 각 목의 구분에 따른 범위에서 정한다.
  5. 주택건설등 사업자로서 공공시행자와 협약을 체결하여 공동으로 개발사업을 시행하는 자 또는 공공시행자와 주택건설등 사업자가 공동으로 출자하여 설립한 법인(이하 "공동출자법인"이라 한다). 이 경우 주택건설등 사업자의 투자지분은 100분의 50 미만으로 하며, 공공시행자의 주택건설등 사업자 선정 방법, 협약의 내용 및 주택건설등 사업자의 이윤율 등에 대하여는 대통령령으로 정한다.
  「택지개발촉진법 시행령」 제6조의4(공공시행자의 주택건설등 사업자 선정 방법 등) ① 공공시행자는 법 제7조제1항제5호에 따라 공모(公募)에 의한 경쟁을 통하여 주택건설등 사업자를 선정하여야 한다. ③ 법 제7조제1항제5호에 따른 주택건설등 사업자의 이윤율은 수익실현 방법은 토지를 지주로부터 공공성이라는 명분으로 헐값에 매수하고, 택지전환 후 시가에 분양함으로써 큰 이익을 내고, 그 수익금 중 주주평등원칙 위배와 민간초과이익 환수를 배제한 구조를 짜 지분 50%의 우선주를 보유한 성남도시개발공사에게는 1,830억 원을, 지분 43%의 우선주를 보유한 금융기관들에게는 32억 2,500만원을 각 우선 배당하고 7%의 보통주를 보유한 특정인 화천대유·천화동인에게는 4,040억 원을 배당하는 구도와 토지 및 주택 등 분양이익의 구도를 만든 것은 큰 문제가 아닐 수 없다.[26]

따라서 외관상 드러나는 점만을 고려하더라도 전 성남도시개발공사 사장직무대리 유동규[27], 전 개발사업본부장 유한기(12.10. 자살하였다), 전 개발사업처장 김문기(12.21. 의문사하였다)등은 "성남도시개발공사가 자신이나 금융기관에게 줄 배당금을 대폭 낮추고 특정인 화천대유·천화동인에게 그 만큼의 이익을 넘겨준 것이므로 특정경제범죄가중처벌법상 업무상 배임죄가 성립되는 것이고,

---

총사업비의 100분의 6 이내로 한다. 이 경우 총사업비는 용지비, 용지부담금, 조성비, 기반시설 설치비, 직접인건비, 이주대책비, 판매비, 일반관리비, 자본비용 및 그 밖의 비용을 합산한 금액으로 한다.

26 언론보도에 따르면 분양 등 이익은 배당금 수입을 포함하여 총합계 1조 8,000만 원에 이른다 한다.

27 검찰은 유동규에 대해, 법원에 배임과 뇌물혐의로 구속영장을 청구하였다.

이 과정에서 유동규 등이 주주들이나 이해관계자로부터 돈(8억 원과 모 변호사로부터 차용했다는 동 11억 원, 700억 원 약정설)을 별도로 받았다면 이는 뇌물죄가 성립된다고 할 수 있다. 따라서 구속영장이 집행되었다.

최근, 황무성 성남시 전 도시개발공사 사장은 당시 성남시장인 이재명의 측근들이 임기가 남아 있는 자신을 사퇴시켰다는 소문에 대해 "사장 재직 시절 이재명 후보 측근인 정진상 전 정책실장, 유동규 전 성남도시개발공사 기획본부장 등이 '사퇴 압박'을 했고 이 때문에 정상적인 업무를 하기 어려웠다"라고 발언했다. 또 정진상 전 정책실장이 사퇴압박과 무관하다는 이 후보의 해명과 관련해서도 "꼬리 자르기를 하려면 당연히 그렇게 말할 것"이라고 했다.

실제 이재명 후보 측근들이 황무성 전 사장의 사퇴를 압박했다는 녹취파일도 공개된 바 있다. 이에 따르면, 2015년 2월 6일 유한기 성남도시개발공사 개발사업본부장이 황무성 전 사장 집무실로 찾아가 "(사직서를) 써주십시오. 왜 아무것도 아닌 걸 못 써주십니까?"라고 하자 황 전 사장이 "정 실장과 유동규 본부장이 당신에게 (사직서 제출 요청을) 떠미는 것이냐"고 물었다.

개발사업본부장 유한기는 "그러고 있어요. 그러니까 양쪽 다"라고 대답했습니다. 또 "시장님 명(命)을 받아서 한 것 아닙니까. 시장님 얘깁니다. 왜 그렇게 모르십니까?"라며 "오늘 (사직서를 제출)해야 됩니다. 사장님이나 저나 다 박살 납니다"라고도 발언했다. 위 녹취록에서 유동규 전 본부장은 12번, 정진상 당시 성남시 정책실장은 8번, 성남시장은 4번 언급된 것으로 확인되었다.

이에 따라 황무성 전 사장은 유한기 개발사업본부장과 세 차례의 면담 끝에 결국 당일 밤늦게 사직서를 제출했다. 바로 이날 대장동 개발과정에서 유동규와 유착한 것으로 드러난 민간개발업체 화천대유 등이 설립되었던 것이다.

이 녹취내용이 진실이라면 이재명 후보는 임기가 남아있는 황무성 전 사장을 내몰고 유동규를 사장(사장직무대리)으로 내정했던 점, 사표수리 후 유동규가 사장직무대리가 되어 민간초과이익 환수를 배제한 구조를 짠 점 등을 볼 때 공범으로서 배임죄와 직권남용죄가 성립된다고 볼 수 있다. 그러나 이 사실을 밝혀야 할 개발사업본부장 유한기는 검찰수사가 개시되자 자살하였다. 왜 그는 갑자기 자살했을까? 의문이다.

넷째, 만에 하나 공모사실이 없다면, "성남도시개발공사와 그 감독기관인 성남시는 최소한 '선량한 관리자의 주의의무'를 위반한 중과실이 인정되므로 성남시민(특히, 지주들)들에게 피해를 입힌 것에 대한 민사상 손해배상 책임을 져야 한다."고 정교모 회원들

은 주장했다.[28]

다섯째, 이재명 후보(이재명 후보는 부인하고 있지만, 이들과 공모
하여)와 이해관계에 있는 고위직 검찰, 법원 출신의 변호사나 정
치인들(자녀, 친척 포함)에게 제3자를 통해 급여·수당·퇴직금·대여
금·분양대행 용역비 등으로 지급한 것은 배임범죄가 될 수 있다.

즉 이재명 후보와 가깝고 문재인 정권창출의 공신이며 특혜개발
사업 비리문제에 영향력이 있거나 자신을 보호해 줄 유력 변호사·
자문 그룹이 필요했던 것인데 이에 박영수 전 특별검사, 박영수
대표변호사 소속의 법무법인강남 남욱, 조현성 등 변호사들, 자신
의 재판을 맡았던 권순일 전 대법관, 자신을 변호한 수많은 법조
인들 박영수 전 특별검사와 국민의힘당 곽상도 의원(검찰 출신이
다)의 자녀, 친척들을[29]를 화천대유, 천화동인의 (상임)고문이나
이사, 직원 등으로 영입하거나 및 분양대행 회사의 지위를 줘 고
문료·자문료·급여·수당·퇴직금·대여금·분양대행 용역비 등 명목으

---

28 사회정의를바라는전국교수모임(정교모) 회원들이 대장동 개발사업을 '불법과 탈법으로 점
    철된 대장동 게이트'라고 정의하면서 "이렇게 불법과 탈법으로 점철된 대장동 게이트는 정
    치·법조·지방행정기관 간 약탈적 부패 카르텔이 형성된 것"이라고 짚고 정교모는 "국고로
    마땅히 환수돼야 할 개발이익금을 특정집단이 나눠 갖는 파렴치한 행태가 만연되어 있음을
    보여준다."라고 개탄했다.

29 곽상도 의원 아들은 6년간 재직한 퇴직금으로 50억 원(세금공제 후 실 수령액은 28억 원)
    을 받았다는데, 곽상도 의원은 일찍이 입사경위와 퇴직금 수령이유를 진솔하게 밝혀야 했
    다. 박영수 전 특별검사도 상당한 금원의 수령이유를 밝혀야 한다.

로 돈을 지급하였다. 큰 문제가 아닐수 없다.

여섯째, 이재명 후보가 성남도시개발공사 전 사장직무대리 유동규, 전 개발사업본부장 유한기, 전 개발사업처장 김문기, 성남의뜰 대표이사 고재환, 화천대유·천화동인의 주주 김만배 전 법조신문 기자와 김석배, 김은옥, 김명옥 형제자매, 남욱 및 조현성 법무법인강남 변호사, 이한성, 정영학 회계사, 배규민, 이성문 대표이사, 캠프의 정진상 의전팀 등 측근이나 지인을 통해 비자금(배당금 일부)을 만들어 언론과 후보캠프의 여론조사비, 인건비 등 정권재창출을 위한 대선 프로젝트에 사용했거나 사용할 것으로 본다면 횡령, 배임 등 범죄혐의를 넓게 예정할 수 있을 것이다.

그러므로 구도를 설계할 때부터 불법이었고, 이재명 후보 자신이나 그 가족들로는 사업을 진행할 수는 없자 그 측근들이 포진하였던 것이다.

406쪽 〈표 5〉 대장동 특혜사건 이재명 후보와의 관계도표 참조

일곱째, 이재명 후보는 대선과정에 걸림돌이 되는 2심에서의 「공직선거법」 위반의 유죄판결을 무죄로 뒤집어야 하는데, 이재명 후보는 대법원에서 대법관 권순일의 도움으로 무죄취지의 파기환

송 판결을 받았다.[30]

만일 재판거래가 사실로서 밝혀진다면 대법원 판결은 무효가 된다. 문제가 아닐 수 없다.

그러므로 이재명 후보는 권순일 전 대법관이 퇴임 후 ㈜화천대유 고문으로 추대하면서 월 1,500만원(?)의 돈을 지급한 것은 국민들로부터 자신의 재판거래 의혹(사후뇌물, 사전은 ?)을 충분히 받을 만한 여지가 있는 것이다.

여덟째, (208) 이재명은 여당의 대선 유력후보로서 대선 승리에 도움을 줄 중앙선관위원장인 전 권순일 대법관과 다양한 여론 조사 경험과 경력을 가진 원지코리아컨설팅 대표 이근형[31], 언론인 홍선근 회장을 영입하여 현재 진행 중인 국민여론조사와 향후 대선 본선에서도 큰 영향력을 행사할 것이다.

(209) 이 점은 이재명 후보가 국민으로부터 4·15 부정선거 의혹을 받고 있는 전 권순일 대법관, 이를 실행한 양정철, 문재인 대통령 후보의 인터넷 댓글 여론조작 사건 지휘자 김경수 전 경남지사의 모임(사진 15), 이재명 캠프의 선거전략기획단 단장 원지코리아

---

30 대법원 심리과정에서 유·무죄 여부를 놓고 논쟁이 심했던 것으로 알려지고 있다.
31 OECD 46개국의 국민을 상대로 설문 조사한 결과 미국 국민은 29%만 언론을 믿는다고 하여 OECD 국가 중 최하위였다.

대표 이근형을 영입한 것을 보면 부정선거획책과 경선에 관한 국민여론조사와도 밀접한 이해관계가 있어 보인다.

아홉째, (210) 이재명 후보는 과거에 역사를 왜곡하여 "6·25전쟁은 북한에 대한 기습남침이며 중공군은 해방군, 미군은 점령군이다"라고 거짓 발언한 것은 4·15 부정선거 의혹을 공모한 중국공산당에게 이번 선거에도 관심(도움)을 가져달라는 신호를 보낸 것이라고 필자는 판단하고 있다.

이 점은 4·15 총선의 부정선거가 중국공산당이 개입된 사실이 증명되어야 성립되는 범죄이다.[32] 그런데 중국공산당이 개입된 사실이 여기저기서 확인되고 있다.

이를 종합하면 (211) 2022년 3월 9일 자 대통령 선거도 부정선거가 진행될 것이라는 의구심을 충분히 가질 수 있는 대목이다.

열째, 뒤늦게 공개된 일이지만 김오수 현 검찰총장은 변호사 재직 시에 이재명 성남시장의 고문으로서 보수를 받은 사실이 알려지면서 과연 김오수 검찰이 대장동 특혜개발비리 사건 수사를 제대로

---

[32] 필자는 배춧잎 투표지, 일장기 모양의 선거관리관 도장이 찍힌 1,000여 장의 사전투표지, 정식 기표도장이 아닌 45여 종류의 날인이 찍인 3,000여장의 사전투표지, 정식무게(지질)가 아닌 사전투표지 등은 모두 중국에서 인쇄 작업한 것으로 추정하고 있다.

할 것인가에 의문을 가지고 있었는바, 바로 현실이 되고 말았다.

즉 검찰이 성남시청에 대해 압수수색을 할 때 비리의혹의 핵심인 이재명 시장(실)에 대한 압수수색이 의도적으로 빠졌고 검찰이 유동규 전 성남도시개발공사 사장직무대리를 구속할 때 적용되었던 배임죄를 아예 빼버리고 그를 뇌물죄 등으로 기소한 것과 이재명 후보의 최측근 김만배 대주주를 구속하지 않고 남욱 변호사를 신문 후 그대로 귀가시키는 등 본질을 덮어 버리려는 것으로 정치와 결탁하는 수사는 큰 문제가 아닐 수 없다.

또한 공평·정대해야 할 검찰이 이재명 후보의 측근들과 권순일, 박영수 특검 등의 불법수익에 대해서는 압류를 하지 않고, 야당 출신인 곽상도 전 의원 아들의 계좌만 압수한 것은 문재인 정부가 사법 정의를 주장하면서도 실상은 권력의 시녀로 전락하고 말았으니, 국민과 우리나라는 큰 불행이 아닐 수 없다. 이번 정권교체를 통해 문재인 정권이 임명한 검찰수장과 김명수 등 대법원장과 대법관을 모두 교체해 반드시 개혁해야 한다.

열한째, 대장동 개발특혜비리 사건은 꼬리가 길고 부정행위의 규모가 커서 더는 숨길 수 없어 터졌다. 이러한 이재명 후보의 기획된 대선 등 정치 구도를 알지 못했던 국민의힘당이나 야권의 입장에서는 그나마 다행스러운 일이 아닐 수 없다.

이러함에도 불구하고 이재명은 여당 대통령 후보로 최종 결정되었고 여당 후보로서 문재인 대통령과 청와대에서 면담하였는데 이는 실체적 진실을 밝히는 데 있어서 중대한 걸림돌이 되고 대통령이 공무원의 선거 중립을 정면 위반한 행위이다. 이는 이재명은 여당의 대통령 후보가 되었으므로 수사기관은 그만 수사를 중단하라는 취지와 같은 맥락이다.

열두째, 이재명 후보는 성남 국제마피아파 폭력조직과도 연결되어 있음을 추론할 수 있는바, 그 조직에서 12년을 핵심 조직원(행동대장)을 했으며 성남시 3선 의원이자 성남시 전 부의장 박승룡의 아들 박철민의 폭로(진술서)에 의해서이다. 이재명 후보가 폭력조직과 연결된 원인은 무엇인지, 돈을 얼마를 전해주었는지, 아래 진술서만으로는 정확히 알 수 없으나,

폭로목적은 이재명 후보는 성남시장의 공직자로서 박철민이 전한 여러 차례 뇌물로 받은 사실이 있고 이재명 후보가 대통령이 되면 대한민국은 불법의 온상이 될 것이며 조폭과 상생하는 나라가 될 것이라는 우려에서 폭로하였다.

박철민은 범죄자의 신분이지만 나라의 미래를 생각하는 마음은 일반 국민과 같다고 여겨진다.

진 술 서

성명 : 박 철 민[33]
주민번호 : 90****-1******

안녕하십니까

저는 성남시 1대 2대 3대 시의원 부의장, 친박연대 18대 국회의원에 입후보하셨던 박용승 전 시의원 아들 박철민입니다.

부끄럽게도 저는 마약사건과 국제마피아파와 은수미 성남시장 비리 사건을 제보하였단 이유로 국제파의 보복성 싸움에 휘말려 폭력 등 또 도박사이트의 죄로 자숙의 시간을 보내고 있습니다.

이런 신분이 누군가를 제보한다는 것이 부끄럽지만, 저는 사실 국제마피아파에서 12년을 핵심 조직원(행동대장)으로 생활을 하였습니다.

'그것이 알고 싶다'에 방영된, 국제마피아파 이재명, 은수미 공무원들의 비리 사건에 연루된 이준석 형님과 각별한 사이이기도 하며 부친 박승용 님과 이재명 지사 검증팀 이재명 도지사의 이준석 대표 비리 사건의 증거자료를 가지고 있기에 저는 이준석 형님과는 각별한 사이이기에 처인 *** 변호사에게 준석형님의 협조 의중을 접견을 통하여 물어보았고 준석형님 변호사님 통하여 전달받은 내용은, 천천히 상황을 지켜보고 진행을 하기로 얘기를 와이프인 *** 변호사에게 전달해 왔고 제게 *** 변호사님 통하여 전달 온 내용은 협조의 뜻을 밝히셨고, 더이상 조직에서 벗어나 사업가로서 사회에 기여하겠다는 뜻과 함께

---

33 10월 27일 법조계에 따르면 수원구치소에 수감 중인 박철민은 법률대리인 장영하 변호사를 통해 이 같은 사진을 공개했다. 그는 공동 공갈, 폭행 등 혐의로 징역 4년 6개월을 선고받았다.

언젠가는 누구의 입에서 나올 얘기이니 뇌물공여 및 비리 사건에 대하여 명확히 협조하겠다는 뜻을 밝히셨습니다.

그래서 저에게 일부 자료와 계좌내역을, 이재명의 차명계좌를 대략적으로 알려주셨고, 사실 처음 뇌물공여 제안을 한 것은 저입니다.

저는 국제마피아 생활을 하다가 회의감을 느끼고, 수감 생활도 중 저의 변론을 맡아주신 *** 변호사님과 2017년 인연이 되어 당시에 참고자료와 같이 수원고검 광수대에 45명 국제파 조직원들을 일망타진하는데 협조하였으며, 은수미 성남시장 수행기사 사건도 제가 국제파를 제보하면서 수사가 시작되어 첫 제보자이기도 합니다.

당시에 이재명 도지사와 코마트레이드의 비리 사건도 제보하였으나 공람종결되어 흐지부지되었으나, 이지사에게 제가 직접 돈을 전달한 적도 있고, 제 친구가 전달한 적도 있습니다.

제가 국제마피아파란 조직에 회의감이 들고 배신을 당해서 국제파 내사에 협조하였지만, 준석형님과의 관계는 적이 되고 싶지 않아서 망설였지만 준석형님께서 확고히 말씀하시니 언론에 제보하게 되었습니다. …(중략)…

저는 비록 갇혀 있는 죄인의 몸이지만, 폭력 사건 대부분 보복성 폭행에 의한 정당방위이고, 깊이 반성하고 피해자들과도 모두 원만히 합의하였습니다.

사실 화천대유의 설계자는 이재명 지사가 맞고 드러나지 않은 핵심인물을 알고 있으며, 국제마피아 조직원입니다.

화천대유는 빙산의 일각이고, 이준석 형님의 코마트레이드란 기업도 사실 불법 도박사이트에 자금 세탁용도 회사였습니다.

불법자금으로 샤오미 물건을 사고, 불법 자금으로 사들이고 분식회계로 회사가치를 올린 회사이고, 이재명 은수미를 포섭할 계획을 세운 사람은 사실 저입니다. 제가 정치인을 포섭하자고 제안하였습니다.

저희끼리 이재명 지사의 또 다른 호칭이 이재명 보스였을 정도로 저희 조직을 잘 챙겼고, 시 사업을 제안하여 특혜를 준 정황이 있고 은수미 성남시장은 이재명 도지사의 말 잘듣는 꼭두각시 역할이며 당시 불법자금을 이재명 도지사는 여러차례 뇌물로 받은 사실이 있고 이재명 도지사가 대통령이 되면 대한민국은 불법의 온상이 될 것이며, 조폭과 상생하는 나라가 될 것입니다.

이재명 도지사는 도지사가 아니라 국제마피아파 4조1항 수괴급으로 처벌을 받아야 한다고 할 만큼 국제마피아파와의 유착관계가 긴밀합니다.

이 사실이 허위사실일 경우, 저 박철민이 허위사실 유포죄로 처벌받겠으며, 명예훼손죄로 처벌받겠습니다.

당당히 언론에 기사에 알려주시어 정확한 수사가 이루어 질 수 있도록 전 국민이 이재명 도지사의 실체를 알수 있도록 간곡히 긴급한 수사요청을 부탁드립니다. 일부자료는 확보하였고, 추가 목격 진술 또는 돈을 준 당사자 또한 알고 있습니다.
제가 국제폭력배를 하였다고 지역사회에 공인으로 시의원 3선을 하시고 지역사회에 공헌하시는 박승용 부친님께 송구하고 죄송합니다.
위 사안들은 모두 사실임을 증명합니다.

2021년 10월 6일
박철민

그 후 이재명 후보에게 20억 원 정도를 전달했다고 주장한 성남 국제마피아파 조직원 박철민은 또 다른 추가 '돈다발 사진'을 공개했다. 앞서 발표한 돈다발 일부 사진의 진위가 논란이 되면서 증언 신빙성이 의심받은 데 따른 대응으로 보인다.

〈'돈다발 사진' 주장 박철민씨 측, 확인서 추가 공개〉

이재명 경기지사에게 뇌물을 전달했다는 현금다발 사진의 제보자 박철민 씨는 "사진 속의 돈이 이 지사에게 넘어간 것이 확실하다"라고 주장했다.

이날 공개한 사진에 대해 "박스에 든 1억 7,000만 원 등 총 3억 7,000만 원"이라며 "이 전 지사와 모 형사에게 간 돈"이라고 주장했는데 그는 장영하 변호사를 통해 제출한 추가 '진술서'에서,

"이재명 도지사와 국제마피아파가 공생관계가 아니라면 과격한 언행이지만 제 목숨을 걸겠다, 증거자료를 모두 취합해 조만간 공수처 및 국민권익위원회에 정식 고발하겠다. … 이재명 도지사님, 서울 구치소 밥이 맛있다. 건강 잘 챙기시라. 2021년 10월 22일 오후 5시 1분 – 수원구치소 박철민 올림"

이라는 인사말을 넣어 이재명 후보가 국제마피아파와 공생관계였다는 사실을 다시 밝혔다.

이에 앞서 국민의힘 김용판 의원은 지난 10월 18일 경기도 국정 감사에서 이 지사가 폭력조직 국제마피아파 측근들로부터 20억 원 정도를 받았다고 주장하며 그 근거로 전 국제마피아 행동대장 박철민으로부터 받았다는 진술서와 현금다발 사진을 공개한 바 있다.

그러나 이재명 후보(도지사)는 국민의힘 김용판 의원(박철민)이 주장한 내용은 허위사실이라고 일축한 뒤 김 의원에게 의원직 사퇴를 촉구했고 더불어민주당은 김용판 의원을 국회 윤리위에 제소했다.[34]

열셋째, 이처럼 이재명 후보는 뻔한 거짓말을 밥 먹듯이 하고 있는바, 이는 검찰이 여러 증거가 있음에도 제대로 수사를 하지 못하는데 기인한 것이며 더불어민주당은 힘으로 검찰을 밀어붙여 이재명 후보의 여러 비리를 덮으려 하고 있다.

이는 직무유기를 넘어 나라를 망치는 큰일이 아닐 수 없다. 그러므로 특검을 통해 반드시 실체적 진실대로 밝혀야 할 것이다.

이 점에 대해, 감옥에 있는 최서원(최순실)은 10월 28일 동아일

---

34 [출처] 연합뉴스TV 기사문의 및 제보 : 카톡/라인 jebo23

보에 보낸 〈특검을 통해 국정농단 수사 때와 똑같이 수사해라!〉는 옥중서신을 통해,

"녹취록을 절대적 증거로 넘겨받고도 아무것도 밝혀내지 못하고 서로 각기 다른 진술에 끌려다닌다. 진실을 밝히기보다는 이미 결정된 수순으로 가고 보여주기식 조사를 하고 있는 것이기 때문"이라고 했다.

그녀는 2016년 12월 24일 자신이 박영수 특검에 소환됐을 때를 언급하며 "몇십 년 전 대구 달성선거 때 녹음파일을 박 대통령과 나랑 통화한 내용이라면서 그때부터 나랑 박대통령은 한 몸이었고 경제공동체였다고 주장했다"라며

"도대체 몇십 년 전부터 도청했고 그 녹음을 누가 한 것인지 실제로 내 목소리인지조차 확인도 해주지 않은 채 특검은 처음부터 경제공동체 논리를 가지고 있었다."라고 말했다. 이어 "그날 새벽쯤 부장검사는 그걸 실토하라면서 삼족을 멸하겠다고 으름장을 놓고 협박을 해댔다"라고 덧붙였다.

나아가 그녀는 "당시 박 특검은 특검에 파견된 검사들과 함께 이 나라의 경제계, 정치계, 박 전 대통령의 측근부터 모조리 불러 종일 수사실에서 강압적인 수사를 하며 무소불위의 권력을 갖고 무

룧 꿇게 했다."라며

"그런 박영수가 다른 한쪽에서 화천대유 관련 고문료를 받았다니 세상이 정상이 아니다"라고 주장했다.

또 서울중앙지검 전담수사팀을 향해 "대장동의혹 사건은 주민들의 피를 빨아먹은 업자들의 돈벼락 잔치인데도 공항에서 체포했던 주요 인물(남욱 변호사)은 풀어줬으며 김만배의 영장은 기각됐는데 이런 검사들이 국정 농단 사건을 수사했다면 나는 무죄가 나왔을 것이다"라며

"유동규 전 성남도시개발공사 사장 직무대리가 밖에 던진 휴대폰을 검찰이 찾지 못하다가 경찰이 하루 만에 찾은 것은 코미디다. 내 경우에는 어린 딸이 손자를 갓 낳아서 젖 물리고 있던 병실에 쳐들어가서 휴대폰을 압수수색했으면서 대장동 관계자들의 압수수색은 왜 똑같이 악랄하게 하지 않은 것인가?"라며 분통을 터뜨렸다.

그녀의 입장으로는 충분히 언급할 수 있는 서신 내용이다. 검찰과 특검은 성남시 대장동 택지개발관련 결재 서류, 관계자의 증언, 정영학 녹취록, 제보자의 양심선언, 각종 고소고발 내용 등의 증거와 자금흐름의 수사를 통해 택지개발특혜 사업의 설계와 구도는 누가 한 것인지, 이재명 후보와 관련인들 간의 이해관계가 어

뗳게 성립되는지, 그들이 받은 이익금 배당금 대여금(가지급) 등 자금의 흐름과 사용처는 무엇인지 즉시 수사하여야 한다.

특히 박영수 전 특별검사, 권순일 전 대법관 등의 역할은 무엇인지, 백현동 등 타 지역의 특혜개발 사업에 대해서도 엄밀히 수사 기소하여 처벌하여야 할 것이다. 그래야만 검찰조직도 산다.

마지막으로 이재명 후보 성격의 문제이다. 그는 자신이 대화로 해결해야 할 사소한 일도 항상 고소 고발과 소송을 제기하여 자신이 전과자임에도 변호사의 지위를 이용하며 검찰과 경찰 법원의 힘을 빌린다. 세상을 잘못 살아온 것이 분명하다. 이재명 후보의 정체에 대해서는 가까이 그를 보아온 장영하 변호사가 쓴 「굿바이, 이재명」 책에 잘 묘사되어 있다.

이런 성격의 이재명 후보는 국민들과의 갈등이 생겼을 때 어떤 식으로 해결할까? 다른 나라와의 외교력은 어떠할까? 해외 정상들과 분쟁 해결 능력은 있을 것인가? 심히 걱정된다. 한 나라의 지도자를 뽑는 것은 연습이 될 수 없다.

제 6 장

문재인 정부를 지지하는
국민들과 위정자 언론인들에게
하고 싶은 말

북한이 핵을 만드는 이유는 단 한 가지이다. 북한체제를 지키며 훨씬 잘 사는 대한민국을 상대로 핵을 무기로 공산화하여 그들 방식대로 통일하는 것이다. 그리고 핵보유국으로 인정받아 미국을 협박하여 대가를 뜯어내는 것이다.

공산주의가 잘 산다는 주장은 이론적으로야 가능한 일이지만 조금이라도 인류 역사를 생각해 본다면 그런 일은 현실에서는 실현되지 않는다. 홍보용 캐치프레이즈일 뿐이다. 북한 위정자들은 우리의 모든 것을 빼앗아 그들만의 잔치로 만들 것을 깨달아야 한다. 생활이 그다지 윤택하지 못한 서민일지라도 자유대한민국 체제가 북한체제나 중국 공산주의 체제보다 훨씬 우월하다는, 삼척동자도 알만한 사실을 재인식하여야 한다.

정치란 많은 세력을 규합하여 정권을 잡는 것이기도 하지만 보다 중요한 것은 정권을 잡은 지도자가 국민을 위한 국정과제나 여러 정책을 잘못 판단하고 있거나 모르는 것들을 설득하고 지도하고 알려주며 부정선거나 포퓰리즘(대중주의)에 속고 있는 것을 비판하고 국민을 위한 국민에 의한 민주주의 정부가 될 수 있도록 하는 것, 바로 언론이 할 일이다. 자유민주주의에 입각한 창의적이고 잘 사는, 멋진 대한민국이 되도록 민심을 선도하여야 한다.

가. 필자의 과거 이념과 좌파 정부의 문제점

필자는 오래전 민주당 김대중 총재가 대통령 후보가 되었을 때, 정권은 자주 바뀌어야 한다는 생각과 호남인도 요직에 나갈 수 있어야 하고 기회가 균등해야 한다는 차원에서 호남 김대중 총재가 대통령이 되는 것을 지지했다.

그래서 공무원으로서 김대중 정부의 청와대에 입성하려고 노력하기도 했다. 결과는 그렇지 못했다.

특히 김대중 정부에서 표방하는 '햇볕정책'은 못사는 북한에 인도적 차원의 지원을 한다는 측면에서 무척 긍정적으로 생각하였다.

바로 옆집에 자기보다 못사는 어려운 이웃이 있으면 당연히 도와주면 좋지 않을까? 그래야 인간적인 유대관계를 맺고 서로 이해하며 사이좋게 지낼 수 있는 것 아닐까 하는 정도로 단순한 생각이었다.

그러나 김대중 전 대통령의 도가 넘는 대북지원에 대해서 국민 여론은 그다지 좋지 않았다. 그때, 김대중 전 대통령은 "북한은 결코 핵을 가지지 않는다. 내가 그 일을 책임을 질 수 있다"라고 호언했으나 그 말은 나중에 거짓말임이 증명되었다.

김대중 전 대통령이 지지한 노무현이 대통령에 취임하자 각 부처 보수성향의 공무원들과 국민들의 저항에 부딪혀 애를 먹었다. 그 때 노무현 전 대통령은 "대통령 못해 먹겠다."라는 무책임한 발언을 했었고 그 후 정치자금 문제로 자존심을 지키고자 죽음을 택하였다.[01]

이런 일련의 일들을 겪으며 필자는 사회가 점점 좌경화되고 있음을 알게 되었고 40대 후반이 되어서야 비로소 좌파 지도자들의 문제점을 정확히 인식하게 되었다.

이명박 정부에서는 민주당 의원들과 언론들이 미국 소고기를 먹으면 머리가 숭숭 뚫린다는 거짓 광우병 선동을 했으나 다행히 단기적으로 쉽게 증명되는 일이어서 위기를 넘겼다.

그리고 이명박 대통령이 추진한 4대강 사업을 이렇다 할 근거 없이 계속 비난했다. 이는 명백히 국민분열 행위로, 농부가 아닌 사람은 4대강 사업이 주는 혜택을 잘 모르니 그 말이 맞는 듯도 할 것이다.

박근혜 정부에서는 여성 대통령으로서 여·야 의원들과는 허심탄

---

01 이 부분 국민 사이에는 타살이라는 이론(異論)이 있다.

회한 의사소통 없었지만, 전화로 부친 박정희 전 대통령으로부터 배운 경험을 살려 나름대로 국민을 위한 청렴한 정치를 하였다.

그러나 사회는 이미 좌경화 흐름을 보였고[02], 내부 기회주의자인 김무성, 유승민 전 대표와 박지원 국민의당 원내대표, 김종인 민주당 대표 등의 야합으로 촉발된 촛불시위의 탄핵과정을 거쳐 현재의 문재인 정부가 들어섰다.

필자는 진지해야 할 후보자 토론에서 문재인 후보가 말문이 막히면 인자한 사람처럼 허허 웃음으로 대응한다든지 주제를 다른 곳으로 돌리는 것을 알아차렸으므로 일찍이 문재인 후보의 판단 능력과 이념과 그의 정체성에 관하여 의심했다.

그러나 더불어민주당은 박근혜 대통령을 세월호 사건과 결부시켜 '7시간 밀회를 즐겼다', 성격상 언론에 잘 나타나지 않는 점을 악용하여 '무능한 대통령이다'등 거짓 선동하고 최순실과 '모든 것을 상의해 국정을 농단했다'는 거짓 정보로 국민을 호도했다. 게다가 드루킹 인터넷 댓글조작으로 언론을 선동하고 정치공작으로 촛불시위의 광풍 속에 많은 국민을 속여 문재인 후보를 대통령으

---

02 교육현장에서는 전교조 교사가 학생들에게 좌파 이념을 심어주었고 「5·18 광주민주화유공자법」 시행으로 수많은 좌파인사를 유공자로 등재 함으로써 행정부 국회 사법부 등 사회 곳곳에 좌파들이 뿌리를 내린 것으로 필자는 판단하고 있다.

로 만들었다.

문재인 정부가 출범하자, 그 어느 정부 때보다도 경제는 침체됐고 코로나19 사태로 사회가 통제됐으며 민주당 캠프사람들만으로 구성된 각종 위원회라는 조직이 각 부처의 일을 좌지우지했다.

즉 '소득주도성장', 특히 세계적인 원자력기술을 안정성이 없다는 허구논리로 '탈원전 정책을 추진'하고 월성원자력 1호기는 경제성이 없다는 이유로 폐기하는 등의 상식을 벗어난 정책이 펼쳐진 것이다.[03]

우리 국민은 이미 경험과 학습을 통해 물·불·원자력 등을 관리하는 지혜를 가지고 있다. 그런데 이 문재인 정부는 법률보다 대통령의 막연한 공약이 우선인 것처럼 행세하며 그러한 기술력을 깡그리 사장 시킨 것이다.

문재인 대통령은 '평화공존'이라는 그럴듯한 말로 2018년 9월 19일 우리의 군사력을 떨어뜨리는 군사합의를 하고 국방부장관이나 각 군 참모총장을 자신들의 뜻에 순종하는 인사로 등용하며

---

[03] 원전기술에 관한 USB가 북한 김정은에게 전달되었다는 언론 보도가 있었다. 이에 대해 야당은 사실 여부를 질문했고 청와대는 발전소와 관련된 자료를 김 위원장에게 건넨 사실은 인정하였다.

급기야는 종전선언을 주장하기에 이르고 있다.

필자는 문재인 대통령 퇴임 후 정권교체가 된다면 반드시 피해기업과 피해자(국가 포함)로부터 손해배상 책임과 국가에 엄청난 손해를 끼친 혐의로 준엄한 심판을 받을 것이라고 예상하고 있다.

우리나라는 대통령제 국가이지만 엄연히 삼권이 분리됐으며 시장경제를 신봉하는 자유민주주의 국가이자 법치국가이기 때문이다. 하루아침에 얼치기 공약으로 법률적인 근거도 없이 세계강국으로 갈 수 있는 원자력 정책을 폐기하는 매우 어리석은 정책을 강행한 것 하나만으로도 역사적 심판을 받을 소지는 충분하다.

일자리를 창출한다면서 이율배반적인 소득주도 정책으로 고소득자인 원전관련 종사자들을 실업자로 내몰았고 고급기술인력이 중국이나 해외로 빠져나가는 등 어처구니없는 결과를 가져왔으며 심지어 관련 대학원 학과는 폐지되었다.

반면 만년 적자에 허덕이던 한국전력은 많은 예산을 들여 전남 나주시에 「한국에너지공과대학교」를 설립하는 등 이율배반적이며 형평성을 잃은, 실패가 뻔한 정책을 감행하고 있다.[04]

---

04 기존 대학교의 공과대 졸업생들이 취업이 안 돼 아우성인데 나주시에 공과대학교를 새로 설립해 이 대학 학생들에게 학자금을 지원하고 졸업 후 한국전력에 쉽게 취업할 수 있게 한

주류언론은 언론노조가 장악하여 현 정권의 입맛에 맞는 것만 발표하고 불리한 것은 통제(부정선거 문제는 발표하지도 않는다)하고 전교조, 민주노총, 한국노총 좌파 시민단체 등 노동자 등 다수표 위주 대중의 인기에만 영합하는 대중주의(포퓰리즘) 정책을 시행하고 있다.

이중과세 성격의 상속세, 고율의 양도소득세 종부세 소득세 등과 부자나 기업, 자본가를 옥죄는 조세정책을 계속 시행하는 정책을 보면서 서민의 한 사람으로서 '아! 우리 국민은 문재인 대통령을 잘못 뽑았구나', '이러면 얼마 못 가서 우리나라는 베네수엘라처럼 망하겠구나'하는 결론에 이르게 되었다.

나. 문재인 정부를 지지하는 국민께!

국민 개개인이 '좌파정책이 좋아서', '생활하기 힘들어서', '낮은 임금을 받는 노동자여서', '세상 바꿔기를 원하여'공산주의 사회주의 경향의 문재인 정부를 따르는 것도 이해할 수 있다. 그러나 국민 모두가 못살게 되면 그 결과는 우리나 후손에게 귀착되는 것이다. 이점을 우리는 좌시하면 안 된다.

것은 참으로 공평성에 어긋나는 정책이다.

현재 북한과 중국의 상황을 보면 쉽게 알 수 있는 일이다. 부자의 재산을 빼앗아 나누어 가진들 우리 서민들에게 얼마나 도움이 되겠는가? 그것은 빼앗는 일부 위정자(당 간부, 중국공산당)들만 배불리는 것이다.

북한이 핵을 만드는 이유는 단 한 가지이다. 북한체제를 지키며 훨씬 잘 사는 대한민국을 상대로 핵을 무기로 공산화하여 그들 방식대로 통일하는 것이다. 그리고 핵보유국으로 인정받아 미국을 협박하여 대가를 뜯어내는 것이다.

만일 북한이 전쟁을 통하여 대한민국의 정권을 가져가면 못사는 우리 국민들(서민)에게 이익을 배분할 것처럼 생각한다면 오산이다.

이론적으로야 가능한 일이지만 조금이라도 인류 역사를 생각해 본다면 그런 일은 현실에서는 실현되지 않는다. 홍보용 캐치프레이즈일 뿐이다. 북한 위정자들은 우리의 모든 것을 빼앗아 그들만의 잔치로 만들 것을 깨달아야 한다. 생활이 그다지 윤택하지 못한 서민일지라도 자유대한민국 체제가 북한체제나 중국공산주의 체제보다 훨씬 우월하다는, 삼척동자도 알만한 사실을 재인식하여야 한다.

다. 좌파 위정자분들께!

귀하들이 과거 김대중 정부 이래 문재인 정부 하에서 권력을 유지하다가 종전선언, 평화정책으로 북한에 정권이 넘어가면 북한 위정자들이 귀하들에게 남한에서의 활동을 치하하여 권력이나 재산을 같이 공유할 것이라는 생각은 아예 접는 편이 낫다.

북한 위정자들은 그동안 배곯고 억압당했던 북한 주민들을 위해 또 좌파 위정자분들이나 우리 국민들에게 권력이나 재산을 분배하는 것을 허용할 리 만무하다. 세상에서 가장 위험한 나라, 못사는 나라의 독재권력자인 북한 집권층의 이제까지의 행태를 보라! 믿음이 가는지. 부디 단군 이래 가장 잘살고 있다는 우리 대한민국을 망치고 북한을 이롭게 하는 행동을 하지 말아야 한다.

라. 언론인들께! - 언론이 지도자를 뽑는 것 아냐

정치란 많은 세력을 규합하여 정권을 잡는 것이기도 하지만 보다 중요한 것은 정권을 잡은 지도자가 국민을 위한 국정과제나 여러 정책을 잘못 판단하고 있거나 모르는 것들을 설득하고 지도하고 알려주며 부정선거나 포퓰리즘(대중주의)에 속고 있는 것을 비판하고 국민을 위한 국민에 의한 민주주의 정부가 될 수 있도록 하는 것. 바로 언론이 할 일이다. 자유민주주의에 입각한 창의적이고 잘 사는, 멋진 대한민국이 되도록 민심을 선도하여야 한다.

국민의사에 반하여 조·중·동이나 방송 등 주류언론들이 과거처럼 정치집단, 노조와 전교조 등 탄핵세력들과 야합하여 자신들의 입맛에 맞는 지도자를 뽑아서는 안 된다. 언론인들은 부정선거 문제를 몰라서 그런 것이 아니라 의도적으로 발표하지 않고 있다.

이들은 선관위 또는 선관위와 연결된(계약된) 여론조사 기관이 흘리거나 조작 왜곡한 여론조사 결과를 발표함으로써 언론 자신들이 띄우는, 그들이 원하는 정치인을 얼마든지 당선시킬 수 있다는 자만에 빠져서 언론의 사명감을 잃고 헤매고 있는 것으로 보인다.

이준석 당대표 당선에 관한 여론 조작내용, 과거의 광우병, 탄핵 선동 등을 보면 잘 알 수 있다. 언론이 사실과 진실을 전달하지 않으면 국민으로부터 버림을 받고 결국 나라도 모두 망할 수 있다는 점을 KBS, MBC, SBS 미국의 CNN, MSNBC 등과 중국의 관영매체 사례 등에서 발견할 수 있다. 언론인들은 공정보도를 하여 주시기를 간곡히 당부드린다.

제 7 장

결 론

이 시기에 회색정치인과 야합하지 말고 탄핵의 부당성(당시 언론선동으로 탄핵이 잘못되었다는 사실을 몰랐던 의원들이 있었을 것이다)과 무능하고 부패한 문재인 정부와 더불어민주당 1당 독재정치, 나아가 정권연장 수단인 부정선거, 거짓말 정치, 그들과 가세한 좌파언론들, 민노총, 전교조 등과 당당히 맞서는 자세와 그들과의 결별이 필요하다.

선의의 경쟁과 공정한 경선 대선관리를 통하여 단일화를 이루고 조직을 단일대오(원팀)로 만들어 언론선동, 거짓탄핵과 부정선거로 빼앗긴 정권을 탈환하며

차기 22대 국회의원 선거 등에서도 야권이 제1당이 되어 현 집권세력인 좌파들의 의회독재도 종식시켜야 할 것이다.

가. 청년들의 좌절과 미래 문제를 우리 모두가 고민해야 할 때

청년들은 취직이 매우 어렵고 모아 놓은 돈이 없어 나이가 들어도 결혼이 두려우며 주택가격이 급격히 올라 평생 돈을 모아도 거주할 집을 마련할 수 없다는 등 여러 이유로 불안한 미래를 걱정하며 희망 없이 우울한 생활을 하는 것이 현실이다.

그런 한편 청춘의 특권이라 할 이성 교제도, 우선 이성간 반감을 갖게 하는 페미정책이 난무하고 있다. 이 부문 또한 젊은이들은 새 지도자나 기존 정치인들이 무엇인가 혁신해 주기를 바라고 있다.

특히 후보들은 부모된 입장에서 자신의 자녀들을 위해서 희생하는 것처럼 청년들을 위해 최우선으로 정책을 수립하여야 할 것이며 청년들이 추구하는 미래, 공평과 공정, 혁신, 취업, 결혼, 주택 문제 등이 실현되거나 해결될 수 있도록 해주시기를 바란다.

공평과 공정, 개혁한다면서 공존해야 할 상대방을 말살하는 여당식 적폐청산, 말로만 공정·공평·개혁을 외치고 사실은 거짓말 정치, 부정선거로 인한 승리, 내로남불 정치, 공산주의식의 똑같이 못사는 사회, 운동권 출신을 우대하는 나라, 이해할 수 없는 복지정책, 북한을 떠받드는 정책, 중국인 조선족을 국민보다 더 우대하는 정책, 중국 공산당 100주년을 기리는 퍼포먼스, 검증되지 않은 25세 여성의 1급 청년비서관 임명 등으로는 진정한 공정·공평·혁신은 요원하다.

청년이란 많은 실패를 경험하고서 성공이 무엇인가를 배우는 과정에 있는 사람, 실패에도 불구하고 언젠가는 성공하는 미래가 있음을 확신하는 젊은이를 의미한다. 새 지도자의 정부는 이런 젊은이들을 도와주는 획기적 정책을 개발하여야 한다. 나이가 들었더라도 따뜻한 가슴과 열정, 투지, 미래, 도전, 희망이 있다면 그는 진짜 청년이다.

새 지도자는 젊은 지도자를 양성하고 그 정신이 많은 젊은이에게 전파되고 실현될 수 있도록 기반을 마련하여야 한다. 그래야만 청년들이 성장하여 앞으로의 대한민국을 굳건하게 이끌어 갈 수 있다.

나. 국민의힘당은 국민들의 기대를 저버리지 말아야

세대교체와 젊음, 패기, 토론, 언변, 시험점수, 여야를 넘나드는 행태, 보여주기식 이벤트만으로는 혁신과 정권교체에 성공할 수 없다.

세대교체란 현재의 여당은 물론 국민의힘당 의원들이 국민을 위해서는 아무 일을 하지 않고 수수방관하는 것, 이당 저당을 기웃거리는 것, 국민은 수백 일, 수천 일을 뜨거운 아스팔트에 나가 문재인 정부를 규탄하는데 이를 도와주지 못할망정 극우라 외면하고 가만히 앉아서 이삭을 줍는 것, 진실과 정의를 말하지 않는 것, 흑과 백을 구분하지 않는 등 행태를 비꼬아 한 말로 해석해야 한다.

만일 이번에도 여당의 부정선거로 야당의 정권교체가 실패하면 부정선거 의혹 탄핵의 불법성은 영원히 묻힐 것이고 계속 내로남불 좌파정권이 장기집권함으로써 자유대한민국은 망가져 북한이나 베네수엘라(이 나라도 차베스, 마두로가 부정선거로 집권하였다)와 같은 나라로 추락할 것이다.

그나마 국민의힘당은 문재인 정부의 무능, 부정·부패정권, 여당의 입법독재와 내로남불, 부동산가격 폭등, 다수 측만을 위한 일방적 정책으로 지지율 부진에 힘입어 다소 우위에 있는 상황이지만 여당과 야합한 이준석 당 대표의 리더십과 노회한 김종인 전 위원장의 얄팍한 선거술수로 위기가 온다면 정권교체는 실패할 것이다.

우리 국민은 젊은 이준석 당대표에 대해 어떤 생각을 가지고 있을까? 평론가 수준의 이준석이 제1야당의 대표 역할을 제대로 할 수 있을까?

국민의힘당 안에는 젊잖고 지혜로운 중진의원들이 많은데도 그동안 김종인 전 비대위원장, 김무성 전 대표, 유승민 전 대표 밑에서 의사 표현을 제대로 못 하고 움츠려 왔다.

이제는 김기현 원내대표의 등장, 검사 출신 경륜이 많은 정미경 전 의원, 바른말을 하는 배현진 의원의 최고위원 당선과 윤석열 전 검찰총장과 최재형 전 감사원장이 입당하여 후보로 나서고, 홍준표 의원의 복당과 황교안 전 대통령 대행이 심기일전하여 후보로 나섬으로써 위안이 되기도 하지만,

솔직히 필자는 위와 같은 이유로 젊은 이준석 당대표 당선의 기쁨보다 정권교체의 희망이 사라질 수 있다는 점에서 우려가 너무 크다.

다. 윤석열 후보에게 거는 기대

한겨레신문 전 김의겸 기자와 월간조선 전 이진동 기자, JTBC 전 손석희 사장 등과 함께 박근혜 전 대통령에 대한 탄핵의 시발점이 된 "최태민의 딸 최순실(개명하여 최서원이다)은 박근혜 전 대통령을 등에 업고 각 분야에 영향력을 행사했다(소위 '국정농단'이

라는 용어가 새롭게 등장하였다),

박근혜 대통령은 세월호 참사 때 어린 학생들을 구조하지 않고 7시간 동안 최순실의 전남편 정윤회와 밀회를 즐겼다. 정유라는 박근혜의 딸이다.”는 등 온갖 언론의 거짓 선동이 있었고,

이를 사유로 국회에서는 박근혜 전 대통령을 탄핵 결의한 후 법무 법인 강남 대표변호사 박영수를 특별검사로 추천하여 국회와 선 동당한 국민들의 압박으로 박근혜 전 대통령은 어쩔 수 없이 그를 특별검사로 임명하였다.

임명된 특별검사 박영수는 한때 같이 일했던 대전고검 검사 윤석 열을 특검팀의 제4수사팀장으로 추천 임명하면서 박근혜 전 대통 령을 직권남용, 뇌물수수 등 혐의로 기소하였다.

윤석열은 그 공을 인정받아 일약 서울지검장으로 승진한 후 계속 박근혜 정부에 대한 적폐 수사 명분으로 김기춘 전 비서실장, 전 국정원장과 전 장관 등 약 150여 명에 이르는 박근혜 정부의 고 위직 인사를 기소하여 수감 하게 한 공로로 문재인 대통령의 신임 을 받아 검찰의 총수인 검찰총장이 되었다.

검찰총장이 된 후 시중에 많은 부정 풍문이 도는 민정수석 조국의

법무부장관 임명을 반대하면서 문재인 대통령과 거리를 두게 되었고 조국의 법무부장관 임명 후에는 검찰개혁과 공수처 설치를 명분으로 내건 조국 법무부장관과 대치하였으며 그 결과 조국의 처 정경심을 표창장 위조행사 등 혐의로 구속수사 기소하면서 문재인 대통령과 대척점에 이르게 되었다.

그 후 문 대통령은 여론에 밀려 어쩔 수 없이 조국을 사퇴시키고 추미애를 법무부장관에 임명했는데 이어 윤석열 검찰총장을 사퇴시키는 과정에서 윤 총장은 살아있는 권력인 문재인 대통령에 반기를 들어 역으로 국민적 지지를 받게 되었다.

그렇게 된 큰 이유 중 하나는 탄핵선동을 주도했던 언론이 윤석열 전 검찰총장을 동지적 관점에서 살아있는 권력에 항거하는 검찰총장이라고 추켜세웠기 때문이며 이때 국민의힘당은 제1야당으로서의 제 역할을 하지 못했다.

이제 윤석열 후보는 정치적인 탄핵으로 수세에 몰린 박근혜 전 대통령을 수사한 특검팀장으로서 본인이 올바른 수사만을 했다고 고집하지 말고 탄핵을 반대한 국민과 무리한 수사에 대한 진솔한 반성과 사과, 부정선거에 대한 인식, 그리고 정체성과 신념이 무엇인지를 더 소상히 밝힐 필요가 있다.

윤석열 전 검찰총장은 국민의힘당 최종 대통령 후보로 결정되었다.

윤석열 국민의힘당 후보는 국민들이 대장동 부패비리 사건을 보고 대한민국에 만연되어 있는 부패사건을 엄격히 조사하라는 무언의 명령으로 최종 후보로 당선된 측면이 아주 강하다. 따라서 윤석열 후보가 기치로 내건'부패와의 전쟁'은 시대의 요구에 부응한 적절한 메시지로 평가된다.

한편 자신이 검사로서 그동안 올곧은 자세로 임해 왔는지 여부는 더불어민주당 후보와의 토론 등에서 본격적으로 다뤄질 것이다.

또 절체절명의 정권교체와 정치교체의 새 역사를 창조하기 위해 국민의당 안철수 대표와 국민혁명당 전광훈 목사, 조원진 우리공화당 대표 등의 보수층과도 긴밀히 협력해야 할 것이다. 지금 단순히 국민의힘당의 대통령 후보자격만을 생각해서는 결코 안 될 것이다.

무엇보다 중요한 과제는 야권이 단합하여 제22대 국회의원 총선에서 반드시 현재의 집권 여당을 이겨 명실공히 의회 권력도 되찾아야 할 것이다.

과거 김영삼 총재가 3당(민주정의당, 통일민주당, 신민주공화당)

합당 동참 후 자신이 대통령이 된 사실, 새정치국민회의 김대중 총재가 정권을 창출하기 위해 자유민주연합 김종필 총재, 박태준 포철명예회장과 DJP로 연합한 역사적 사실에서 교훈을 얻어야 할 것이다.

라. 홍준표 (후보)에게 거는 기대

홍준표 후보는 5선의 국회의원 경력을 가지고 있고 정치이력에 비추어 이 당 저 당 옮기지 않고 국민의힘당에서 자리를 지키고 있는 유일한 후보이다.

그는 두 차례 경남도지사를 거쳐 국민의힘당 전신인 자유한국당 대표를 역임하였으며 제19대 자유한국당 대통령 후보까지 역임한 정치인으로서 그가 본선에 나간 경험은 2022년 3월 9일 대통령 선거에서 많은 도움을 줄 것으로 보고 있다.

과거 박근혜 전 대통령을 출당시키고 최근에는 역선택 방지조항을 적극 반대하며 유승민 후보와 함께 윤석열 후보를 과하게 비판함으로써 보수층에게 많은 실망을 안겨주기도 했지만 최종 1인만이 살아남아야 하는 경선이므로 이해되는 바가 있고 무엇보다 순수한 원형의 보수 가치를 지닌 정치인임이 높이 평가된다.
그는 부정선거 문제를 간파하고 있으며 이번에는 부정선거가 발생하지 않도록 조치하겠다고 한 바 있으므로 비록 2차 경선에서 컷오프 되었지만 부정선거 문제와 당내 부정경선문제를 제기하고 있는 젊잖고 투쟁력 있는 황교안 후보와 깨끗하고 흠 없는 최재형, 안상수 장기표 후보와 힘을 합쳐 정권교체에 노력하면 좋을 것 같다.

여당과 중앙선관위와 야합한 회색 정치인, 특히 유승민 후보, 이준석 대표를 동지로 보고 피아를 구분 못 하면 승리할 수 없으므로 반드시 대비책이 필요하다.

후보 자신의 부족한 점을 보강하기 위하여, 다른 후보들과 덕망 있는 의원들과 함께 좋은 캠프를 구성하여 돌진해 나가야 할 것이다.

홍 후보는 매우 안타깝게도 민심은 얻었지만, 당심에서 저조한 실적으로 최종 후보경선에서 실패하였다. 왜 그랬을까? 판단과 문제해결은 자신의 몫이다.[01]

마. 최재형 (후보)에게 거는 기대

최재형 전 감사원장은 대한해협 전쟁 영웅인 부친 최영섭 대령의

---

01 홍준표 후보는 이번 후보 경선과정 등에서 정체가 불명한 이준석 대표를 옹호하는 발언을 많이 했다는 이유로 당원들로부터 지지를 철회한 것으로 보인다.

장례를 무사히 마치고 '나라를 살려야겠다'라는 소신과 '대한민국을 밝혀라!'라는 유언을 받들어 감사원장을 사직하고 정치인으로서 국민을 위한 대선후보자의 역할을 충실히 할 것을 다짐했다. 2020년 7월 15일 감사원장을 퇴임한 지 만 17일 만에 전격적으로 제1야당 국민의힘당에 당원으로 입당하였다. 우리나라 정치발전을 위해 매우 고무적인 일이라 생각된다.

국민의힘당은 탄핵 후 사분오열되어 당대표를 뽑지 못하고 전신인 새누리당 시절의 인명진, 자유한국당 시절의 김병준을 거쳐 김종인 비대위원장이 영입된 후 국민의힘당[02]으로 변경하면서 책임정치가 실종되고 지도자가 없고 야성도 없다며 국민으로부터 많은 지탄받아 민심이 떠나기도 하였지만,

최재형 후보는 부친 최형섭 예비역 대령을 닮아 애국심이 남다르고 또한 따뜻하고 주변 사람들의 어려움을 찾아 해결해 주는 성품의 소유자로 온갖 미담이 많은 것처럼 솔로몬과 같은 법관의 지혜와 감사원장의 경험을 바탕으로 국민에게 희망을 주는 정치인이 되어 주기를 바랐다.

캠프 해체 후 최재형 후보는 국민 사이에 큰 논란이 되고 있는

---

02 국민의힘은 탄핵세력들이 광장에 모여 "박근혜 물러나라" 했을 때 쓰던 용어이다.

"4·15 선거 관련 일부 선거구의 선거소송 검증과정에서 비정상적 투표용지가 상당수 발견됐고 무효처리 됐다. 경험상 무효표는 대부분 기표자의 행위에 의해 발생하는데 이번 검증과정에서 무효처리된 투표지들은 기표자에 의한 것이 아님이 명백하다. 사전선거 관리가 허술하다는 지적도 여러 차례 있었다.

검증결과 확인된 비정상적 투표지들에 대한 중앙선관위의 납득할만한 해명을 촉구한다. 아울러 이미 법정기한을 넘겼지만 대법원도 사법부에 대한 불신을 자초하지 않도록 조속히 판결해야 할 것"이라고 페이스북에 글을 올렸다.

그러나 어떤 이유인지는 자세히 알 수 없으나 2시간여 뒤 다시 "4·15 총선에 대한 제 생각에 대해 오해하는 분들이 계셔 다시 정확하게 말씀드린다.", "대한민국의 선거 시스템은 여전히 세계에서 가장 뛰어나다, 이런 공정하고 뛰어난 선거 시스템을 부실하게 관리해 국민의 불신을 자초한 문재인 정부는 책임을 져야 할 것"이라고 밝혔다. 그 후에는 아예 부정선거에 관한 글을 내려 버렸다.

이처럼 4·15 총선의 부정선거 문제와 위헌적인 탄핵사건 등에 관한 강한 태도를 보이지 못하여 보수우파 국민의 마음을 크게 상하게 함으로써 새 인물로 부각 되지 못하는 아쉬움이 크다.

최재형 후보의 처음 부정선거에 관한 정확한 판단을 누가 반박하고 바뀌게 했을까? 필자는 이준석 대표와 경선관리에 영향을 미치는 인사일 것이다.

최재형 전 감사원장은 2차 경선에서 국민의 마음을 읽지 못하고 결기를 보이지 못해 후보에서 탈락하고 말았다. 안타까운 일이다.

바. 다른 (후보들)에게 거는 기대

우리는 앞의 후보뿐만 아니라 헌법 가치와 법치를 원칙으로 하는 분, 자유민주주의와 시장경제를 신봉하는 분, 통찰력을 가진 분, 미래를 예측하는 분, 국민을 위해 희생할 수 있는 분, 정직하고 공사가 분명한 분, 국정과제와 국민애로를 정확히 파악해 과감히 추진하는 분, 참된 인생스토리가 있는 분을 새 지도자로 선출해야 한다.

탄핵에 찬성했다고 하더라도 대통령 후보로 나서고 싶다면 국민 앞에서 솔직히 반성하는 자가 되어야 한다. 그러나 탄핵에 찬동했던 야당 지도자 중에서 반성하는 이가 거의 없어 속상하다.

그런데, 원희룡 후보(전 제주지사)는 8월 20일 TV매일신문 생방송에 출연해 "과거 최순실 국정농단 사태가 터지고 나서 박근혜 전 대통령 탄핵까지는 가지 말았어야 했다. 저도 당이 탄핵찬성과 반대로 갈려서 이산가족이 흩어지듯이 사분오열되는 과정에서 탈당했다.

지금 생각해보면 당에 남아서 투쟁하면서 내분을 수습했어야 했지만 정당정치의 중심에 서 있지 않았던 제주지사 신분이라 탈당을 결심했다. 현재 입장에서 탄핵 당시로 돌아간다면, 아마도 탈당하지 않았을 것이고 사실 지금 솔직히 그때 판단에 대해서 많이 후회한다"라고 고백하였다.

며칠 후 심재철 전 부의장과 이정현 전 의원도 고성국TV에 출연해 탄핵 잘못을 시인하고 "탄핵자체 뿐만 아니라 장래에 끼칠 상황까지 판단하지 못한 것은 정치인으로서 매우 잘못된 일이다"라고 깊이 반성하였다. 이 시점에 탄핵이 옳았다는 주장은 국민을 다시 속이는 것이다. 늦지 않았다.

각 후보는 가지고 있는 정치적 신념과 가치를 진술하게 전하여 국민이 감명을 받을 수 있도록 해야 할 것이다.

사. 이재명 후보의 정체와 후보변경 가능성

특히 이재명 후보는 "미군은 점령군, 중공군은 해방군이다."라는 역사인식과 함께 대장동 부패사건에서 보여주듯 지주들의 토지를 헐값에 빼앗아 막대한 특혜 개발 이익으로 박영수 특검, 곽상도 의원 등 법조인 등을 고용하여 재판거래, 배임 등 범행 증거들을 인멸하거나 뭉개버려 자신들을 보호하고,

송영길 더불어민주당 대표, 권순일 전 중앙선관위원장, 조해주 이근형 선관위 상임위원, 여론조사심의위원 등을 사실상 고용하여 부정선거 획책, 부정선거 재판 뭉개기로 정권을 재창출·유지하려고 온 힘을 쏟고 있음을 우리는 알아야 한다.

그나마 대장동 특혜·부패사건이 밝혀져 이재명 후보의 정체가 드러났고 한편 황교안 후보나 민경욱 전 의원 도태우, 박주현, 김소연 변호사들이 계속 중앙선관위나 국민의힘당 선관위에 4·15 부정선거와 부정경선 문제를 제기해 부정선거를 다시 획책하기에 분위기상 쉽지 않아 야권의 입장에서는 여간 다행한 일이 아닐 수 없다.

그러나 이재명 후보는 대장동 부패사건은 자신과는 관련이 없고 50억 원을 받은 곽상도 등 국민의힘당이 일으킨 일이라고 계속 오리발을 내밀고 거짓말을 하고 있다. 이는 빙산의 일각으로 이재명 후보와 직접 관련된 사건이라는 것은 많은 증거와 녹취록으로 국민은 알고 있고 이에 따라 지지율을 크게 떨어질 것이 분명하므로 이재명 후보를 교체할 수도 있을 것이다.

그런데 이재명 후보는 문재인 대통령과 청와대에서 면담하고 자신이 후보라고 고집하는 이유는 무엇일까? 지금 문 대통령은 로마교황을 만나 김정은 위원장을 방북하여 꼭 만나달라고 애원했는데 이는 위장평화쇼이며 부정선거를 실시하려는 움직임으로 봐야 한다.

한편 인천 연수을, 경남 양산을, 서울 영등포을 3곳 선거구에 이어 경기 오산시 및 파주을 선거구의 재검표 검증과정에서 부정선거를 자행했다는 증거들이 쏟아져 나왔기에 많은 국민이 부정선거가 있음을 알고 있으므로 여당이나 중앙선관위가 또 부정선거를 실행하기에는 어려운 것이 사실이다.

그러나 이래죽으나 저래죽으나 마찬가지라며 국민의힘당 이준석 대표, 김종인 전 위원장 등 탄핵세력과 회색정치인들이 여당과 야합할 수도 있으므로 결코 방심할 수는 없다.

국민의힘당은 이번 대선후보가 최종 결정(윤석열) 되는대로 부정선거를 강력주장하는 황교안 후보 등과 협의하여 공명선거국민감시단을 구성하여 올바른 투표와 정직한 개표가 시행되어야 한다.

아. 공정한 경선기구와 공명선거 국민감시단의 구성과 운영

최재형 전 감사원장, 윤석열 전 검찰총장, 홍준표 전 대표, 황교안 전 총리이자 대통령권한대행이 제1야당 국민의힘당에 입당하거나 복당하면서 후보에 출마함으로써 국민의힘당에 대한 지지율이 올랐고 국민의 염원인 정권교체를 이뤄주기를 기대하고 있다.

새로이 입당한 최재형, 윤석열 후보와 당권을 가지고 있는 이준석 대표와 유승민, 하태경 후보, 그 외의 홍준표, 원희룡, 황교안, 안상수(박진, 장기표, 장성민, 박찬주 등) 후보들과의 경선룰(역선택 방지 등)과 경선절차, 경선방송, 투표과정, 선대위원장 임명과정에서 많은 사고와 시비가 일 것이다.

국민의당 안철수 대표 우리공화당 조원진 대표, 국민혁명당 전광훈 목사와의 협력문제도 정권교체의 중요한 변수가 될 것이다.

절체절명의 정권교체를 위해, 공정한 경선을 위해 큰마음으로 국민의 많은 신망을 받는 애국원로를 선대위원장으로 추대하고 당 대선 유력후보들의 의사를 들어 경선을 투명하게 관리해야 할 선관위원장과 위원들, 감시기구를 최고위원회, 의원총회에서 공정하게 구성해야 할 것이다.

※ 집필 시점이 국민의힘당 대선후보 경선 중이라는 점, 양해 부탁드린다.

끝맺는 말

가. 윤석열 후보에게 드리는 말

정권교체기에 즈음해서 제1야당 윤석열 후보와 낙선한 황교안 홍준표 등 후보들, 당대표, 원내대표, 선관위원장, 최고위원, 선관위원의 역할은 매우 막중하다.

이 중차대한 시기에 윤석열 후보는 이준석 대표, 김종인 선대위원장, 유승민 하태경 (후보), 김무성 전 대표 등 회색정치인들을 멀리하여 더는 속거나 배신당하지 말고,

거짓 탄핵의 부당성(언론선동으로 탄핵이 잘못되었다는 사실을 몰랐던 의원들이 있었을 것이다)에 대해 긴급성명을 발표하고 늦기 전에 박근혜 전 대통령을 찾아뵙고 진솔하게 사죄한 후 그녀의 의견과 정치일정 등에 대해 충분히 논의하고 오갈 곳 없는 국민들의 마음을 달래야 할 것이다.

무능하고 부패한 문재인 정부와 더불어민주당 1당 독재정치, 나아가 정권연장 수단인 부정선거, 거짓말 정치, 그들과 가세한 좌파언론들, 민노총, 전교조 등과 당당히 맞서는 자세와 윤석열 후보는 이들과는 다르다는 점을 보여주어야 한다.

광장의 애국민들(국민의당, 국민혁명당, 우리공화당 자유민주당

등)과 그동안 회색정치, 이삭줍기, 조용한 정치를 함으로써 떨어져 나간 국민들을 다시 모으고 한미동맹을 기반으로 한 자유시장경제, 국민을 위한 선명정치, 젊은 청년들을 이끌어 줄 희망정치, 정권교체를 방해하는 선관위와 선거제도의 개혁과 사전투표 등 부정선거 혁파[01], 정권교체를 위해 반문·좌파·의회독재에 맞서 온몸을 던져야 할 것이다.

이를 위해서 야권의 안철수 대표, 우리공화당 조원진 대표 등 대선후보들과 국민의힘당 황교안 홍준표 원희룡 박진 장기표 등 대선후보들과 전광훈 목사, 민경욱 전 의원, 김문수 전 지사 등 참신한 인사들과 협력하고 소통과 양보를 통하여 단일화를 이루고 효율적인 선대위원회를 구성함으로써 이번에는 여당인 민주당이 언론선동, 부정선거, 부정여론조사 등을 못하도록 국민감시기구를 구성하여 대선을 승리로 이끌어야만 한다.

나아가 곧 있을 지방선거와 차기 제22대 국회의원 선거에서도 야권이 제1당이 되어 현 집권세력인 좌파들의 의회독재도 종식시켜

01　이를 위해서 1. 사전투표는 폐지하고 투표율을 높이기 위해 당일투표를 2일로 늘린다. 2. 투표지함 이전에 감시반이 따른다. 3. 전자개표기에 의하지 않고 수 개표를 한다. 4. 우편투표는 우정사업본부장이 책임진다. 5. 임시사무소를 폐지한다. 6. 개표사무는 중립적인 대한민국 국민이 맡는다. 7. 선관위원장을 판사가 맡지 않고 선거소송사무를 분리한다. 8. 선거감사 제도를 도입한다. 9. 선거여론 조사의 발표를 금지한다. 10. 법정기일을 내에 선고하지 않으면 탄핵한다. 11. 전자투표는 절대 못하게 한다. 12. 부정선거 의혹을 반드시 규명한다. [일부 출처 김형철 전 예비역 중장이 주장(김형철, 앞의 책, 136쪽 내지 184쪽 참조)]

야 할 것이다.

나. 애국민들과 박근혜 전 대통령의 옥중편지

국정농단 등의 혐의로 징역 22년형을 선고받고 서울구치소에서 복역 중인 박근혜(70세) 전 대통령과 지지자들의 옥중 서신을 모은 책(제목: 『그리움은 아무에게나 생기지 않습니다』)이 12월 말 출간된다.[02]

박 전 대통령이 4년 9개월째 수감 생활을 하는 동안 보내온 수만 통의 편지 중에서 책에 담을 편지를 추리고 박 전 대통령의 답장을 모으는 작업을 주도한 유영하 변호사는 "작년 이맘때 박 대통령께서 '가끔 답장을 보내 드리고 싶은 편지가 있다'라는 말씀을 하셔서 "지금까지 받으신 편지 중에서 일부를 모아 책으로 내는 것은 어떠시냐?'라고 말씀드린 적이 있다"라며 "받으신 편지의 양이 방대해 근 1년이라는 시간이 소요됐다."라고 말했다.
그는 "빛이 없는 깊은 어둠 속에서 홀로 서 있는 대통령께 여러분의 편지는 한 줄기 빛과 같았다"라며 "한결같은 마음으로 사랑과 지지를 담은 편지를 대통령께 보내 주셨던 많은 국민께 엮은이로서 정

---

02 총선 전인 지난해 3월 유영하 변호사를 통해 "거대 야당을 중심으로 힘을 합쳐 달라"는 박 전 대통령의 옥중 메시지가 전해진 적은 있으나, 박 전 대통령이 감옥 안에서 육필로 쓴 '답장 편지'가 공개되는 것은 이번이 처음이다.

말로 고맙고, 감사하다는 인사를 드린다"라고 감사의 말을 하였다.

유영하 변호사와 함께 편지들을 책으로 편집 작업을 한 가로세로연구소(이하 가세연)는 "2017년부터 최근까지 많은 분께서 박근혜 대통령에게 마음을 담은 편지를 보내 주셨다"라며 "미래가 창창한 학생부터 청장년과 연세가 지긋한 노인 등, 다양한 연령층으로부터 온 편지에는 대한민국에 대한 걱정이 담겨 있었다."라고 밝혔다.

또 "각양각색의 편지를 홈페이지와 우편, 또는 교도소에 직접 방문하는 등의 다양한 방법으로 보내 주셨는데 이 중 166편의 편지를 책에 담아봤다"라며 "이름·주소 등의 개인 신상 정보는 최대한 가렸고 읽기 쉽도록 편지 내용의 일부를 다듬거나 소제목을 임의로 작성했다."라고 설명했다.

김세의 대표는 "박 대통령께서 영어의 몸이라 실제로 답장 편지를 보내지는 못하셨지만 4년 넘게 감옥에 갇혀 계시면서 국민들이 보내온 편지를 모두 다 읽으셨고 열심히 답장을 써 주셨다. 이 책에는 박 대통령의 서신 외에도 지금껏 외부에 공개한 적이 없는 다양한 소장 사진들을 담아 국민 여러분께 드리는 좋은 연말 선물이 될 것"이라고 했다.

필자도 많은 애국민이 박근혜 전 대통령에게 보낸 사랑의 편지와 그 답신을 통해 "대한민국은 희망이 있다"라는 메시지를 국민 모두에게 드리고 싶다. 박근혜 전 대통령께 경의를 표한다.

『그리움은 아무에게나 생기지 않습니다』라는 책의 제목은 2019년 5월 6일 경북 구미시 선산읍 선상서로에서 박OO 씨가 보낸 편지 글에서 따온 것이라 한다.

◇ 다음은 '그리움은 아무에게나 생기지 않습니다' 책에 실리는 박근혜 전 대통령의 서문이다.

「서울 구치소에서의 생활이 어느덧 4년 9개월로 접어들고 있습니다.

돌아보면, 대통령으로서의 저의 시간은 언제나 긴장의 연속이었습니다. 오늘은 언제, 어디에서, 누구를 만나고, 어떤 주제로 이야기를 해야 하는지, 늘 시간을 쪼개서 일을 하면서 참으로 숨 가쁘게 지냈습니다. 국민에게 조금이라도 나은 삶을 드리기 위해 시간이 어떻게 흘러가는지도 모르게 노력했습니다.

하지만, 믿었던 주변 인물의 일탈로 인해 혼신의 힘을 다했던 모든 일들이 적폐로 낙인찍히고, 묵묵히 자신의 직분을 충실하게 이행했던 공직자들이 고초를 겪는 모습을 지켜보는 것은 참을 수 없는 고통이었습니다. 무엇보다도, 정치를 처음 시작할 때부터 함께 했던 이들이 모든 짐을 제게 지우는 것을 보면서, 삶의 무상함도 느꼈습니다.

그러나, 누구를 탓하거나 비난하고 원망하는 마음도 버렸고, 모든 멍에는 제가 짊어져야 한다고 생각합니다.
많은 실망을 드렸음에도, 따뜻한 사랑이 담겨있는 편지를 보내주시는 국민 여러분이 있어 지금까지 견뎌낼 수 있었습니다.

오늘은 어떤 분이 어떤 이야기를 보내주실지 기다려지고 설레기도 하였습니다.

편지에서 전해지는 국민 여러분의 따뜻한 마음과 이야기들이 작고 외진 저의 이 공간을 가득 채우곤 하였습니다.

간혹, 답장을 간절히 원하시는 분들도 계셨고, 깊은 울림을 주신 편지 글에는 답장도 드리고 싶었지만, 이곳 사정상 그렇게 할 수 없음이 무척 안타까웠습니다.

이렇게 하면 저의 마음을 국민 여러분께 전해드릴 수 있을까? 하는 고민을 하다가 여러분의 편지에 저의 답장을 묶어 책으로 내면, 편지를 주신 분들께 간접적으로나마 답신을 드리는 게 되지 않나? 라는 생각이 들어 변호인과 상의를 하였습니다.

수만 통의 편지들 가운데서 책에 실을 편지를 추리는 것이 어려워서 근 1년의 시간이 필요했습니다. 모든 분의 편지를 다 실을 수가 없어 안타깝습니다.
여러분의 깊은 이해를 구합니다.
끝으로, 가장 깊은 어둠의 시간들을 마다하지 않고 함께 해 주시며 격려와 사랑을 주신 국민 여러분께 감사하다는 말씀을 드립니다.

언제가 될지 모르지만, 국민 여러분을 다시 뵐 날이 올 것입니다.

어려운 시기이지만 국민 여러분 모두 힘내시기를, 그리고 항상 건강하고 행복하시기를 바랍니다.

2021년 12월 박근혜 드림」

◇ 국민들이 박근혜 전 대통령에게 보내주신 서신과 답신 내용들

1) 서신 중 '가디언즈 오브 킹혜'를 자처한 19세 여학생은 2019년 1월 30일 "대통령님의 68번째 생신을 축하드린다."며 "박 대통령님을 지지하는 친구들이 많다고 했는데, 최근 더 늘어나는 것 같다. '가디언즈 오브 갤럭시(우주의 수호자)'라는 영화처럼 저는 저를 '가디언즈 오브 킹혜'라고 생각한다"고 말해 박 전 대통령을 웃음 짓게까지 했다.

이 같은 편지에 박 전 대통령은 "강OO 님이 보내 주신 생일 축하 카드 잘 받았다"며 "가디언즈 오브 킹혜'라는 편지를 읽으면서 오히려 "제가 지켜드려야 하지 않나'하는 생각에 웃음이 났다"는 답장을 썼다.

이 답장에서 박 전 대통령은 "적당한 목표가 아니라 꼭 해보고 싶었던 방향으로 두려워하지 않고 가기로 했다"는 글을 읽으면서 반드시 그렇게 할 수 있을 것이라는 확신이 들었다"고 말했다.

이어 "누구도 가보지 못한 길, 아무도 가지 않은 길에 대한 두려움이 있지만, 누군가는 그 길을 가고 그래서 세상의 빛이 되기도 한다."고 강조한 박 전 대통령은 "자신이 꿈꾸는 목표가 있으면 그 과정에서 어떤 힘든 순간이 있더라도 견디고 이겨낼 수 있을 것"이라고 답신을 보냈다.

2) "가짜뉴스에 속아 탄핵 찬성"편지에, 박근혜 전 대통령 "잘못 인정하는 용기 대단"하다고 답신

지지자들이 보낸 수많은 편지 속에는 과거 박 전 대통령의 탄핵을 기뻐했던 자신의 어리석음에 대해 사죄드린다는 글도 있었다.

자신을 서울에 사는 33세 청년이라고 소개한 송OO 씨는 "과거 가짜뉴스와 그들의 거짓 선동에 휘말려 옳고 그름을 판단하지 못

하고 여론에 휩쓸렸다"며 "그것이 정의인 줄 알았고, 민주노총이 장악한 언론에서 보도하는 대통령에 대한 조롱을 보며 웃었던 그런 젊은이였다"고 자인했다.

송씨는 "어느 순간 의구심이 들었고, 무엇인가 잘못됐다는 생각이 들어 언론이 아닌 다른 데서 진실을 찾아보려 노력했다"며 "많은 자료들을 통해 TV에서 봤던 선동이 모두 거짓이었다는 것을 깨닫게 됐다"고 반성했다.

송씨는 "저뿐만 아니라 많은 젊은 청년들이 과거의 생각을 후회하며 살아가고 있다, 정말 죄송하다는 말씀을 꼭 전해드리고 싶어 서신을 보낸다."고 썼다.

이 서신에 대해, 박 전 대통령은 "쉽지 않았을 글을 보내 주셔서 감사하다. 누구나 실수를 할 수 있고 잘못된 판단을 할 수 있지만, 그러한 실수나 잘못을 인정하는 용기는 아무나 가지지 못한다고 본다."고 답했다.

박 전 대통령은 "제가 제일 안타깝게 생각하는 것은 청년세대를 위해 꼭 이루고 싶었던, 그리고 추진 중이었던 정책과 계획들을 마무리하지 못하고 중도에 그만 두었던 점"이라며 "앞으로 청년들에게는 무한한 길이 열려있다고 본다. 용기를 잃지 마시고 당당하게 살아가시길 바란다"고 격려 글을 보냈다.

3) 박근혜 전 대통령에게 편지를 보낸 대다수 지지자들은 탄핵이 부당하다며 "사법부가 없는 죄를 만들어 박 전 대통령에게 뒤집어 씌웠다"고 목소리를 높였다.

이에 박근혜 전 대통령은, "거짓은 잠시 사람들의 눈을 가리고 귀를 막아 세상을 속일 수 있겠지만, 시간이 지나면 진실은 그 모습을 반드시 드러낼 것으로 믿고 있다."는 초연한 자세를 보였다.

그녀는 곽○○ 씨(경기도 용인시 수지구 풍덕천동)에게 보내는 답장에서, "사람들의 민낯은 어려울 때 드러난다고 생각한다."며 "평소에는 자신의 민낯을 화장으로 가리다가 결정적인 순간에 그 민낯을 드러내는 것이 사람인가 보다."라고도 하였다.

4) 박근혜 전 대통령은 또 고○○ 씨에게 보내는 답장에서, "탄핵 이후 많은 것이 바뀌었고, 바뀌고 있다고 들었다. 선동은 잠시 사람들을 속일 수 있고, 그로 인해 자신들이 원하는 결과를 가져오기도 하겠지만, 그 생명이 길지는 않을 것"이라고도 했다

그녀는 "지금은 한 줄기 빛조차도 없는 칠흑 같은 어둠 속에 홀로 내동댕이쳐 있는 것 같은 느낌이지만, 저를 지지하고 믿어 주시는 국민이 계시기에 잘 이겨낼 것"이라며 "어둠은 여명이 밝아오면 자리를 내주면서 사라질 것이고, 어둠 속에 묻혀 있던 진실도 그

모습을 드러낼 것"이라고 강조했다.

5) 박근혜 전 대통령은 김OO 씨(경상북도 포항시 남구 오천읍 원리)에게 보내는 답장에서도 "'정의와 진실은 반드시 밝혀지고 정도를 걷지 않는 자는 결국 하늘이 망하게 한다. 역사가 이를 증명하고 있다'는 말씀처럼 묵묵히 견디고 참아내면 언젠가는 진실이 밝혀질 것으로 생각한다."라고 답했다.

또 박근혜 전 대통령은 "형식적으로는 합법적인 모습을 가지더라도 실질적으로 정당성이 없다면 이를 법치주의라고 할 수는 없을 것"이라며 "역사가 제게 얼마나 많은 인고의 시간을 요구할지 모르지만, 저는 지지와 성원을 보내주시는 국민을 생각하면서 이겨낼 것"이라고 다짐하였다.

이처럼 박근혜 전 대통령은 국민이 진실을 알게 될 것을 믿고 오랜 세월을 말없이 인내하고 계셨다. 마지막으로 박근혜 전 대통령에 대한 명예회복이 언제나 가능할지와 윤석열 등 야당후보들과 함께 대한민국을 어떻게 구할 것인지의 혜안 또한 기대해 본다.

자유대한민국이 지켜지기를
바라는 국민 중 한 사람
윤석남

[참고문헌]

▶ 단행본

김선덕, 「실록 대한민국 국군70년 본기」, 다물아사달, 2015.

유영익, 「이승만의 생애와 건국비전」, 청미디어, 2019.

정현채, 「엄마가 들려주는 이승만 건국대통령 이야기, 보담, 2020.

우종창, 「위선과 어둠의 기록(박근혜 탄핵백서)」, 거짓과진실 출판사,
2021.

김형철, 「4·15 부정선거 비밀이 드러나다」, 대추나무, 2021.

채명성, 「탄핵, 인사이드아웃」, 기파랑, 2019.

이경재, 박성현, 최명섭, 채명성, 도태우, 박주현, 이동환, 문수정, 김한성,
한석훈, 유장화 외 '박근혜 불법탄핵 법조세미나(1회~4회)', 2021.
5.~2021. 10.

국민의힘국책자문위원회, '대한민국정상화플랜 컨퍼런스', 2021. 11.

황교안, '부정선거 전시회(2021. 12. 2.)' 견본자료

▶ 국가기관 등 법령자료

법제처 국가법령정보센터(https://www.law.go.kr)

▶ 언론(유튜브) 방송

공병호TV, 이봉규TV, 황교안TV, 프리덤뉴스(이상로), 뉴스데일리베스트, 비제이톨TV, 도태우TV, 박주현TV, 민경욱TV, 김문수TV, 뉴스타운TV, 바실리TV(조슈아), 김성진TV, 권순활TV, 오늘도 김소연 Live(새마을방송), VON뉴스(김미영), 뉴스타운TV(조우석), 손상대TV, 손상윤

TV(뉴스타운), 데이너김TV, 권순활TV, 가세연TV, 성창경TV, 우종창 TV(거짓과 진실), 엄마방송(주옥순TV), 정광용TV(레지스탕스), 문갑식 진짜TV, 고성국TV, 닥터리와 아이들, 강미은tv(방구석외신), Scott 인 간과 자유이야기, 프랭크남쇼TV, 김채환 시사사이다, 엠킴TV, 너알아 TV, 뱅모 세뇌탈출TV, 마이클심TV, 조갑제TV, 펜앤드마이크TV(정규 재), 김진TV

▶신문기사 등
빅터뉴스(http://www.bigtanews.co.kr)
중앙일보 김방현 기자 kim.banghyun@joongang.co.kr "부여개표소
    분류기 이상했다", 선관위 "기계 이상 없다"그런데 기사는 후에 사
    라졌다.
뉴스타운(http://www.newstown.co.kr
이코리아(http://www. ekoreanews. co. kr)
PN로컬파워뉴스(http://www.ilpn.kr)
연합뉴스TV 기사문의 및 제보 : 카톡/라인 jebo23
숟가락 타임즈 https://blog.naver.com/aghag7/222552904693

부 록

한눈으로 살펴보는 4·15 부정선거 증거물

사진 1-1. 물류창고 화재발생 현황

화재 현장 근처에 SPC (삼립빵 박스) 물류 창고가 전부 있음.
채원호(선거기사심의위원장, 경실련)가 사외이사로 있음.

1. 이천 물류창고 화재 4.29
2. 경남 김해 폐기물처리장 화재 4.30
3. 경남 함안군 폐지 적재장 화재 4.30
4. 성주 재활용 업체 화재 4.16
5. 부산 대저동 물류창고 화재 4.21
6. 경기 군포 물류창고 화재 4.22
7. 안성 죽산면 재활용업체 화재 4.23
8. 이천 설성면 폐기물처리장 화재 4.28
9. 경기 화성 폐기물업체 화재 4.29
10. 경북 영천시 금호읍 폐기물처리장 화재 5.2

사진 1-2. 쓰레기장 등에 버려진 사전투표지

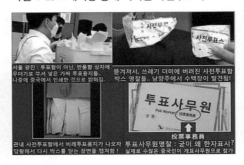

사진 1-3. 쓰레기장 등에 버려진 사전투표지

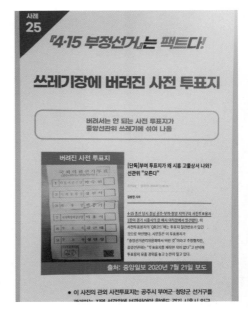

사진 2-1. 임시사무소 운영 임대차계약서 사본

사진 2-2. 투표지 정식보관함이 아닌 삼립빵 상자에 보관된 투표지

사진 2-3. 영등포을 투표지(보관함) 보관실 봉인 변조

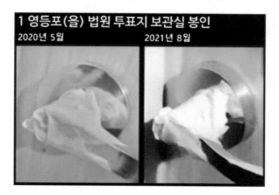

사진 3-1. 완전 빳빳한 관외사전(우편투표)
투표지 뭉치

사진 3-2. 빳빳한 투표지 뭉치와 위조된
기표날인 인영

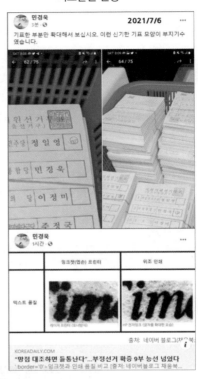

사진 3-3. 빳빳한 투표지와 접은 투표지 비교

사진 4-1. 일장기 모양의 사전투표관 도장이
날인된 1,000여 장 투표지

사진 4-2. 투표관리관 확인도장이 없는
백지투표지

사진 4-3. 투표관리관의 선거구 이름이
틀린 투표지

사진 4-4. 일괄 제작한 사전투표관리관 도장

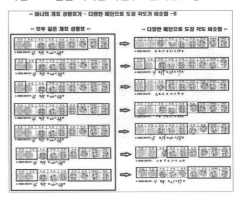

사진 5-1. 본드(접착제)먹은 붙어 있는
　　　　　사전투표지

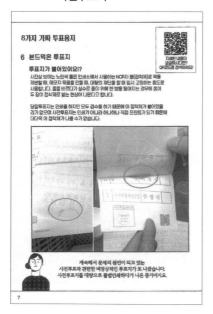

사진 6-1. (연수구을 선거구)
　　　　　일명 배춧잎 사전투표지

사진 6-2. (파주을 선거구)
　　　　　배춧잎 투표지

사진 5-2. 접착제(본드)로 붙어 있는 자석식 투표지

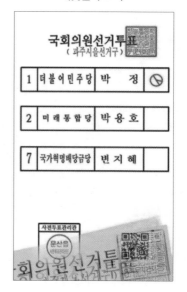

사진 6-3. (파주을 선거구) 화살표 투표지

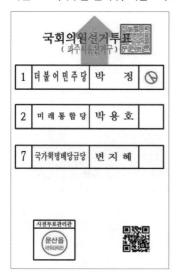

사진 6-4. 한쪽으로 쏠린 사전투표지

사진 6-5. 사전투표지를 프린트하는
엡슨 롤 프린터기

사진 6-6. 잉크 얼룩이 묻은 가짜 당일 투표지

사진 6-7. 한국산 전자개표기

사진 6-8. 한국산 전자개표기를 사용한 키르기스스탄

사진 7-1. 빨간 줄, 빨간 글씨가 인쇄된 사전투표지

사진 7-2. 붉은색을 없애려고 코팅한 투표지

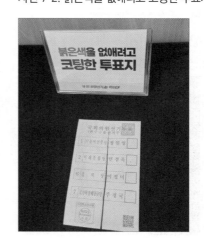

사진 7-3. 인쇄된 망점 사전투표지

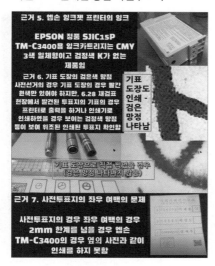

사진 8-1. 정식무게(100g/㎡)가 아닌
비규격(150g/㎡) 투표지

사진 8-2. 정식무게가 아닌 비규격 모조지 투표지

사진 8-3. 무게가 맞지 않아 기계로 들어갈 수
없는 투표지(구겨짐)

사진 9-1. 정식규격 기표도장이 아닌 위조 기표 투표지 인영(1)

사진 9-2. 정식규격 기표도장이 아닌 위조 기표 투표지 인영(2)

사진 9-3. 정식규격 기표도장 보다 큰 위조된 기표도장

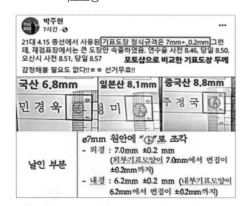

사진 9-4. 위조된 기표도장 투표지

사진 9-5. 정식 기표도장

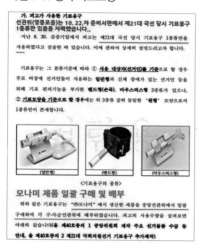

사진 9-6. 정식규격 기표도장과 위조된 기표도장

사진 10-1. 선거인수와 투표자수의 상이표

대규모 전산조작, 결정적 단서 / 동 단위별 투표소마다 300표 가량 투입 증거 확인 / 재검표 2곳 선거인명부 확인 결과 / 실제 투표 여부 확인으로 쉽게 판명 · 박주현·도태우

도태우
★ 팔로잉찾기 · 14시간 · 2021-9-27

[디지털 부정선거 실체 나옴] (국투본 박주현 변호사 등)
- 재검표로 교부된 통합선거인명부 분석 (인천 연수을, 서울 영등포을)
- 선거인명부의 관내사전투표자수, 개표상황표, 선관위통계 같아야 정상
- 관내사전투표 총수는 1표 차이로 다 맞춤
- 동별로는 명부상 투표자수와 개표상황표(선관위 통계)가 평균 300표 가량 더해지기도 하고 모자라기도 함
- 동별 관내사전투표자는 별도 함(박스)으로 관리이동됨
- 300표가 개표상황표에 더해졌다면 유령표가 300명분 있다는 것이고, 300표가 개표상황표에 모자란다면 주권행사 300명분은 도둑맞은 것임, 전 동에 걸쳐 이 현상이 나타남 - 국가 대변란!!
- 빅데이터 분석으로 관내사전투표 총수를 미리 정해두었으나 동별로 실제 투표자수를 정리히 다 맞출 수 없기에 프로그램 조작 한계에 벌어진 일.
- 중앙선거관리위원장은 이 사태를 즉각 해명 사과하라!
- 대법원은 사전투표자 실제 투표 여부 즉각 조사하라!
- 대법원은 선거무효 판결하라!
- 경찰은 전 지역구 통합선거인명부 즉각 압수하라!
- 4.15는 부정선거 특검을 실시하라!

인천 연수구을	관내사전			관외사전		
	통합선거인명부	개표상황표	차이	통합선거인명부	개표상황표	차이
동춘1동	3754	3402	352	1588		
동춘2동	3633	3895	-262	1009		
송도1동	6054	6410	-356	2217		
송도2동	5475	5868	-393	1624	12,957	
송도3동	5972	5641	331	2608		
송도4동	5399	5038	361	2189		
옥련1동	2362	2394	-32	1721		
총합계	32649	32648	1	12956	12,957	-1

서울 영등포을	관내사전			관외사전		
	통합선거인명부	개표상황표	차이	통합선거인명부	개표상황표	차이
대림제1동	2668	2681	-13	686		
대림제2동	2115	2331	-216	830		
대림제3동	4143	3913	230	1648		
신길제1동	3353	3218	135	1393		
신길제4동	1790	1869	-79	505	10,036	
신길제5동	2128	2072	56	563		
신길제6동	4138	4788	-650	1154		
신길제7동	3697	3003	694	1321		
여의동	5419	5575	-156	1937		
총합계	29451	29450	1	10037	10,036	1

사진 10-2. 선거인수, 투표자수의 비례대표와 지역선거구와의 상이

선거인 수 차이 큼 (비례 vs 지역구)

서울의 전 지역에서 선거인수와 투표자수의 차이가 발생하게 된다.

[서울 특별시 분석]

투표용지 얼마나 인쇄했을까? [공병호]
https://youtu.be/O8CxbCDNkO4

향후 수사 과정에서도 이 부분은 반드시 짚고 넘어가야 할 것이다.

구분	비례 선거	지역구 선거	비고
선거인 수	8,477,244	8,465,419	+11,825 (0.14% 비례 증가)
투표수	5,775,433	5,773,098	+2,335 (0.04% 비례 증가)

사진 10-3. 교부된 투표용지보다 더 많은 유령투표지

사진 10-4. 개표상황표 원본을 제출하지 않고
고친 개표상황표

사진 10-5. 개표상황표를 근거 없이 고친 사례

사진 10-6. 조작이 의심되는 수도권 사전투표
득표율

사진 10-7. 정당별 사전·당일 투표 득표율
차이 분포도

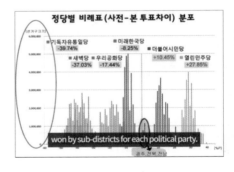

사진 10-8. 지역구별 득표율차 히스토그램

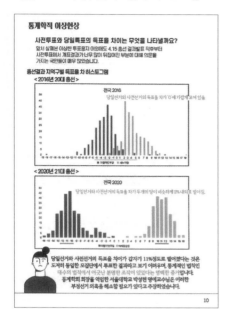

사진 11. 한국에 없는 성씨(새씨, 개씨, 히씨, 깨씨)를 가진 선관위 직원

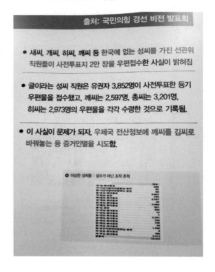

사진 12-1. 종이테이프로 붙인 찢어진 투표지

사진 12-2. 종이테이프로 붙인 찢어진 투표지

사진 13. 1876년생 등 세계 최고령인 유령선거인 명부

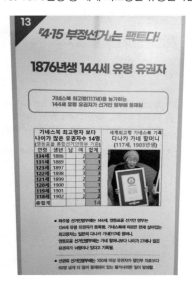

사진 14. 배달과정이 잘못된 관외사전투표지

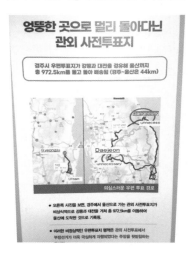

사진 15. 양정철 전 민주연구원장과 중국공산당과의
협약 보도내용

사진 16. 괴물이 된 중앙선관위

표 1. 7개 국가의 부정선거사례 분석표

국가(선거) 시기	야권의 반발	국민저항	사법부/ 선관위의 개입	결과(효과)
미국(대선) 2020. 11. 03.	공화당의 반발	저항중간	주마다 다름	재검표감사 진행 공화당지지 확대
케냐(대선) 2017. 08.08	강력반발	강력저항	대법원 선거무효판결	재선거 (정권유지)
민주콩고(대선) 2018. 12월	미미	저항미미	미개입	변화 없음
말라위(대선) 2019. 5월	강력반발	강력저항	헌재/ 대법원 선거무효판결	재선거 (정권교체)
볼리비아(대선) 2019. 10월	강력반발	강력저항	미개입	대통령사임 재선거
벨라루스(대선) 2020. 08. 09	강력반발	강력저항	미개입	변화 없음
키르기스스탄(총선) 2020. 10. 04	강력반발	강력저항	중앙선관위 선거무효결정	대통령사임 재선거 실시

표2. 4 · 15 총선 연령별 사전투표자 수

시도명	선거구명	구분	계	19세이하 (18~19세)	20대 (20~29세)	30대 (30~39세)	40대 (40~49세)	50대 (50~59세)	60대 (60~69세)	70세이상
전국	합계	계	11,742,677	263,505	1,720,002	1,494,267	2,074,663	2,576,527	2,152,575	1,461,138
전국	합계	남	6,278,790	146,894	931,056	775,846	1,114,546	1,407,666	1,167,794	734,988
전국	합계	여	5,463,887	116,611	788,946	718,421	960,117	1,168,861	984,781	726,150
서울시	소계	계	2,313,380	40,958	367,960	361,496	412,279	458,444	403,479	268,764

18세 이상 49세	50세 이상
5,552,437	6,190,240

표 3. 부정선거 시스템 체계도

A. 선거구별 부정선거 설계

- 유리한 선거구
- 경합 선거구
- 전략적 선거구

B. 여론조작 및 야권지지자 혼돈과 착각

- QR코드 활용한 투표성향 파악, 모집단 조작, 여론조작
- 국민들 착각현상, 여론조작 투표지지 바꿈
- 야권지지자 탄압

C. 부정선거 실행, 특히 사전투표지 조작

- 사전투표일수 늘림: 표 바꾸기를 할 수 있어서 부정선거용이
- QR코드 활용, 차후 여론조사 때 모집단 악용
- 선거인 수 조작, 투표자수 조작 특히, 사전투표지 바꿔치기

D. 개표조작 및 개표상황표 조작

- 전자개표기에 의한 개표조작
- 원본이미지파일 삭제, 통갈이

E. 대법원 장악 및 선거소송지연 또는 뭉개기

- 각급 선거관리위원회의 위원장은 지방법원장 또는 (수석)부장판사가 맡음
- 법정 선고기일(180일) 안 지킴, 검증기일 지연, 특정 법무법인이 피고대리를 함

표4. 성남의뜰(SPC) 주주, 이사와 배당금 현황

(단위 : 천원)

성남의뜰 주주	출자금	지분	주주 및 투자자	직업	임원등	직업	2019 배당금	2020 배당금	2021 배당금	배당금 계	김만배와 관계	이재영 관련
(주)화천대유	50,000	1.00%	김만배	기자	김만배	기자	27,000,000	20,700,000	10,000,000	57,700,000	본인	고재환
천화동인 1호	104,650	2.09%	김만배	기자	이한성	이한성	56,511,000	43,290,217	20,999,767	120,800,000	본인	유동규
천화동인 2호	8,721	0.17%			김은옥	검은옥	4,709,340	3,607,587	1,750,014	10,100,000	처	박영수
천화동인 3호	8,721	0.17%					4,709,340	3,607,587	1,750,014	10,100,000	누나	권순일
천화동인 4호	87,210	1.74%	남욱	변호사	남욱	변호사	47,093,400	36,075,870	17,500,140	100,700,000	지인	권로남 / 강찬우
천화동인 5호	55,814	1.12%	정영학	회계사	고문연	고문연	30,139,560	23,088,391	11,200,009	64,400,000	지인	박영철
천화동인 6호	24,422	0.49%	조현성	변호사	조현성	조현성	13,187,880	10,102,567	4,900,681	28,200,000	지인	양재식
천화동인 7호	10,462	0.21%	배커인	변호사	마니또레이 전기자	양재호	5,649,480	4,327,781	2,099,375	12,100,000	지인	최우철 / 이경윤
천화동인 계	300,000	6.00%					162,000,000	124,100,000	60,200,000	346,400,000		우현기
화천대유 천화동인 합계	350,000	7.0%					189,000,000	144,800,000	70,200,000	404,100,000		정진상 / 이한주
성남도시개발공사	2,500,000	50.0%	공기업		유동규, 김문기		182,200,000	-	800,000	183,000,000		정시내 / 홍선○ / 산하기관 부위원장 등
KEB하나은행	700,000	14%	이한성				700,000	175,000	175,000	1,050,000		
국민은행	400,000	8.0%	기관투자				400,000	100,000	100,000	600,000		
IBK기업은행	400,000	8.0%	기관투자				400,000	100,000	100,000	600,000		
동양생명보험	400,000	8.0%	기관투자				400,000	100,000	100,000	600,000		
하나자산신탁	250,000	5.0%	기관투자				250,000	62,500	62,500	375,000		
우선주 소계	4,650,000	93.0%					184,350,000	537,500	1,337,500	186,225,000		
합 계	5,000,000	100.0%	-				373,350,000	145,337,500	71,537,500	590,325,000	-	-

표 5. 대장동 특혜사건과 이재명 후보와의 관계도

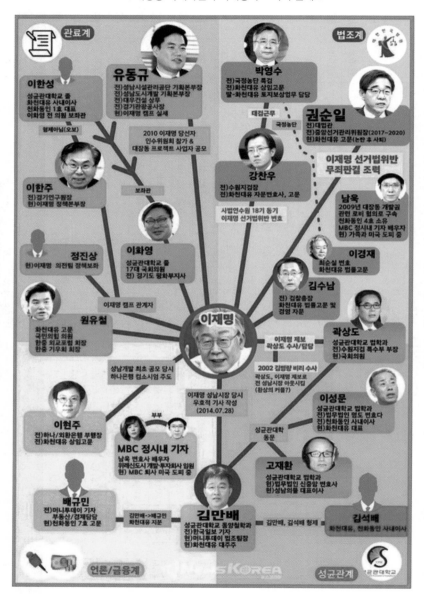